连云港史话
非遗卷

非遗撷萃

INTANGIBLE CULTURAL HERITAGE COLLECTION

许思文 ◎ 主编
徐洪绕 ◎ 编著

河海大学出版社
HOHAI UNIVERSITY PRESS
·南京·

图书在版编目(CIP)数据

非遗撷华：非遗卷 / 许思文主编；徐洪绕编著.
南京：河海大学出版社, 2024.6. --（连云港史话）.
ISBN 978-7-5630-8998-7

Ⅰ. G127.533

中国国家版本馆 CIP 数据核字第 2024MC6929 号

书　　名	连云港史话——非遗撷华（非遗卷）
	LIANYUNGANG SHIHUA——FEIYI XIEHUA（FEIYI JUAN）
书　　号	ISBN 978-7-5630-8998-7
主　　编	许思文
编　　著	徐洪绕
责任编辑	彭志诚
特约编辑	张　薇
特约校对	薛艳萍
装帧设计	
出版发行	河海大学出版社
地　　址	南京市西康路 1 号（邮编：210098）
电　　话	（025）83737852（总编室）　（025）83722833（营销部）
经　　销	江苏省新华发行集团有限公司
排　　版	南京布克文化发展有限公司
印　　刷	广东虎彩云印刷有限公司
开　　本	710 毫米 ×1000 毫米　1/16
印　　张	18
字　　数	296 千字
版　　次	2024 年 6 月第 1 版
印　　次	2024 年 6 月第 1 次印刷
定　　价	90.00 元

"连云港史话"丛书编委会

主　　编：许思文

编　　委：（以姓氏笔画排序）

　　　　　王道兴　韦林海　许思文　李晓琴

　　　　　张　波　陈跃中　侯沛成　晏　辉

　　　　　高文清　葛新成

编　　审：（以姓氏笔画排序）

　　　　　许思文　刘畅征　刘　毅　张文宝

　　　　　张廷亮　徐继铭　葛新成

前 言

（一）

在中国 18000 多千米的大陆海岸线黄金中段，有一段长 195.88 千米、风光秀丽、神奇浪漫的海岸，形似一只展翅欲飞的凤凰，辽阔汹涌的太平洋将澎湃的能量昼夜传送于斯，滔滔黄海、巍巍云台造就着独有的山海风光。这里就是新亚欧大陆桥东方桥头堡、国家首批沿海开放城市、"一带一路"交汇点支点城市——连云港。

从 2000 多年前的秦东门到 1984 年被确定为全国首批沿海开放城市，从东方海上丝绸之路起点到"一带一路"交汇点支点城市，连云港自古以来就被誉为"东海名郡""东海第一胜境""淮海东来第一城"……

这里是远古神秘的少昊之国，这里是东渡扶桑的徐福故里，这里是神奇曼妙的东胜神洲，这里是驰名中外的孙悟空老家，这里是"中国最值得外国人去的 50 个地方"之一，这里是中国东部沿海熠熠生辉的现代化海港城市……

精卫填海、殛鲧羽山、夸父逐日……一个个神话故事，于斯诞生，为连云港披上"神话之都"的光彩外衣；孔子于斯观海，看天海相连、云台耸翠；始皇东巡立巨石为门，名为"秦东门"；徐福于此东渡扶桑，成为传播中华文明第一人；被誉为"九州崖佛第一尊"的孔望山东汉佛教摩崖造像，比敦煌石窟的雕刻年代还早 200 多年；汉唐时期，古海州成为"海上丝绸之路"的重要始发地,也是日本遣唐使的重要登陆地;诗仙李白在古海州留下了名诗《哭晁卿衡》,大文豪苏轼在此发出"郁郁苍梧海上山,蓬莱方丈有无间"的感叹,千古才女李清照、民族英雄林则徐、睁眼看世界的先行者魏源都曾驻足于斯,或留下浪漫诗词,或写下传世名篇;著名文学家吴承恩、李汝珍以连云港的山水风光、风土人情为依托分别创作了名著《西游记》《镜花缘》;中国民主革命的伟大先驱孙中山,在《建国方略》中绘出浓墨重彩的大港梦;一代伟人毛泽东,三次点明"孙猴子的老家在新海连市云台山";改革开放总设计师邓小平的骨灰在连云港东部附近海域撒向大海⋯⋯

(二)

连云港,一座山海相拥、神奇浪漫的海滨城市,一座钟灵毓秀、魅力四射的开放城市,因港口面向连岛,背倚云台山而得名。在这片神奇的淮海沃土上,平川高山大海齐观,河湖丘陵滩涂兼备,山海岛城相拥,风光旖旎秀美。悠久的历史,至美的山山水水,孕育出了连云港光辉灿烂的历史文化。

这里是连接东西、沟通南北的"国家战略要冲",北接渤海湾,南连长三角,东临黄海,西依新亚欧大陆桥,在国家发展大局中具有重要战略地位。2009 年 4 月 20 日,习近平同志视察连云港时殷切寄语干部群众:"孙悟空的故事,如果说有现实版的写照,应该就是我们连云港在新的世纪后发先至,构建新亚欧大陆桥,完成我们新时代的'西游记'。"党的十八大以来,习近平总书记先后 5 次见证连云港的"一带一路"中外合作项目,2017 年 6 月 8 日作出了"将连云港—霍尔果斯串联起的新亚欧陆海联运通道打造为'一带一路'合作倡议的标杆和示范项目"的重要指示。2023 年 9 月 15 日,国家主席习近平向中欧班列国际合作论坛致贺信。

这里是中国优秀旅游城市和江苏三大旅游资源富集区之一,拥有 2 个国家 5A 级景区、14 个 4A 级景区和 210 多个风景点,每一个都足以让人流连忘返。连云港的海岸线长 210 余千米,有江苏唯一的基岩海岸和集中连片的砂质海岸。这里是国家重要的粮油、林果、畜牧、蔬菜等农副产品生产基地,拥有全国八大渔场之一的海州湾渔场,也是全国最大的条斑紫菜种植加工基地,被誉为"中国紫菜之都"。东海水晶、温泉驰名中外，享有"世界水晶之都""中国温泉之乡"等美誉。

这里是加速崛起、极具潜力的"沿海产业高地"。多年来，持续推进"工业立市、产业强市、以港兴市"主战略，形成以石化、钢铁、新医药、新材料、新能源、高端装备制造等为主导的现代产业体系。国家级石化产业基地、"中华药港"加快建设，"十四五"末将基本建成我国最大的原料多元化烯烃产业基地、最具影响力的聚酯原材料生产基地、全国领先的高端新材料生产基地、具有国际竞争力的电子化学品生产基地和现代医药创新中心。

一艘艘万吨巨轮从这里远航，把拥抱世界的手臂伸向远方。立足新的历史起点，智慧开拓、坚毅执着的港城儿女，意气风发，敞开襟怀，正朝着高质量发展"后发先至"的历史新征程奋勇前进，在这神奇浪漫的山海之城上空奏响春天的乐章，创造更加灿烂的辉煌！

（三）

连云港市地处中国沿海中部、江苏省东北部。市境东濒黄海，与韩国、日本隔海相望，西与江苏省徐州市和山东省临沂市毗邻，南与江苏省宿迁市、淮安市和盐城市相连，北与山东省日照市接壤。全市土地总面积7615平方千米，海域面积7516平方千米，市区建成区面积182平方千米，2023年末全市常住人口459.4万人，辖东海、灌云、灌南3个县，赣榆、海州、连云3个区，以及国家级经济技术开发区、国家东中西区域合作示范区、云台山景区。

连云港区域旧石器时代晚期就有古人类活动足迹，被誉为"东方天书"的将军崖岩画距今有6000多年历史，藤花落遗址可追溯到约4600年前。秦代，境内开始有明确的行政建置。北朝东魏武定七年（549）罢青、冀二州，改称海州，辖6郡19县。州境以"东滨渤海，西绾徐郯，北控齐鲁，南蔽江淮""为淮黄扼要之区"的明显区位优势，成为苏北、鲁南沿海地区的政治、经济、文化中心和军事重镇。

民国元年（1912），海州改称东海县，后又分置为东海县、灌云县。民国年间，市境为江苏省第八行政督察区，辖赣榆县、东海县、沭阳县、灌云县。

1948年11月全境解放后,设立新海连特区,隶属山东省。1949年11月,撤销新海连特区,成立新海连市。1953年1月1日改隶江苏省徐州专区。1961年9月,因港得名,更名为连云港市。

1962年连云港市升格为江苏省辖市。1983年国家地市改革时,江苏省将赣榆、东海和灌云三县划归连云港市;1996年江苏省又将灌南县划归连云港市,自此,市辖四县、四区。2001年10月1日,经国务院批准,撤销云台区。2014年5月,经国务院批准,撤销赣榆县,设立连云港市赣榆区;撤销新浦区、海州区,设立新的连云港市海州区。

作为"一带一路"交汇点支点城市、新亚欧大陆桥东方桥头堡、国家首批沿海开放城市,连云港地处中纬度温暖带南缘,属湿润季风气候区,年平均气温14℃,无霜期长,雨量丰沛,光照充足,四季分明。境内河川纵横,山峦众多,自然资源比较丰富,山、海、岛、平原、森林、湿地集于一城,风光怡人、物产丰富,山水之美、自然之美、人文之美、开放之美,美美与共、美轮美奂,素有"东海第一胜境"之称,先后被评为全国文明城市、国家卫生城市、国家园林城市和创新型试点城市。

(四)

连云港是一座因海而生、向海而兴的古老而神奇的城市,沧海桑田的变迁,幻化成这片神奇浪漫的土地,东夷文化的源流、楚汉文化的浸润、海洋文化的厚重,使得这个区域无可争议地成为中华海洋文明重要的早期发祥地。沧海桑田、海陆沉浮,底蕴深厚、文化多元,勾勒出独特的城市气质,赋予了连云港这座城市"海、古、神、幽、奇"的亮丽底色,使之成为万里海疆、黄海之滨的耀眼明珠。

历史文化是城市的根和魂,是城市的底蕴和血脉,是一个城市区别于另一个城市的"基因密钥"。"连云港史话"丛书编撰,着眼城市历史文化发展的长远,解密山海城市千年长河"密钥",展示因海而兴、逐日而生的港口城市神奇浪漫的璀璨"密码"。丛书设置艺文、风物、地名、建筑、美食、方言、传说、民俗、非遗、名人共10卷,融历史、文化、民俗、地理、人物等于一体。

丛书以系统、丰富、翔实的历史文化资料，用平实、清新、趣味的文字表述，融历史性、故事性、普及性和可读性于其间，集大成、集众智、集心血，梳理文脉、畅咏历史、映照山海。

连云港物华天宝，物产丰饶，矿产资源丰富，境内集名山（花果山）、名海（黄海）、名水（东海温泉）、名竹（金镶玉竹）、名石（水晶）、名书（《西游记》《镜花缘》等）、名井（亚洲第一井）于一身。云台山峻峰深涧，奇岩坦坡，各种山珍遍布。海州湾渔场是中国八大渔场之一，各种海鲜应有尽有。东海县素有"水晶之乡"美誉，是我国水晶的重要产区，总储量在30万吨以上，年产500多吨，占全国产量的一半。淮北盐场为全国四大海盐产区之一，锦屏磷矿为全国六大磷矿之一，赣榆班庄雪花白大理石全国最优。《山风海韵》纵横山海，用文学笔法，以优美的叙述、翔实的内容、飘逸的风格，描述连云港优美的山水风光、富饶的地方物产，让人仿佛身临"东海第一胜境"，感受"淮海东来第一城"的"海、古、神、幽、奇"。

地名是一座城市最亮丽的名片，地名里记载着一个地方深厚的历史变迁、文化传承。连云港（古称海州）历史悠远，文化淳厚，考古发现，早在1万多年前此地就有人类活动的痕迹，沧海桑田，时序更替，赓续于斯。少昊置都城，秦时设朐县，东魏武定时称海州，钟灵毓秀、地灵人杰，留下了数量众多、属性多样、内涵丰富的地名。限于篇幅，难以穷尽连云港地区数以万计的所有地名，也无法全部覆盖主要地名，因此，《地名溯源》在对本区域所涉6个行政区划（区、县）名称进行详细阐述的基础上，围绕具有百年以上历史的古城、古乡村、古街道、名山、海岛、河湖以及古盐场留下的特色地名进行挖掘与阐述。这是一次追寻先人足迹的朝圣之旅，也是一次畅通自己血脉的寻根之旅，还是一次问道先贤的文化之旅，更是一次饱食古海州地名文化饕餮盛宴的享受之旅。

连云港自古以来就是"享山川之饶，受渔盐之利"的山海福地，山风海韵、山珍海味、山情海义，总是让人流连忘返。丰富的山海资源、悠久的历史传承、深厚的人文底蕴、南北风味兼具，共同造就了连云港独具特色的饮食文化，如赣榆海鲜、东海老公鸡、灌云豆丹等。小海鲜新鲜诱人、鲜山珍勾人馋虫、特色食材让人垂涎三尺，鲁菜、淮扬菜、川菜、本邦菜，不一而足，咸鲜适中、酸辣可口、香味四溢。"闻香下马，知味停车"，《山珍海味》带您于风景处行走、佳肴处停留，感受那舌尖上的美味所带来的惬意享受，品味那丝毫不逊于途中所遇风景的不一样的味蕾之旅。

丰富的海洋资源、富饶的平原土地、连绵的云台山脉，还有星罗棋布的丘陵湖泊、森林湿地，造就了连云港既有市民、农民，也有渔民、盐民、山民的鲜明特点。不同的生活环境、不同的生产方式、不同的文化传承，更造就了连云港区域独特的建筑特点，以及与之相对应的建筑美学。连云港的建筑有许多全国之最：藤花落遗址，是我国目前发现最早的具有内外城的建筑遗址，距今已经有4600余年的历史；秦东门，一代雄主秦始皇在这里设立了对外交往门户；连云港拦海大堤—西大堤，全长6700米，号称亚洲第一堤；锦屏磷矿，是中国化学矿山的摇篮，距今已有100多年的开采历史；还有，全国最早的盐仓城遗址，全国最早的官坨——猴嘴盐坨，全国规模最大的石头建筑群——云台山石城；等等。蔚为大观，令人叹服、让人惊奇！在大量现场测量与现场访谈的基础上，以史话的形式系统梳理连云港地区历史建筑的基本数据、文化背景、历史沿革、材料选用、结构技术、美学特征、使用价值和保护渠道，在连云港历史上，尚属首次。《建筑留珍》内容涉猎广泛，如经济发展、城市规划、中外交流、历史名城保护等，对城市的历史建筑遗产保护、连云港城市历史建筑文化均有深度思考。

方言是文化的活化石。一方水土养育一方人，一个地方的方言，最能体现这个地方的文化特色。连云港地处中原官话与江淮官话的过渡地带，既有北方方言的豪迈、爽直、大气，也有江淮官话的婉约、细腻、清脆，兼及南北，语言方面颇具特色。事实上，从江苏省这个范围来说，从南到北大体分为吴语区、江淮官话区和中原官话区三个大的方言区。连云港市显然处于中原官话区和江淮官话区过渡带，有着不一样的方言特色。就连云港地区而言，各区县的人发音习惯、说话声调各不相同。有趣的是，相互邻近的地域间人们的发音习惯、说话声调，因长期相互交流、交叉影响，又有很多相似甚至相同之处，因而又形成一个个大同小异的方言区。《方言漫谈》对连云港方言进行了较为全面的研究与分析，除对海州、赣榆、东海、灌云、灌南等境内方言差异与分区进行了探讨之外，特别对主城区的海州方言语音、词汇、语法作了详细记录与分析。

"海古神幽"、神奇浪漫，上山、赶海、制盐、耕作，水晶、温泉、海鲜，千百年来，古老的文化渊源和特殊的地域位置，孕育了连云港魅力独特、瑰丽多姿的民间传说。放眼江苏乃至全国，连云港民间传说的区域及地理环境、历史渊源、基本内容、主要特征和重要价值，具有鲜明的地域特色。西游传说、徐福传说、水晶传说、制盐传说，山的传说、海的传说、盐的传说，可以说，每个传说故事，无不具有奇特的构思、美妙的想象、深刻的讽喻、大胆的夸张、真切的情感、幽默的意趣、睿智的哲理、朴实的语言等，艺术之光随处可见，浓郁的地方乡土气息更是扑面而来。《传说撷拾》包括远古神话、西游外传、徐福传说、名人逸闻、山水故事、物产典故六个部分，荟萃这方土地历史上产生的美丽传说，融知识性、趣味性、故事性、可读性于一体，令人手不释卷。

民俗是文化传承中最集聚习俗、最反映区域精神文化的灿烂一页，劳动民俗、生活民俗、节日民俗、社会民俗等，源自大众、根植大众、服务大众，孕育和滋养着一方热土，馈赠和养育着一方百姓。连云港区域的民俗，蔚为大观、丰富多样，山俗、渔俗、盐俗、村俗，直接反映着生活于斯的渔民、盐民、山民和农民等地方社会群体的独特文化传承、习俗偏好。如渔民的赶海、祭船，山民的逮叫乖子、咒鼠，盐民的晒卤、挤草堆等，特色鲜明、历史久远、富有趣味，是连云港这座海滨城市人们生活和工作、内在与外在、伦理与信仰、礼仪与交流的集中反映和写照，最能体现这座山海港城的文化认同和城市归属，也是这座城市最宝贵的文化资源。《海岱民俗》主要分为自然社会、生产习俗、生活习俗、民间文学、文化娱乐、祭祀礼俗、社会习俗等七个部分，反映连云港民俗的历史演进和活态传承，采用以史说话的写作方式，史与话相结合，叙述精到，凸显主题，特色鲜明。

连云港市非物质文化遗产是港城无形、活态、流变的精神财富和优秀传统文化的重要组成部分，是精神文明与物质文明交相辉映的产物。近年来，连云港市着眼文化强市建设，加大非遗传承、保护、发展工作，通过构建体系、完善机制、生产保护等多种方式，极大地促进了非遗保护、传承与发展。五大宫调、童子戏、淮海戏等传统艺术，紫菜、豆丹、滴醋等传统技艺……无一不具有浓厚的山海风味、港城特色、地域特征。《非遗撷华》以展示、传播、传承、保护、利用港城非遗为对象和内容，记录以构建系统、完善机制、开展活动、生产保护等多种方式流布全域的非遗项目，内容丰富、门类齐全，让人一睹并尽情感受港城非遗的独特魅力、特别风采。

中国文学从远古神话到诸子百家散文、楚辞汉赋、唐诗宋词元曲、明清小说，一路走来，走到淮北盐都古海州，留下众多艺文、奇葩大书。"明清小说看江苏，集大成在港城。"学界公认，《窦娥冤》《西游记》《儒林外史》《镜花缘》等古典名著或诞生于斯，或源流于斯；《三国演义》《水浒传》《聊斋志异》《红楼梦》等，或作者曾生活于古海州，或重大事件关联于古海州，或浸润着深厚的古海州文化，令人刮目、让人惊叹。羲仲宾日、伊尹结庐、孔子望海、秦皇立石、徐福东渡，亘古以来，古连云港的山海壮丽秀美，加之一个个发生在这片神奇土地上的美丽传说、故事，吸引了田园诗派鼻祖陶渊明、诗仙李白、大文豪苏轼、千古第一才女李清照，以及石曼卿、沈括、吴承恩、吴敬梓、林则徐等文人高士、诗家骚客来此歌咏、抒情、畅叙，使地生灵辉、人生景仰。《艺文掇英》即是收录、整理、纂辑连云港区域自然胜景萦绕着的灵毓佳气，历代文人对这片土地寄情咏怀的诗词、歌赋、散文、小说及至散见于山水之间的楹联、碑刻，力求从多侧面、多视角展示连云港底蕴深厚、魅力独特的文化积淀。

江山代有才人出，青史千载留英名。连云港历史上名人迭出、名家辈出，他们或是辉映古今、后世景仰的文豪名士，或是为政有声、福泽桑梓的一代廉吏，或是业有专攻、名扬中外的才子俊杰，或是投身革命、精忠报国的先烈前贤，正是有了他们和他们创造的精彩华章，才使连云港区域愈加物华天宝、人杰地灵。"治大国如烹小鲜"的伊尹、东渡扶桑寻求"不老药"的徐福、"俊逸鲍参军"的鲍照、厓山不屈投海的单公选、有着"南戚北李"之威的李成梁、力主陇海铁路东延的沈云沛、现代散文大家朱自清、著名心理学泰斗朱智贤、版画家彦涵等，汇成一片耀眼的星云，使得连云港这座享誉海内外的港口名城更加璀璨闪亮。《古今名人》以史话的视角、文学的笔法、细腻的笔触，翔实、全面、系统地梳理、编纂连云港历史上名士先贤的事迹，远去的鼓角争鸣、曾经的叱咤风云、不灭的勋绩伟业，感慨景仰、唏嘘之余，无疑也在内心深处催生出强烈的建设港城、奉献港城的满满豪情。

史话丛书时间跨度2000多年,将历史的碎片整理成时空演变的轨迹,将人文的印迹组合成城市发展的画卷。岁月沧桑巨变,历史亘古灿烂。可以说,丛书的编纂,熔铸城市的记忆、徐展山海的画卷、饱含深沉的热爱,把念兹在兹的这座城市,多视角、广视野、长幅度呈现在波澜壮阔、踔厉奋发的新时代宏阔征程上,存史资政,熔古铸今,资鉴未来。

是为前言。

许思文

目　录

前言 | 1

概述 | 1

国宝遗韵 | 7

  8 海州五大宫调
  11 淮海戏
  16 徐福传说
  23 淮盐制作技艺
  30 东海孝妇传说
  37 东海水晶雕刻

山海遗闻　　　　　　　　　| 43

44　　花果山传说
48　　姐儿溜
69　　海州智慧人物传说
72　　二郎神传说
76　　《镜花缘》传说
82　　沙光鱼传说
85　　南城传说
87　　渔业生产谚语

老曲遗音　　　　　　　　　| 93

94　　工鼓锣
99　　赣榆清曲
103　　海州鼓吹乐
107　　苏北大鼓
110　　肘鼓子
113　　锣鼓乐

郁洲遗味　　　　　　　　　| 119

120　　汪恕有滴醋酿制技艺
122　　汤沟酒酿造技艺
124　　云雾茶制作技艺
126　　樱桃酒酿造技艺
128　　海州辣黄酒酿造技艺
130　　糯米花茶制作技艺

132 葛粉制作技艺

135 紫菜制作技艺

137 煎饼制作工艺

138 橡子粉制作工艺

140 朐海菜制作技艺

142 豆丹制作技艺

古朐遗姿　　　　　　　　| 147

148 童子戏

152 花船

155 苏北琴书

157 狮舞

160 龙舞

163 吕剧

165 南辰跑马灯舞

169 连云港传统游艺

175 打莲湘

178 玩麒麟

180 刘氏自然拳

182 形意拳

185 抬阁

188 乡棋

苍梧遗技　　　　　　　　| 193

194 黑陶制作技艺

196 烙画

197 木质渔船制作技艺

/ 3

199	柳编
201	锻铜
202	标本制作技艺
204	贝雕
206	面塑
208	葫芦画
209	东海版画
211	海州中药炮制技艺
212	箍桶

港城遗俗 | 217

218	海州湾渔俗
223	海祭
226	淮北盐民风俗
230	山民习俗
234	白虎山庙会
237	渔民号子
241	新安镇元宵灯会

附录 | 244

连云港文化赋 | 262

后记 | 265

連雲港史話——兆道擷華·

概 述

非物质文化遗产，是指各族人民世代相传并视为其文化遗产组成部分的各种传统文化表现形式，以及与传统文化表现形式相关的实物和场所。包括：传统口头文学以及作为其载体的语言；传统美术、书法、音乐、舞蹈、戏剧、曲艺和杂技；传统技艺、医药和历法；传统礼仪、节庆等民俗；传统体育和游艺及其他非物质文化遗产。

中国非物质文化遗产代表性项目名录十大门类分别为：民间文学，传统音乐，传统舞蹈，传统戏剧，曲艺，传统体育、游艺与杂技，传统美术，传统技艺，传统医药，民俗。本册收录了连云港市部分非遗项目，没有按照非遗十个门类划分，而是着重将六个国家级非遗项目放在篇首。

国宝遗韵。国家级非遗项目蕴含着港城特有的精神价值、思维方式、想象力和文化意识，体现着海属地区的生命力和创造力，是港城人无法复刻的回忆与眷恋。连云港市现有的六项国家级非物质文化遗产，已经融入连云港市人民的现代日常生活中，丰富着港城人民的文化生活。

山海遗闻。连云港市的文化资源十分丰富，千百年传承下来的民间文学数不胜数，且具备"神奇浪漫的地域特质"。从神话故事到乡间传说，再到古典文学等，"民间文学"不断提供了主题各异的叙事母题，塑造了形形色色的人物角色，代际传递着无数精神文化内涵和道德观念。例如，流传于连云港市花果山及周边地区的花果山传说，二郎神传说，形成于清嘉庆年间的镜花缘传说，讲述以卫哲治、苗坦之、吉杲（gǎo）三人为代表的民间智慧人物的海州智慧人物传说，委婉细腻的千行长歌《房四姐》等。这些传说寓教于乐地教化民众，并通过文学创作和文明传承，重塑文学的审美与诗意。

老曲遗音。港城曲艺的魅力是独特的。似唱非唱、说唱相间的工鼓锣，采用连云港市赣榆和东海北部方言演唱的苏北大鼓，以唱为主、唱念相间的肘鼓子，都是连云港市曲艺的代表。古老曲牌【山坡羊】【寄生草】等两百多首海州鼓吹乐都具有浓郁的港城色彩，不同程度地留有海属的文化背景、音韵特点、方言特点。

郁洲遗味。美食是一门艺术。精心烹制的、富有创意的菜品，可以体现细致高雅的品质，也是对食客最大的尊重。具有"清澈透明、馥郁浓香、绵甜甘洌、回味持久"特点的汤沟酒的酿造技艺，可以生产十多个品种的樱桃酒酿造技艺，被商务部命名为"中华老字号"的汪恕有滴醋酿制技艺，炒制出南宋咸淳年间贡茶的连云港云雾茶制作技艺，它们都蕴含着故事、力量，是无法复制的经典。

古朐遗姿。体育、游艺、杂技、传统戏剧等非遗项目可观性强，是综合性的传统技艺，其构成元素既有"非物质"的，又有物质的。刘氏自然拳多次参加了国际、国内各项武术赛事；形意拳以劈、崩、钻、炮、横五拳为主，且在乡村建立了展示展演基地。淮海戏、童子戏、吕剧等传统艺术形式丰富多彩，深受广大群众的欢迎，艺术魅力经久不衰。

苍梧遗技。连云港地区非物质文化遗产的产生是以手工生产方式为现实基础的。传统美术是人民群众的创造，在日常生活中应用、流行；水晶雕刻技艺，作品具有神秘、高贵、典雅的艺术效果；锻铜技艺，能在铜板上雕刻出凹凸起伏的各种图案；黑陶制作技艺，作品可以达到黑如墨、亮如漆、硬如瓷的境地；贝雕，可贴可雕，五彩斑斓，"慢工出细活"，"巧手绘新图"。这些手工生产方式及其传统技艺需要得到保护、继承和振兴。

港城遗俗。连云港的每一寸土地上都有时间的痕迹，每一块石头、每一堵墙都在讲述着属于自己的故事，久之便形成了习俗。它们看似平常，却蕴含着深深的祝福和期望。可分为生产习俗、社会习俗、生活习俗和信仰习俗四类的海州湾渔民风俗，有着四百多年历史的新安灯会，有夏"接天水"、冬"储爽冻"之说的淮北盐民习俗……它们筑就了连云港区域内的文化特质。我们应该珍视这些习俗，传承和发扬它们所蕴含的文化价值和精神内涵。只有这样，我们才能更好地理解自己的历史和文化，更好地走向未来。

连云港市非物质文化遗产是历史的见证和反映，是港城无形、活态、流变的精神财富和优秀传统文化的重要组成部分，是精神文明与物质文明交相辉映的产物，承载着人类社会的历史和文化传统，以其独特的魅力和特色，展现了传统文化的博大精深和丰富多彩。它不仅具有重要的历史价值和文化价值，而且对于增强民族认同感和文化自信心也具有重要意义。

连云港市非物质文化遗产十大门类齐全。迄今为止，有县级以上非物质文化遗产项目921个，其中国家级非物质文化遗产项目6个，省级非物质文化遗产项目33个，市级非物质文化遗产项目196个、县级非物质文化遗产项目686个。各级代表性传承人共计912人，其中国家级非物质文化遗产代表性传承人1人，省级28人，市级251人，县级632人。

国宝遗韵

国家级非遗项目蕴含着港城特有的精神价值、思维方式、想象力和文化意识,体现着海属地区的生命力和创造力,是港城人无法复刻的回忆与眷恋。连云港市现有的六项国家级非物质文化遗产,已经融入连云港市人民的现代日常生活中,丰富着港城人民的文化生活。

连云港史话——非遗撷萃·

海州五大宫调

  海州五大宫调是老海州文人创作的"清曲唱",以明代两淮一带流传的小令【软平】【叠落】【鹂调】【南调】【波扬】等五首曲牌为主要腔调代表,故称"五大宫调"。海州五大宫调于2004年8月被列为江苏省首批民族民间文化保护工程试点项目,2006年5月被国务院批准列入首批国家级非物质文化遗产保护名录,属传统音乐类别。2019年入选文化和旅游部发布的50个国家级非遗代表性项目优秀实践案例。

  海州五大宫调行腔优美,韵味悠长,琴瑟幽婉合奏,杯碟清脆扣响,随风飘向远方,仿佛触动了岁月深处的斑驳记忆,至今还延续着散曲中小令和套曲的结构形态。明代开始,"自两淮以至江南"一带,各种南北俗曲经艺人们长期加工后形成的各种曲牌,就已在海州地区广泛流行。有专家认为"五大宫调"是文人们创作、钟爱的文学音乐体裁,因其具有迤逦典雅、委婉细腻等特性,很快便被商宦们视作可以代表儒士形象的文化元素,并在清代中后期,通过盐业贸易从扬州、淮安等地带到海州。"五大宫调"入驻海州一带,并经过本土化发展以后,流传在盐商、盐吏及其清客们营造的上层社会中,成为垣商、官吏文化的一分子。

  起初,那些典雅的单曲曲牌基本上仅限于在商宦庭院里传唱,是属于上层社会的家乐,与底层盐民、农民、市民之间关系不大。随着盐商业务的发展与交流,在其业务所及之处、运盐船所达之地,都开始流传这些典雅的曲唱艺术。在诸多玩友的参与下,五大宫调的影响扩大到海州的邻近地区。沧海桑田一瞬间。随着海岸线变迁,盐业生产、集散中心发生变化,陇海铁路向东延伸至新浦后,海州一带的内河水路交通渐为陆路交通替代,板浦古镇逐渐失去交通枢纽的地位,日趋萧条。但是,交通的闭塞和文化生活的单一,再加上一批传唱者的真心热爱、细心呵护,反而使海州五大宫调得以比较完整地保留了下来。

  海州五大宫调分布区域以海州、板浦为中心,北至赣榆,往南到淮安、盐

国宝遗韵 | 连云港史话
——非遗撷华

■ 海州五大宫调十周年研讨会演出

阜地区，西到沂沭河边，分布地区有1万多平方千米。随流传区域的不同，形成南北两个流派，南派以海州、板浦为中心，北派以赣榆、青口为中心。两派风格各具特色。在悠久的淮盐文化润泽下，海州五大宫调一代代地传承发展，保留了明清俗曲特征。

　　五大宫调演唱以自娱为主，演唱者自称"玩友"，讲究"小曲要媚、大曲要味"，多在曲堂集聚，时而传授曲目，时而切磋技艺，吟唱取乐。他们演唱时多为坐唱，时而加少量说白，不化妆，也无大的表演动作，少则两三人，多则十几人，大多是一人唱、众人伴奏，有时唱至兴起处，伴奏者也会和上一两句伴唱以增强气氛。有时众人也对唱，分别演唱曲目中的不同人物。海州五大宫调若按传统曲牌来区分，可分为大调和小调两类。大调委婉细腻，节奏舒缓，演唱时字少腔多，有一唱三叹之感，多用于抒情。小调和大调风格迥然不同，节奏明快，字多腔少，长于叙事。小调和大调一样，既可单独演唱，也可和大调连缀，组成套曲，演唱各种故事。伴奏乐器则有二胡、琵琶、月琴、三弦、箫、檀板、碟琴等，常用酒杯、瓷碟为乐器，伴奏时用筷子敲击小瓷碟，别有风味。

/9

碰曲活动

"一轮明月当空照，金风摆动丹桂飘……"2016年8月，应央视《叮咯咙咚呛》节目组邀请，国家级非遗五大宫调传承人刘长兰携其他六位传承人走进央视演播大厅。节目录制现场，刘长兰等人和演员金巧巧走向舞台中央，偌大的音乐厅内，其声婉转，余音绕梁，清雅娴熟、温婉细腻的腔调征服了观众。

实际上，在板浦古镇还有于成浩、赵广江等一批师徒相授的传承者，才让五大宫调得以代代相传。钱乐山出身盐商，是赵广江众多弟子中的一个，他自小喜欢宫商韵律，颇有天赋，演唱时声情并茂，感染力很强。中华人民共和国成立后，钱乐山到连云港市竹藤厂当会计，家搬到了新浦，跟刘长兰做了邻居，于是刘长兰便直接传承了钱乐山的演唱技艺。此间，为了让更多人了解、熟悉、掌握、喜爱海州五大宫调，被誉为"五大宫调活字典"的赵绍康，在目不识丁的情况下，让女儿、女婿把一个一个曲牌记录下来。刘长兰则将熟记于心的曲调录制成磁带，请专人翻成曲谱，成立了小曲堂，带领玩友切磋技艺。

海州五大宫调除单支演唱外，还可以用若干首大调和小调曲牌联缀起来演唱故事，称之为套曲。海州五大宫调中的套曲，巧妙地将大调和小调这两种截然不同风格的曲牌联缀在一起演唱各类故事，达到了大调和小调完美的结合，典雅和通俗的和谐统一。在江苏流传的各类明清小曲中，海州五大宫调是保留最为完整的一种。如【软平】，许多地区都已失传，在连云港市却颇为流行。又如被许多专家认为已失传多年的【马头调】，赣榆区的徐希来老人竟能完整地演唱，其唱词竟和两百年前清代刊印的《白雪遗音》中的记载几乎相同。老人不会乐谱，文化水平也不高，全凭一代代口传心授，将曲目完整地流传至今，令人称奇。海州五大宫调长期流传，很多曲目已形成浓郁的地方特色。

在连云港地区，由于海州五大宫调曲牌流传区域的不同，以语言为主要特征，便形成南北两个流派。南派以板浦为中心，传至海州、新浦、伊山、杨集等地。玩友们演唱受淮扬一带语言的影响，演唱时委婉细腻。知名玩友有于成浩、赵广江、王鉴秋、倪兴斋、刘步仁、卜宣声、钱乐山、朱克义。北派以赣榆为中心，向西传到东海县一带，受山东语言的影响，演唱更具北方的粗犷。知名玩友有乔庆帮、韦家荣、贺克谐、吴希武、瞿成银等。

20世纪80年代，连云港市文化管理部门、学者的介入，将海州五大宫调推向了搜集、保护及学术研究的层面，为今天留下了比较全面且权威的文献资料。随着一代代玩友的逐渐谢世，在相对更加追求经济效益的社会大环境中，海州五大宫调的传承和发展受到了一定的影响。

目前海州五大宫调的曲种传承主要集中在以下三个层面：即小曲堂的原生性传承基地，淮海剧团的专业表演传承基地，以及学校的普及性传承基地。整体传承体现出多元化特色，但总体上五大宫调的可持续性传承还是要靠小曲堂的原生性传承为主。其他两类虽然各有特色，也活力无限，但毕竟不属于曲种的自然传承范畴。

淮海戏

淮海戏属拉魂腔体系，又叫"小调""小戏"或"海州小戏"，于2008年被国务院批准列入第二批国家级非物质文化遗产保护名录，属国家级非物质文化遗产保护项目传统戏剧类。申报和保护单位是连云港市淮海剧团。

据《中国戏曲志·江苏卷》载："清乾隆年间，海州（即今连云港市）一带流行由秧歌号子发展而来的【太平歌】和猎户所唱的【猎户腔】。有邱、葛、杨姓（一说张姓）三人将其加工润色为【怡心调】和【拉魂腔】，并以此二腔来演唱农村生活的短小篇子和民间故事。以"三刮子"（即特制板三弦）伴奏，曲目主要有《访贤》《隔墙》《武收》等。后邱去淮北，形成泗州戏；葛去山东，形成柳琴戏；杨留在海州，遂形成淮海戏。"中国戏曲音乐学会原会长武俊达先生曾撰文写道："柳琴戏、泗州戏和淮海戏都是由【拉魂腔】发展而来，鲁苏皖三省艺人对此都没有异议……根据三省老艺人在新中国成立初的回忆材料，归纳起来……发源于江苏海州。"

清乾隆十五年（1750）前后，淮海戏出现了"打门头词"的演唱形式，即有艺人到住户门前演唱各种小段子。至清道光十年（1830）后，艺人开始组成班组，赶赴"青苗会""烧香会"演唱。清光绪六年（1880）后，小戏班组不断增多，行当也日渐齐全，从而形成了季节性的演出班社。

1940年后，中国共产党在苏北建立了淮海地区抗日民主政府，小戏艺人们成立了"艺人救国会"，在党的领导下，发挥了宣传队和战斗队的作用。民主政府多次组织小戏艺人训练班，提高艺人的思想觉悟和艺术水平。

新中国的成立给淮海戏艺术的发展带来了春天，淮海戏艺人从地摊走向舞台，从农村走进城市，在艺术上开阔视野，不仅保留了自身的艺术特征，还吸收了兄弟剧种的丰富营养。行当分工日渐齐全，表演艺术日臻成熟。1954年9月，由江苏省文化局定名为"淮海戏"。从1951年起，连云港市先后成立了专业性的灌云县淮海剧团、东海县淮海剧团、灌南县淮海剧团、淮北盐场淮海剧团及连云港市淮海剧团等五个表演团体，业余剧团遍布全市城乡。

淮海戏的唱腔有一显著特点，即乐句的尾音突然翻高八度耍腔，艺人称"起腔"，具有拉人魂魄的艺术魅力。淮海戏形成阶段的【太平歌】【猎户腔】及后来发展的【怡心调】，至今未见有文字记载或音响遗踪。但在"打门头词"时期艺人通唱的腔调【一捺腔】尚有流传。【一捺腔】每句落音都相同，具有明显的说唱音乐的特征，与当地民间音乐有血缘关系。到班组演出时期，随着演出形式的变化，女腔出现了【二泛子】，旋律结构明显丰富。清光绪年间淮海戏出现第一代女演员后，她们根据各自的嗓音特点，使女腔发生了飞跃性变化，如灌云县女艺人林六娘创造了【嗨嗨调】，灌南县王大娘创造了【新调】。男腔也出现了以【金凤调】为代表的一些新腔。后海州区艺人葛兆田又创造了【小滚板】【一挂鞭】等男腔。至1940年后，淮海地区抗日民主政府为了支持小戏的艺术发展，派了一批专业音乐工作者，他们和淮海戏艺人结合，既继承了淮海戏的传统唱腔，又吸收了当地的民歌特色，使之逐步成为女腔的基本腔。男腔也在传统唱腔的基础上，糅进京剧西皮慢板的一些音乐素材，逐步形成了男腔的基本调【东方调】。

淮海戏《打金枝》

20世纪50年代，一批新的音乐工作者投身到淮海戏事业中，使淮海戏的音乐唱腔不断丰富发展。首先，他们对男女腔基本调在实际演唱中的运用进行了长期的艺术实践，使之日趋丰富和规范。其次，在挖掘整理老唱腔方面，做了大量的继承和创新，如对【二泛子】运用了转换调、两腔相糅等手法，相继发展了正调、反调、花腔、紧拉慢唱等不同形式的【二泛子】。还在传统唱腔的基础上，发展了【彩腔】【丑调】【小生调】【满台腔】等多种腔调。

淮海戏女腔委婉细腻，男腔质朴粗犷，为板腔变化和曲牌联套兼采并用的综合体制。除【好风光】外，女腔尚有辅助唱腔【二泛子】【诉堂调】等，男腔有【金凤调】【龙门腔】等，男女腔共用的古老腔调有【羊子】【八句子】等。其他曲调有【旦调】【彩腔】【打渔船】【满台腔】等。淮海戏的基本板式为【二行板】，后随剧情需要，在速度、节奏、力度和旋律上作多种变化，形成多种不同的板式。

淮海戏以特制的板三弦、高胡为主要伴奏乐器。常用曲牌有【转州城】【山坡羊】【小蝴蝶】【老八板】等。打击乐器原用民间锣鼓曲牌，后武戏中大多套用京剧锣鼓。淮海戏常用的锣鼓经有【大起腔锣】【小起腔锣】【叫板锣】【导板锣】【行腔锣】【走场锣】【吹打锣】等多种。

淮海戏的表演艺术，基本上源于苏北一带的农村生活。经数代艺人不断加工创造，富有浓郁的乡土气息和丰厚的民间色彩。淮海戏初期不分行当，后来形成以小旦、小生和小丑为主要角色的"三小戏"。随着"本头戏"的出现，淮海戏的行当日渐齐全。淮海戏角色行当分旦行、生行、丑行和花脸四类，每类都有不同的小行和戏路。如旦行则分为正旦、耍笑旦、彩旦、老旦、小旦、奶小旦、武旦、丫头等十多种。生行分老生、正工老生、奶小生、扇子小生、文堂生、官生、武生等十多种，丑行分大架丑、小乙丑、小耍丑、奶丑、袍带丑等多种。花脸行分黑花、大花和二花三种。

淮海戏中旦、生、丑三类行当的表演身段最为丰富，如旦行的"亮扇""收扇""穿云""托月""蜻蜓点水""蝴蝶摆风"等，与民间舞蹈关系密切。丑行的表演身段，如"鸡刨塘""麻雀跳""猪吊腰""鬼扯转"等，无一不脱胎于苏北农村生活。除一般戏曲水袖、台步等基本表演程式外，淮海戏还有许多特殊身段和特技，如"大站肩""小站肩""穿袖""驾云""野鸡溜""狗套头""风车""大扭""抖指""蒲扇指""挨窝走""鳖爬走""耍水走""鸭子云""喜鹊口"等数十种。在淮海戏的传统折子戏《催租》《闹酒馆》《扇坟记》《打干柴》等剧目中，这些特殊表演身段得到集中展现，是淮海戏表演艺术的宝库。

淮海戏演出过的剧目，数量可观。按题材内容，大致可分五类。一为民间生活小戏，如《催租》《骂鸡》《站花墙》等；二为家庭伦理戏，如《皮秀英四告》《鲜花记》《大书馆》《孝灯记》《避雨》等；三为男女情感戏，如《三拜堂》《小隔帘》《小玉环》《访友》等；四为反映爱国主义题材的戏，如《樊梨花点兵》《夜战北平关》等；还有一类公案戏，如《井泉记》等。这些剧目主要来源于民间故事或传说，也有一部分从其他剧种移植。至民国初年，淮海戏逐步形成了代表本剧种特色的传统戏，计有"三十二大本，六十四单出"。其主要剧目简称为"两骂、两关、三朵花，七大、八小、十一记"。这些戏均不见署名作者，但从现存传统剧目来看，有些剧本明显带有文人加工的痕迹。东海县平明乡的晚清进士、官至内阁中书的朱璐，晚年回乡后，就亲自动笔润色过《皮秀英四告》等剧目。

在革命战争年代，党和根据地民主政府将淮海戏艺人集中起来进行整训，编演了一大批反映根据地人民生活、团结人民齐心抗战的现代戏，如《灾难海州》《小板凳》《大后方》《三星落》《妇女解放》等。这些剧目在淮海地区流传甚广，起到了很好的宣传鼓舞作用。

20世纪50年代起，有关部门组织专门力量，对大量的传统剧目进行了挖掘整理，如《皮秀英四告》《三拜堂》《樊梨花点兵》《催租》《金哥传》等一直久演不衰，成为连云港市淮海剧团的保留剧目，有的还被兄弟剧种移植演出。为繁荣文化艺术，连云港市淮海剧团还排演了一大批新创的现代戏和历史剧，如《海花》《三不上当》《换麦种》《柳叶儿》《西京遗恨》《红尘悲歌》《海外姨妈》《明月芦花》《老圩门》等。其中《代代乡长》获省、市"五个一工程"奖，《杏花烟雨》被《中国日报》介绍到国外。

淮海戏的传统主奏乐器是板三弦，琴鼓的正面为梧桐板，背面留有音窗，琴杆中部置腰马。演奏员右手持弹片拨弦，左手用指甲按音，音色清脆，与其他弹拨乐有明显区别。板三弦的定弦为5-1-5-（1=D），传统演奏手法有"大翻弦子""小翻弦子""自由翻子"等。特别对于节奏较快的说唱性唱段，板三弦伴奏还可以起到营造气氛和把握节奏的作用。

淮海戏早期乐队仅有二到三人，伴奏乐器为一副简板，两把板三弦，打击乐器有大锣、小锣、铙钹，称"三块铜"。中华人民共和国成立后人员逐渐增多，至20世纪60年代初便形成了"吹、拉、弹、唱"的小型民乐队，伴奏已增添一把主奏高音二胡（定弦为2—6），另有大提琴等低音乐器。淮海戏的服装、道具、刀枪把子等以前一直沿用京剧样式，自20世纪70年代后，逐渐向越剧靠拢。

淮海戏在长期的艺术实践中，因其贴近群众、贴近生活，以及由几代艺人创作的优美的淮海戏音乐唱腔，深受人民喜爱，仍具有拉人魂魄的艺术魅力。

无论是城镇和乡村，街头出售淮海戏录音、录像带的摊贩随处可见，城乡小商店中播放的淮海戏唱腔，仍为不少听众津津乐道。它的许多表演身段和特技，仍保持了苏北地区农民文化的原始形态，如"大站肩""小站肩""鬼扯转""鸡刨塘"等，无一不脱胎于农村生活，具有较高的艺术审美价值。

徐福传说

关于徐福的传说，有以口头方式流传的《徐福东渡的传说》《徐福河的传说》《留福村的由来》《秦始皇与绣针女》等 30 多个。2011 年 5 月入选第三批国家级非物质文化遗产扩展项目名录，属民间文学类别。徐福传说的申报单位是连云港市赣榆区金山镇文化站，保护单位是赣榆区金山镇文体中心。

秦始皇统一中国后，梦想得到长生不老之术，方士徐福主动上书要求出海寻找仙药，先后三次出海寻药，并携带三千童男童女及百工和各种工具与粮食种子作为献礼，最终漂洋过海，东渡扶桑不归。

徐福（公元前 255 年—？），即徐市（fú），名议，字君房，徐王君偃第二十九世孙，生于战国齐王建十年。秦时齐地琅琊（今赣榆金山镇徐福村）人，精通医学、天文、航海、冶炼等知识，为当时的著名方士。其事迹最早见于《史记》的"秦始皇本纪"和"淮南衡山列传"（在秦始皇本纪中称"徐市"，在淮南衡山列传中称"徐福"）。据《史记·秦始皇本纪》记载，公元前 219 年，秦始皇遣齐人徐福率男女三千人，资之五谷种种，百工而行，东渡寻求仙药。徐福得平原广泽，止王不来，成为中国历史上有史料记载的第一位横越大海、远航异域的航海家，今被誉为世界航海先驱、中日友好交流的开创者。至今，赣榆仍遗留其种药、造船等遗址遗迹。

徐福东渡日本，正值古代日本绳文到弥生文化初期，为日本带去了灿烂的中国文化。其东渡故事至今仍在我国沿海地区和日本、韩国流传。据考证，徐福船队在日本岛登陆后，向土著民族传播了农耕知识和捕鱼、锻冶、制盐等技术，还教给了日本人医疗技术等秦朝先进文化，促进了社会发展，将日本从一直徘徊中的原始社会推向了奴隶社会，深受历代日本人民敬重。日本尊徐福为"司农耕神"和"医药神"，和歌山县、佐贺县、广岛县、爱知县、秋田县、富士山地区都有关于徐福的登陆地、徐福祠、徐福冢、徐福井等遗迹。佐贺、新宫等地神社都把徐福作为神来奉祀，每年都要举行声势浩大的祭祀活动。韩国至今仍举办纪念徐福的活动。徐福东渡已被认定为中日韩友好交往的开端，徐福也成为三国人民友好的化身。

■ 徐福传说——徐福像

关于徐福东渡的动因，历来众说纷纭。历史上对于徐福东渡的评价中，也多有涉及对其东渡求仙事件动因的猜测和评论。

徐福避祸说：这是《史记》以来的传统看法，流行最广。因徐福求药不成，于始皇处无法交代，便逃往海外避杀身之祸。以往的史书注家、各类方志都主此说；日本的一些学者也赞同此种看法。《后汉书·东夷列传》中所记"传言秦始皇遣方士徐福将童男女数千人入海，求蓬莱神仙不得，徐福畏诛不敢还，遂止此洲，世世相承，有数万家"的文字也认为，徐福并非一开始就计划好了要逃往平原广泽，而是"求蓬莱神仙不得，徐福畏诛不敢还"。很明确，此时，人们并不认为徐福东渡的动因就是为了去"平原广泽"，而是没有办法被"逼上梁山"才留在了那里不回来的。此外，诗人汪遵也有《东海》诗云："漾舟雪浪映花颜,徐福携将竟不还。同作危时避秦客,此行何似武陵滩。"宋代,《册府元龟·外臣部·种族》中沿用"夷洲及澶洲,传言秦始皇遣方士徐福将童男女数千人入海,求蓬莱神山不得,徐福畏诛不敢还,遂止此洲"的说法,仍认为徐福是为了去求仙药而入海,只是后来事情没办成,所以"畏诛不敢还"。南宋祖元和尚于宋亡那一年,为了逃避元代的统治,也东渡到了日本。他有一首祭徐福的诗"先生采药未曾回,故国山河几度埃。今日一香聊远寄,老僧亦为避秦来",却明确地将自己的身世同徐福联系起来,认为自己同徐福一样,"亦为避秦来"。

寻仙求药说:李江浙从秦朝发达的航海技术、丰富的航海经验,以及徐福本人所具有的良好素质、文化修养等方面,论证了徐福东渡是探索人生长寿之道的实践和考察访问活动。《义楚六帖·国城州市部》中"日本国亦名倭国,在海中。秦时,徐福将五百童男、五百童女,止此国也,今人物一如长安。……又东北千余里有山,名富士,亦名蓬莱;其山峻,三面是海。一朵上耸,顶有火烟;日中,上有诸宝流下,夜则却上,常闻音乐。徐福止此,谓蓬莱。至今,子孙皆曰秦氏"的记述中提到"徐福止此,谓蓬莱",说明徐福的确是因为寻三神山而到了日本,并且止住后就将富士山认作蓬莱仙山。由此可知,义楚的观点认为,徐福东渡的动因就是寻找仙山,并且在日本自以为抵达了目的地。同时,《唐传奇》里也杜撰说,徐福是到了一座岛上,并且真的找到了仙药,能治病救人。这位作者的思路,也是建立在相信徐福是去寻找仙药的基础上的。

关于徐福的传说还有以下这些:

徐福河的传说:金山镇前、后徐福村之间有一条河,过去叫骡车河,现叫徐福河。传说,先前并没有这条河,是徐福在此种药时,推车压出的车辙,后来经雨水冲刷,变成了河。

卢山仙人洞的传说:在赣榆区北部有一座大山叫卢山,半山腰处有一口井,人们称它为神井。传说很久以前,有老两口住在卢山顶上。有一年王母娘娘下凡来这里,见老人可怜,就把他们住的破旧房子给修好,并给他们做了个大磨,告诉他们用磨的时候只管念"转"就好。一天,老太太念咒推磨时不知怎地掉到山下边去了，把山腰打了个大洞。不知过了多少年，徐福的同学卢生因受秦始皇旨令找徐福来到卢山脚下，天黑了就住在这山洞里。卢生因没完成皇上旨意，不敢回去，就在这山上安家落户，用自己所学的医学为当地的百姓看病。后来，卢生为完成自己新的使命悄悄走了，当地百姓为表达对卢生的怀念，把卢生住过的这座山取名卢山，把卢生住过的山洞取名为仙人洞。

留福村的由来：西留村，意为留徐福村。徐山有徐福洞，因曾为秦代方士徐福所住，人称"徐福洞"。徐福医术高明，住在此处时，常给人看病，给穷人看病从不要钱。后来，秦始皇得知徐福方术高明，就遣他出海寻仙山。村里人想留住徐福，但徐福终领皇命离去。后人就将村名改为"留福村"。

大王坊、下驾沟、饮马池的传说：秦代东渡日本的徐福是徐福村人，村里现在还有徐福种药地。后人为纪念徐福，还修了徐福庙。当年，徐福居住的地方，是四厢房。后来，挖土时出土了很多砖石瓦块、石碾等，器具有秦汉痕迹。大王坊，现为庄名，是当时徐福造船的场所。在古河道里，地下发现了很多木头。在石羊河边，有一个圩工村，是徐福造船时请来的能工巧匠们居住的地方。在马站乡有个下驾沟村（今属柘汪镇），传说秦始皇东巡，看徐福造船准备情况时走过此地，并下马。还有个饮马池，是秦始皇饮马的地方。下驾沟村还有驰道遗迹，传说秦始皇就是经过这一驰道来到赣榆的。抗战时期，秦驰道还留有一些痕迹。

秦始皇与绣针女：相传马站乡的大王坊村，有一个绣针女，她绣的花鸟虫鱼、飞禽走兽，栩栩如生，呼之欲出。秦始皇东巡察看徐福造船的时候，地方官员把绣针女刺绣的门帘作为贡品献给了秦始皇。秦始皇龙颜大悦，就把绣针女带回宫里，封她为"绣针娘娘"。绣针女规劝秦王不要求仙药，不要纳民税，不要征徭役。秦王对此怀恨在心。有一年，正值盛夏，洪水滔滔，秦王又一次东巡，当他的仪仗经过荻水河大桥时，凶狠的武士把绣针女投到了急流滚滚的河中。当大王坊的村民得知绣针娘娘的噩讯，拼命赶来相救时，绣针娘娘已不见了踪影。从这以后，人们为了纪念美丽善良、含恨死去的绣针女，就把荻水河改名为"绣针河"。

秦始皇鞭石成桥：在赣榆区海州湾的碧波中有一状如瑶琴横卧的小岛，名琴山；自秦始皇来此山立秦东门后，此山又称作秦山。秦山西侧脚下，有一条肉红色的、与陆地几乎相接的石头路，随潮水时隐时现，该路即传说的神路，亦叫秦桥。相传秦始皇东巡时欲登神山，因山陆之间修筑困难，他登山心切，一时大怒，挥动神鞭赶石下海，形成了一条神路。

下驾沟的传说：相传秦朝时，秦始皇要看海。那个时候交通不便，秦始皇就叫老百姓挖了一条从西地长安到东海的大沟（此沟离如今下驾沟村，约一千多米），准备乘船出海。因这年春旱，沟内无水，无法行船。秦始皇发下圣旨，叫沿沟的老百姓凑了黍（shǔ）子，放在沟里，因黍子很滑，可用人拉着船在黍子上行走。船行进到如今的下驾沟村时，天已大黑。秦始皇也感到劳累，就下令在此住宿。以后人们就把秦始皇住过的村起名为下驾沟村。

历代文人对徐福东渡多有题咏，中日文化交流中，也常见缅怀徐福之辞。如唐代大诗人李白写道"徐市载秦女，楼船几时回"；唐代白居易的《海漫漫》、北宋欧阳修的《日本刀歌》更是烂熟于中日人民心中；元朝的吴莱热衷于徐福传说，他泛舟东海，寻访古迹，写下了《登岸泊道隆观观有金人闯海时斫柱刀迹因听客话蓬莱山紫霞洞》《听客话熊野徐福庙》等诗篇；明朝的宋濂、李东阳和清朝的黄遵宪等也都以此为题材，创作了流传千古的诗篇。

早在1918年，陶亚民先生首先发表了《徐福事考》一文。王辑五先生把研究徐福与研究中日海上交通史结合起来，提出了一些新观点。1981年汪向荣先生再论"徐福东渡"，又重新掀起了徐福研究的热潮。近二十年来，国内的彭双松教授，日本的梅原猛教授、壹岐一郎教授、水野明教授等也都对这一课题做了较为深入的研究，使徐福成为一种独特的文化现象。

传说秦始皇东巡中到达赣榆，留下了众多遗迹。

秦山岛，赣榆海域的琴岛因秦始皇登临更名秦山岛，秦山岛是江苏省为数不多的近岸海岛，面积约0.19平方千米，岸线长度约2.8千米，距离滨海新城区约8千米。岛上有棋子湾、秦山神路、受珠台、徐福井、奶奶庙、徐福雕像、秦山岛东周文化遗址等20余处主要景点，素来享有"秦山古岛，黄海仙境"的称谓。岛上有秦始皇所立颂德碑（该碑几次被人偷窃时，皆被渔民发现，后来实在无法，为防偷窃，据说将其沉入海中，久无踪），因李斯所篆，史称李斯碑。据《汉书·地理志》记载："……有秦始皇碑在山上，去海百五十步，潮水至，加其上三丈[1]，去则三尺[2]，所见东北倾石，长丈八尺，广五尺，厚三尺八寸，一行十二字。"此碑在《水经注》《江南通志》《光绪赣榆县志》中均有记载。

20世纪80年代在秦山岛又发现东周文化遗址，位于秦山岛西北麓，文化层叠压高约15米，长约38米，夯筑灰土层中遗物有东周灰陶片、吴越文化的几何印纹硬陶片，纹饰清晰，标本丰富，表明岛上有人居住的历史至少在2500年以上，为秦始皇和徐福其事的研究提供了更新的一例佐证（1986年5月30日《新华日报》）。

棋子湾，位于秦山岛南面背风阳处，湾内遍布彩色小卵石，状若棋子。相传徐福与秦始皇登秦山，二人以石为子，作棋对弈，因名棋子湾。后来徐福东渡，将中国围棋传到了日本。

秦门东阙，位于秦山岛东北角，有两巨石高达10米以上，俗称"大将军""二将军"，远望俨然一对宫门阙。据称，它就是秦始皇所立"秦东门"遗迹。近处又有李斯碑，已湮圮于海中。海岸内陆还有秦始皇驻跸的驻驾庄、接驾庄、下驾沟及饮马池。秦驰道下驾沟段遗址明晰。

徐福村还有众多考古发现。1985年春，赣榆县徐福研究会组织有关人员对徐福村及周边古遗址、文物进行为期两个月的勘探、调查，对徐福村三处文化遗址进行试掘，出土了一批重要文物。戚贵森执笔的报告《赣榆县徐福村古遗址调查及徐福故里考》中提道：在徐福村发现的古文化遗址，分别位于村北、村南和村东三处。村北遗址被当地群众传说为徐福宅基地，村南遗址地名团树，村东遗址地名对厅。三处遗址可分别名之为"宅基地遗址"（遗址一）、"团树遗址"（遗址二）、"对厅遗址"（遗址三）。考古过程还出土了一批器物，石器类有斧、铲、磨棒、砺石、石珠、石药碾、石锚等；陶器类有绳纹、云纹瓦当、筒瓦、陶井圈及钵、罐、鬲、甗、豆等；铁器类有斧、凿、镢、锤、釜等。出土文物的年代判定为新石器时代、大汶口文化早中期遗存，至秦汉时期祠庙、殿堂建筑遗存，证明徐福村是一处有着悠久文明的聚居村落。

---

1. 1丈≈3.33米
2. 1尺≈0.33米

在赣榆大、小王坊村考古发现秦时造船遗址，遗址为徐福东渡前造船场地，现存南北40米，东西250米左右淤积池塘。南侧立有县人民政府刻碑一座"徐福造船作坊遗址"，字径0.35米高。遗址出土大量保存尚好的造船柞木，经南京大学碳14测定其为距今2200—2400年。2008年12月，江苏省考古队再次试掘，共探测29个点，取得造船柞木标本。碳化木积层三至八层不等。据考，王坊村并无王姓居者，则王坊并非因王姓得名，更有可能是由皇（王）家作坊而得名。在距大、小王坊不远的地方有圬工村，村民世代擅长圬（wū）工技艺。圬工，俗称"捻匠"，是专为船只捻缝、抹灰、涂饰、粉刷的行业。

此外，赣榆还有一些古地名，如木套、木头沟、司坞等村，有学者认为，皆系古代的造船作业区，都明显与徐福东渡前的造船一事相关联，所以有造船作坊遗址，有圬工聚居的村落，有相关的作业区。专家学者考证认为，此处应该是徐福出海前的楼船建造场所。第三次全国文物普查确定"徐福造船作坊遗址"为县级一般不可移动文物。

荻水口遗址西侧海岸上立有赣榆县人民政府碑刻一块，上书"荻水海口遗址"。石刻上大字约0.3米×0.25米，小字约0.15米×0.12米。荻水海口遗址为徐福船队东渡日本出海口，至今仍在使用，许多远洋捕捞渔民从这里出海。第三次全国文物普查确定"荻水口遗址"为县级一般不可移动文物。《日照县志》载："又南三十余里岚山头口，沙洲汇处，可通商舟，东近车牛山（山形如牛引车，故名。见卫志。），为泛海必经之道；又西南，去卫城六里荻水口，南至莺游山，西为孙家岛，两山对峙如门，船多泊此候风，实南北道之咽喉也。"唐宋时代，连云港成为我国对外交往的门户，手工造船业规模盛大，迅速发展。在海州刘志洲山、岗嘴山和灌云大伊山上均发现石刻船画，其画面上带有帆、舵轮、楼阁等，反映了当时海州地区的造船水平。

栏头丹灶。明代赣榆八景之一，赣榆史籍对八景之一的"栏头丹灶"的注释为："东海之濒，为蓬峤驿道，安期者流时往来焉。陈姓仙人所以从事栏头也。海潮风势，直欲排琅琊，吞莒照，而栏头以孤峰力拒之，使沸乱终归宁一。道家之驱妄葆贞，或有取乎。"这段古文讲的是，栏头位于海边，势如栅栏，拒波挡浪，确保一方安靖。道教供奉的早期神仙安期生，曾经往来于此。后有一位陈姓仙人便选在栏头结灶炼丹，故曰"栏头丹灶"。另外，清朝《赣榆县志》载有多首赞颂栏头山的诗词，其中大有"中流砥柱，力障狂澜"之意。

赣榆区为徐福故里，在非物质文化遗产保护方面，重点对《徐福的传说》非物质文化遗产资源进行了全面系统的搜集整理、立案建档，对这方面的工作人员和传承人进行了专业培训，举办了"赣榆区非物质文化遗产保护成果展"专题展览2次，举办徐福文化图片展10余次，出版了《徐福东渡》一书。通过挖掘、整理，已拥有与徐福传说相关的资料（图片、文字、音像）200余件，并建立了专门的图片、文字、音像资料库，设立了传承基地，组织代表性传承人开展了徐福传说进校园讲述活动。

徐福文化陈列馆综合运用文字、图片、实物、影像、多媒体等形式，旨在创建亚洲最大、中国第一的徐福国际文化交流中心。陈列馆展厅面积450余平方米，以"徐福东渡""徐福文化在中国""徐福文化在日本""徐福文化在韩国""友好交往"五大板块为主框架，遵循"敬重客观、同异兼收、中外汇聚、古今咸集"的布展原则，追求史迹、传说、遗存展示的全面性、课题研究的多元性、资料汇集的兼容性、陈列内容的客观性，现存馆藏资料及实物已达10000余件，其中，韩国、日本和其他外国友人捐赠展品300余件。

徐福传说在海内外有着广泛的影响，在赣榆区举办的历届徐福节和其他中日韩文化交流活动中，日本、韩国文化交流团以及徐福后裔曾多次来赣榆拜祭徐福。徐福传说，在现代中日、中韩文化交流活动中发挥了重要的作用。

淮盐制作技艺

传统海水制盐是淮盐生产的典型代表。其工艺主要是修滩、制卤、结晶、收盐。因淮北煎盐、砖池晒盐早已不用，故只叙述泥池滩晒中的工艺流程部分。2014年11月，晒盐技艺（淮盐制作技艺）入选第四批国家级非物质文化遗产代表性扩展项目名录，属于传统技艺类别，申报单位是江苏金桥盐化集团有限责任公司，保护单位是连云港市工业投资集团有限公司。

淮盐素以"色白、粒大、干爽"著称于世。方志记载：论其质量，与井盐、矿盐、岩盐、池盐相比，海盐为优。海盐中，以淮盐为优。"品天下之盐，以淮盐之熬于盘者为上"。宋应星曾以科学家的严谨态度，对淮盐的质量进行考究，得出的结论是：淮盐质重，其他海盐质轻。以重量比较，淮盐一升重十两，广、浙、长芦盐一升重六七两。从西汉和南北朝时淮盐畅销的盛况看，质量亦属上乘。唐肃宗时，淮盐以"余味含甘"赞为独绝。古代文人常以雪、霜、冰、玉来喻指淮盐的纯净皎洁。清代海州分司运判谢元淮称誉淮北"厥地尽潟卤，扫盐雪不如"；清代诗人程枚赞誉淮盐色白味美为"晶莹初降雪，皎洁乍消冰""味饴堪厥贡，王膳最先承"；淮盐实为盐族珍品，玉洁冰清，驰名中外。

淮盐场产盐历史久远。《越绝书·记地传》中记载"越人谓盐曰余"，因此"赣榆"（《山海经》作"盖余"）之得名与盐有密切的关系。《史记·货殖列传》："彭城以东东海、吴、广陵……有海盐之饶。"《南齐书·州郡志》："郁州（今云台山）在海中，……土有田畴鱼盐之利。"《新唐书·食货志》：

"盐田"俯瞰图

"海州山海之利，以盐、茶为大端。"宋代，"海州板浦、惠泽、洛要三场，岁鬻盐四十七万七千余石"（《宋史·食货志》）。

最初的海盐生产步骤较多，要先将细沙等吸卤之物摊晒于地面，经风吹日晒，使卤质凝聚其中，然后煮卤成盐。根据多地海盐生产遗址考古发现，当时先民可能已经开始利用海边地下卤水进行熬制海盐了。

开辟亭场。选好亭场地点后，四周挖围沟蓄水，平整地面。之后用海潮浸灌泥土。日晒土干后，用锄头铲去细草，再将整块亭场划分为3～4小块，在亭场周围及小块与小块之间通开浅渠，以便灰暴晒时引海水浇灌。

摊灰暴晒。灰是煎灶内的草灰（生灰），以及灰坑内淋过卤水的残灰。天晴之日清晨，灶户把灰从灰坑内挑至亭场上，用木锹摊开，再用筱竿（6尺长大竹一竿为柄，上缚2～3根小竹）均匀摊开，使其极细极平，这样易于结成。晒灰至午后申时（14时前后），灰色转黑，遥望之有白光，则知灰已成咸。夏日一日成咸，冬月需二三日以上。

淋灰取卤。先用生灰铺在灰坑的底部，然后将亭场上所晒咸灰倒满灰坑，再用生灰盖上一层。用脚踩踏坚实，方便卤水流动。再放草于生灰之上，然后用料勺从近旁汪塘舀海水，从草上浇淋，使灰不被水冲动，浇水量决定了最终灰的咸淡。约一顿饭的工夫，咸卤流入灰坑边的卤井中。

石莲试卤。石莲是秋后沉入荷池底的老莲子，历久不坏，入水必沉。入水必沉，惟煎盐卤能浮之。测试方法是：取石莲子10枚投卤中，如10个全浮，则卤水极咸，可全收用于煎盐；如一半浮，则卤水浓度减半，收盐减半；若浮起者不多于3枚，则卤水浓度太低，不能煎盐，须重新淋灰取卤。

斫运柴薪。明代以前，官分配草荡于灶户，令其自行砍伐煎盐。明孝宗时期，黄河夺淮入海使得淮河以南的海岸线由于泥沙淤积大量东移，因海潮不至而盐卤渐淡。淮南盐场东迁迅速，晒灰亭场随之东迁，新生滩涂产草不茂，而旧有产草丰茂，但草荡距海甚远。

煎卤成盐。卤水将干时，投入皂角数枚，卤即开始结晶成盐，从技术层面看，晒盐过程是蒸发水分，使盐在卤水中过饱和，进而析出盐晶。在过饱和析晶中，如留有晶种可大大加快析盐过程，皂角在这承担的便是晶种的作用。

淮盐生产忙碌的场景

出扒生灰。亭场所晒咸灰，须每日增添生灰掺和，当烧火时，扒出灶肚草灰，用水浇灭余火。晒灰之日，将灰坑内淋过卤水的残灰与灶肚中扒出的生灰一起暴晒，于是进入下一轮生产过程。

汉代以后，淮盐生产由煮盐改为煎盐，即淋土制卤、煎卤成盐，其主要工艺流程为"刈草于荡、烧灰于场、晒灰淋卤、归卤于池、煎盐于镦"。明嘉靖年间，两淮巡盐御史雷应龙曾言，"以卤池为本，以草荡为资，以铁盘为器，以灶房为所，数者有一未备，则盐业有妨"。

宋代时，制盐方法十分成熟，生产工具十分完备。堤高1丈5尺，基宽3丈，面宽1丈，"束内水不致伤盐，隔外潮不致伤稼"，使"滨海泻卤，皆成良田"。"亭民无车运之劳，有得免所负，逃者皆来归，盐利大兴"，串场河的开发减少了车马人力负担，大大提高了盐场的开发效率。

西汉末至北宋初，海边刮咸淋卤法具有一定代表性。海边滩涂长期受到海水浸渍形成盐碱土（沙），经过长时间日晒，地表水分不断蒸发，并伴随海风离开地表，盐分便积于地表，形成含盐度较高的沙土。人们多选择春夏两季刮取盐土，日晒充足，雨水较少。直到清代初期，海盐生产仍以煎法为主，主要生产流程为开辟亭场、海潮浸灌、摊灰暴晒、石莲试卤等。切块盘铁为几家盐户分开持有，生产时拼在一起，为了便于管理，组合成完整铁盘后轮流煎制，称之为"团煎"。盐锅直径一般为1.2米，深0.37米。灶锅设置有两种，一是一锅一灶，置锅于灶上，注卤于锅中，点火连续熬制即成盐；二是一灶多锅，当时淮南盐场制盐用草煎，每灶共有三锅：一锅是用来温卤的，另外两锅是用来煎盐的。

清代以后改为提水入盐滩池晾晒、蒸发、结晶成盐，主要生产工具为刮板、风车、戽水斗、拐水车、大小锨、跳板、小闸板等。

修滩。每年春晒前、雨季后，在盐滩内部整修沟道、整理池板，用钉耙把滩地土壤撅翻，放入卤水，赤脚排踩、平整和匀、抹平，晾干后用石磙反复碾压。20世纪50年代，全国盐业劳动模范、蒿东工区西小程圩领摊手杨再柏，创造了"常年修滩、四季保养、边改边产"的一套完整的"改造旧滩、修保盐滩"的先进经验，生产面积扩大4倍，原盐产量增长15倍，得到当时国家轻工业部、盐务总局的肯定，在全国海盐区推广。

纳潮。除自然港汊外，还有人工开浚的引潮河，在海堤设有圩门或简易闸，便于纳潮时启闭。引潮河内通大圩河，每圩有一道旱圩门，潮退堵塞。1953年以后，水圩门纳潮法被淘汰，多用人工闸纳潮，配专职闸工。在潮水进入引潮河时，闸板提起，纳进海水；潮平时，闸板放下，以防海水回流。每年秋后，疏浚好圩沟洼地，使沟渠深阔，便于多蓄潮水。每月初汛、半汛大潮时开放闸门，纳取汛潮流入圩河，叫"拿潮"，也叫纳潮。农历十一、十二两月所纳潮水叫"寒潮"。如寒潮潮汐不旺，则在来春元宵前后补取"灯潮"。寒潮浓度最高，一般要备足下年度20%的原料水。1954年以后，纳潮相继由风力风车改用机械动力纳潮，采用旱天纳潮头，雨后纳潮尾的方法，尽量纳取高浓度海水。

扬水。从新中国成立前一直到20世纪60年代初，滩内扬水多用半圆形柳斗戽水，水车拐水。清光绪元年（1875年），仿稻田用的风车，制成布帆8面（后改用3面）风车，架设在引潮河或大圩沟旁，昼夜不停地向洼地或蒸发池打水储蓄。1961年外线扬水全部实现机械化，1972年开始使用电力设备扬水，到1974年内线扬水全部采用电动机械化。

制卤。八卦滩制卤多为曲线走水，即"薄晒勤跑"，"循环走水、落地成卤"。这种工艺适宜春初和秋冬蒸发量低的气候下采用，成卤虽快，但量少，新中国成立初期仍沿用此法。后提出"一放一干"，就是上一步池子向下一步池子放水。

结晶。从明末到新中国成立前，制盐结晶时间一般多是农历三月一日到六月底为春晒，八月初到十月底为秋晒。春天二三日即成盐。20世纪50年代初，灌池推行"新卤深卤、长期结晶"（即新、深、长）新工艺，并结合当地气象、地理等条件，增加"硬、清、净"工艺。"清"，卤水要澄清再灌池；灌池结晶后就是"活碴"。针对活碴，先使用刮板，后用活碴耙，由人力在池内纵横拉动，旺季每日一次，淡季隔日一次。在结晶中，要做到及时"除浑（俗称赶浑）"，当暴风雨过后收扒盐时，用刮板将混卤推到下风头，然后排出，反复数次，直至把池内尘泥清除干净。

收盐。清代、民国初期，池小盐少，三五日收盐一次；盐多时，一两日收盐一次。收盐时，先用刮板将池内盐刳成堆或成"长龙"，叫"刳盐"，用大木锨装进盐筐，挑上滩头小廪基，等卤水淋净后，再挑到圩内大廪基堆好，用直头木锨做大廪墙，高达二三丈。担盐上大麓、灌大尖，叫"盘盐"。

明代淮北晒盐，为削泥或淋灰取卤，砖砌结晶池晒盐。工艺如下：在沿海滩涂地区，每灶各铺一砖石盐池，每砖一片长8寸、宽4寸，300片供盐一引（每引400斤）。后因砖体大小不一，计数麻烦，清代改以面积计，一平方丈[1]为一引。每一泥池旁有一个小砖卤井，下雨时即引卤入井储蓄。砖井旁有沙格（蒸发池），池小而深，用于制卤。砖池晒盐初期采用的方法，是以煎煮时期延续而来的灰土淋卤法，后来逐步改为纳潮制卤。

1943年，淮北盐区板浦场开始铺建对口式盐田。对口式盐田宽250米、长600米，前后设有14排池格子，其中1至6排是结晶池，7至9排是调节池，10至14排为蒸发池。

---

1. 1平方丈 ≈ 11.11平方米

1958年，淮北盐区在台北盐场建设第一批对口新盐田。该批盐田长800米至1000米，宽250米，全滩10至12排，面积为20公顷至25公顷。这种对口式盐田的生产面积广，较以往生产面积扩大了34%，抗灾能力也极大增强。

从20世纪70年代起，淮北盐场开始建设集中式盐田。新式盐田采用分区制卤，集中结晶，劳动生产率有较大提升。

塑苫结晶池要先用烂熟的咸泥夯实做成池埝，埝高80厘米，顶宽40厘米，里陡外坡，埝的表面用草包或旧塑料布贴盖。

塑苫结晶池的面积大小，以便于收放、适应机械收盐为原则，面积为11公亩[1]、14公亩、16公亩、17公亩、22公亩、29公亩、31公亩、32公亩、44公亩、60公亩等。结晶池与蒸发池的比例为：对口滩1:3，新式集中式滩1:2。塑苫薄膜收放主要采用拥挤法。采取塑苫结晶新技术后，雨后的淡水排除率由30%提高到95%，蒸发量的利用系数由57%提高到85%，增产幅度为30%，丰歉幅度在20%左右，氯化钠的含量由88%上升到95%以上。

1966年，江苏盐区开始用塑膜苫盖盐池试验，从1968年开始推广塑苫结晶新工艺，到1979年江苏省各盐场大面积推广使用塑料薄膜苫盖结晶工艺，基本上取消了平晒结晶生产方式。在多雨季节，使用塑苫制盐工艺能使盐产量提高36.7%，单位结晶面积增产71.3%。新工艺不受气候限制，原盐生产由季节性生产转变为四季产盐。

连云港市从事淮盐生产的工人曾经高达8万多人。从1980年开始，场区淮盐出口日本、朝鲜及东南亚诸国，经国家商检部门化验，氯化钠含纯达到特等盐标准。1966年，塑料薄膜苫盖结晶池新技术改变了场区靠天产盐的历史，是海盐生产工艺上的一次大革命，对江苏盐区多雨气候下争取原盐高产、稳产、优质起了重大作用。1982年，淮盐荣获省优质产品称号；1986年，荣获国家科技进步三等奖；2019年荣获"全国质量奖"；2020年荣获"2019年江苏省省长质量奖"。淮盐制作技艺是中国传统文化的一道亮丽风景。

---

1. 1公亩≈100平方米

东海孝妇传说

　　东海孝妇传说讲的是汉代东海孝妇窦娥的故事，在连云港地区以口头方式世代相传。2014 年 11 月，入选第四批国家级非物质文化遗产代表性项目名录，属于民间文学类别。申报单位和保护单位是连云港市孝文化研究会。

　　故事讲述的是汉代朝阳东北角的狮子山下有位窦姓妇人，年轻守寡，儿子又突然去世，就剩婆媳俩和一个小姑三人度日。婆婆上了年纪，小姑又小，一家人的生活全仗这个媳妇。媳妇对婆婆十分孝顺，婆婆常为自己年老拖累媳妇感到内疚。一年春天，青黄不接，婆婆有了病，孝妇端茶倒水，精心照料。一天忽听婆婆哼喊要吃红枣。当时正是春天，枣树刚刚生芽，谁也没法买到红枣。说来也巧，姑嫂俩去抬水，忽然发现路旁的狗屎尖上有一个红枣。孝妇见了，心里大喜，马上停了脚步，她立即拾起红枣，用清水一连洗了七次，又放到自己的嘴里以唾液来回漱了七次，把一个枣子洗得干干净净。她对小姑说："如果枣子有毒，我自己含了却未死，那么给婆婆吃也不会有问题。"孝妇回家之后把拾来的枣子送给婆婆，婆婆喜出望外，马上吃了下去。谁知婆婆吃了媳妇拾来的枣子，昏睡不醒，到了第二天，竟然意外地死了。孝妇悲痛不已。一些邻居见了都劝她说："年纪这么大了，多天未吃饭，死与吃红枣没有关系。"可小姑不以为然，一口咬定妈妈死在嫂子手里，哭着上告官府。官府一听有人命案子，马上来到现场，只听小姑一面之词，将孝妇抓捕入狱。狱史于公认为："这位妇人在我们乡间是远近有名的孝妇，她不会做出这等伤天害理的事。"可太守固执昏庸，不听于公言，一意孤行，判处孝妇死刑，将其冤斩。临斩前，孝妇对天盟誓："假如真的是我害了婆婆，就叫我顺顺当当地死去。否则，刀起头落，白气冲天，六月飞雪，三年不雨。"孝妇誓罢，午时三刻已到，刽子手一刀下去，孝妇人头落地，可尸体仍直立不倒，一股白气由断颈处直冲蓝天，在场群众皆以为奇。昏官此时才知此案错判，面无血色，连连说道："孝妇冤哉，孝妇冤哉！"马上跪倒，磕头礼拜。顿时，天空大变，乌云滚滚，凉风飕飕，纷纷扬扬飘下一场大雪来。窦娥死后，大旱三年。后来新任太守上任，每年农历三月三孝妇生日，十月十五孝妇婆母生日都要祭奠，以求人安年丰。从此，新县孝妇的事迹，广为流传，家喻户晓，孝妇从而成为人们崇敬的偶像。后来在坟前建庙，

学校传承东海孝妇传说

就叫"汉东海孝妇祠"，群众俗称"娘娘庙"。

关于东海孝妇大仁大孝的故事，众多方志中均有记叙。

刘向《说苑·贵德》篇中记述了东海孝妇的传说：丞相西平侯于定国者，东海下邳人也，其父号曰于公，为县狱吏决曹掾；决狱平法，未尝有所冤，郡中离文法者，于公所决，皆不敢隐情，东海郡中为于生立祠，命曰于公祠。东海有孝妇，无子，少寡，养其姑甚谨，其姑欲嫁之，终不肯，其姑告邻之人曰："孝妇养我甚谨，我哀其无子，守寡日久，我老，累丁壮奈何？"其后母自经死。母女告吏曰："孝妇杀我母。"吏捕孝妇，孝妇辞不杀姑，吏欲毒治，孝妇自诬服，具狱以上府。于公以为，养姑十年，以孝闻，此不杀姑也。太守不听，数争不能得。于是于公辞疾去吏。太守竟杀孝妇。郡中枯旱三年。后太守至，卜求其故。于公曰："孝妇不当死，前太守强杀之，咎当在此。"于是杀牛祭孝妇冢，太守以下自至焉。天立大雨，岁丰熟，郡中以此益敬重于公。于公筑治庐舍，谓匠人曰："为我高门，我治狱未尝有所冤，我后世必有封者，令容高盖驷马车。"及子，封为西平侯。

《汉书·卷七十一·于定国传》开头就记载：于定国字曼倩，东海郯人也。其父于公为县狱吏，郡决曹，决狱平，罗文法者于公所决皆不恨。郡中为之生立祠，号曰于公祠。东海有孝妇，少寡，亡子，养姑甚谨，姑欲嫁之，终不肯。姑谓邻人曰："孝妇事我勤苦，哀其亡子守寡。我老，久累丁壮，奈何？"其

后姑自经死，姑女告吏："妇杀我母。"吏捕孝妇，孝妇辞不杀姑。吏验治，孝妇自诬服。具狱上府，于公以为此妇养姑十余年，以孝闻，必不杀也。太守不听，于公争之，弗能得，乃抱其具狱，哭于府上，因辞疾去。太守竟论杀孝妇。郡中枯旱三年。后太守至，卜筮其故，于公曰："孝妇不当死，前太守强断之，咎党在是乎？"于是太守杀牛自祭孝妇冢，因表其墓，天立大雨，岁孰。郡中以此大敬重于公。

《后汉书·循吏列传·孟尝》写到汉时东海孝妇一事：孟尝字伯周，会稽上虞人也，……为户曹史。上虞有寡妇，至孝养姑，姑年老寿终，夫女弟先怀嫌忌，乃诬妇厌苦供养，加鸩其母，列讼县庭。郡不加寻察，遂结，竟其罪。尝先知枉状，备言之于太守，太守不为理，尝哀泣外门，因谢病去。妇竟冤死。自是郡中连旱二年，祷请无所获，后太守殷丹到官，访问其故，尝诣府具陈寡妇冤诬之事，因曰："昔东海孝妇感天致旱，于公一言甘泽时降，宜戮讼者，以谢冤魂。庶幽枉获申，时雨可期。"丹从之，……

晋朝干宝所著《搜神记》中记载：汉时，东海孝妇，养姑甚谨。姑曰："妇养我勤苦。我已老，何惜余年久累年少？"遂自缢死。其女告官云："妇杀我母。"官收系之，拷掠毒治。孝妇不堪苦楚，自诬服之。时于公为狱吏，曰："此妇养姑十余年，以孝闻彻，必不杀也。"太守不听。于公争不得理，抱其狱词，哭于府而去。自后郡中枯旱，三年不雨。后太守至，于公曰："孝妇不当死，前太守枉杀之，咎当在此。"太守即时身祭孝妇冢，因表其墓。天立雨，岁大熟。长老传云："孝妇名周青。青将死，车载十丈竹竿，以悬五幡。立誓于众曰：'青若有罪，愿杀，血当顺下；青若枉死，血当逆流。'既行刑已，其血青黄，缘幡竹而上标，又缘幡而下云。"

《隆庆海州志》中多处写到孝妇：于公为县狱吏郡曹。决狱、平罹、文法者，于公所决皆不恨。郡中为之立生祠，号曰"于公祠"。辨孝妇冤，语在《孝妇传》。里门坏，父老方共治之，于公曰："吾治狱多阴德，后世必有兴者。"令稍高大其门，可容驷马车。后子定国、孙永皆封侯传世。《隆庆海州志·卷七·人物·女德·汉》记载：孝妇东海人，姓窦氏。少寡亡子，养姑甚谨，姑欲嫁之，终不肯。姑谓邻曰："孝妇事我勤苦，哀其亡子守寡。我老，久累丁壮奈何？"

其后姑自缢死。姑女告吏："妇杀我母"。吏捕孝妇，孝妇辞不杀姑。吏验治，孝妇自诬服。具狱上府，于公以为此妇养姑十余年，以孝闻，必不杀也。太守不听，于公争之，弗得，乃抱其具狱，哭于府上，因辞疾去。太守竟论杀孝妇。郡中枯旱三年。后太守至，卜筮其故，于公曰："孝妇不当死，前太守疆强断之咎，当在是乎？"于是，太守杀牛自祭孝妇冢，因表其墓，天立降大雨，岁熟。《隆庆海州志·卷八·杂志·杂祠》记载：孝妇庙在巨平山北，详见《孝妇传》。

《隆庆海州志·卷八·杂志·丘墓》记载：孝妇冢在东海新县北二里。乡人以其孝感，立祠冢旁祀之。《一统志》云："在郯城东十里"。孝妇实东海人，又庙在巨平山，则冢在东海无疑。事见史传，及碑记可考。《隆庆海州志·卷十·词翰》中辑有文、诗多篇，如《汉东海孝妇窦氏祠记》：生，有以感亲心；死，有以动天心。孝妇之德，何其伟与？孝妇，东海人，姓窦氏。方其少时，遭家不造，良人蚤卒。孝妇独养姑，氏诚孝弥笃，勤苦不息，越十余岁，始终一节。姑不忍其孤苦，谓邻人曰："吾老，久累丁壮奈何？"遂自缢死，是生有以感亲之心也。于是，姑女告妇杀其母。司政者瞢酷，孝妇自诬服。于公为狱吏，争之不能得，竟论杀孝妇，郡中遂枯旱三年。后太守至，思求其所究。于公曰："前太守枉杀孝妇，咎当在是。"太守用大牢躬恭祭孝妇冢，以表其墓。天立大雨，岁熟。噫，不有穹苍，以彰其德，表其屈，则其死也，与草木同腐朽，奚从而知之？是死有以动天之心也。是则屈孝妇者，人也，人非能屈之，实有以彰其德于千百世之下。伸孝妇者，天也，天非但伸之，所以警千百世之下司狱者不中也。呜呼！孝妇之德，匪独感亲动天，而能使后世景仰高风，懦立逆顺，浇淳薄厚，大有补于世教。其名之存，殆与天地相为悠久，焯焯乎不可泯也。孝妇诚千古之女杰，曹娥氏之俦。曹之碑传世既久，孝妇独无碑记之。昭忝后生同郡，仰厥高风旧矣。冢前祠庙，前朝敕建，今羽士李启重修，募郡人财为碑。昭不揣愚劣，记之，俾后之同志者培其冢，毋坍其垣宇，庶乡邦有所景式云。

明代《淮安府志·卷第十九·贞节传》：孝妇东海人，姓窦氏，少寡无子，养姑甚谨。姑欲嫁之，不从。姑以不死妨妇嫁，乃自经死。姑女告妇杀之，吏捕妇，自诬服狱。成于公以为冤，太守不听，竟杀孝妇，郡中枯旱三年，后太守至，于公曰："孝妇不当死，咎当在是。"祭孝妇冢，天乃大雨。

《嘉庆海州直隶州志·卷第十九·考第六·祀典二·祠宇》中有以下记载：

孝妇祠：（乐史《太平寰宇记》）在东海县北三十三里巨平村北。（张峯《海州志》）在东海新县北二里孝妇冢前，正祠三间，东为慈孝堂，与姑并祀。东厢二间，门二重，有司春秋致祠。（今案）孝妇事见《汉书·于定国传》……州境奉祠，历年久远，人皆呼为奶奶庙。秉彝之好，妇孺皆同。其俎豆当与山海并永矣。乾隆四十八年春，知州林光照因开浚涟河，祷晴一月，工竣，蠲奉新其祠。嘉庆八年秋，知州唐仲冕祷雨于祠，三日而雨，因题"孝德灵感"，以彰其灵。

《海州文献录·典录第八》：汉东海孝妇祠在海州巨平村北，有司春秋致祭。旧祠仅蔽风雨，道光己亥（1839年）淮北海州分司江夏童公倡捐重建，式廓前规，辛丑（1841年）竣工。砻石以记之，并题联曰："梓里奉馨香，合万家诚意感通，自见雨旸应候；海隅资保护，历千载神功普遍，方知慈孝同心"。又重修孝妇墓，筑垣树松，年来雨旸时时若，灵应昭著。

童濂《重建汉东海孝妇祠记》：海州巨平村为汉东海孝妇故里，其北有祠。守土官春秋荐馨，为州之秩祀。乾隆癸卯（1783年）疏浚涟河，祈晴一月而应。嘉庆癸亥（1803年）旱太甚，祷雨亦应。神之为灵昭昭也。濂尝展拜祠下，慨其岁久阙修，且规制庳陋，非所以仰承孝治天下、维风正俗之至。意与诸同志共筹式廓，属傅参军绍森董其成，凡建祠正三间，翼以东西厢，环以长廊。其东别营前殿，移奉祠中旧供神像，并新增于公栗主。其后为慈孝堂，专祀慈姑。君子以为礼，崇阁树屏，华甍雕槛，重塑神像，精彩庄严。因举诸神佛像悉新之，并饰几筵、具樽俎，利用之器咸备。祠后佳城封土种松，缭以周垣三百余尺。其旧有膳田，为之浚渠筑圩，助以牛具，并增益香火新田，崇祀典也。经始于己亥（1839年）九秋迄辛丑（1841年）三月蒇事，凡用钱四千七百余贯，皆出乐输，登名贞石，俾踵事者资考镜焉。祠额旧题"东海孝妇"，明嘉靖中知州王君同始有英烈之称。夫孝为顺德，及其至也，天明地察，而人极以立。顾妇孝难于子，而东海孝妇之孝倍难于千古孝子。孝妇之孝，方其事姑，而矢以终身，此顺德之长也，乃姑以非意死，而姑之女妄以非道相诬，则理不顺而情难顺，使非义精仁熟，贯以一诚，纵受诬不憾，而隐微自喻。或不能顺受如常，即未必上邀天鉴，乃当日恒旸三年，冤白而雨，始沛，天实彰之。今之时雨时旸，肸蚃如答，天实佑之。惟其孝至，故其神灵，彼英烈之称懿矣。顾安足名孝妇之顺德哉。郯城亦有崇祠，或谓汉东海郡治在郯，而以巨平祠墓志乘附会，然神之昭灵视郯为著。且《太平寰宇记》撰于宋初，孝妇庙在东海县下，则巨平之祠甚古，况与于公浦鸡犬相闻，西平苗裔能言其祖，则神所凭依，信在此，而不在彼！宜乎有枌榆之谊，时时以和风甘雨福其乡人，而生是邦者际会升平，政清俗美，今新祠壮丽，足资感发而肃观瞻。其益欣然向往，相敦勉，以孝思不匮，各尽其伦。而文教科名亦必因之鼎盛，是神之所福也。夫孝妇事见《汉书·于定国传》及《后汉书·循吏孟尝传》，而刘向《说苑》尤详，皆不著姓氏，故祠额仍题"东海孝妇"云。

《陇海铁路旅行指南》：在"云台山的胜景"中有一部分专门介绍"孝妇窦氏祠"，并保留了一幅"汉孝妇窦氏墓"的珍贵照片。文中写道：在新县北二里许，祠后孝妇及其姑双墓在焉。事见《汉书·于定国传》，而姓氏不详。明代《淮安府志》有刘昭所作《东海孝妇窦氏祠记》，其后，王同重修祠宇，并祀其姑，题为"英烈祠"，历年久远，奉祀益虔。孝德之感人也如是。

真正让东海孝妇感动苍生、震撼九州的是元代大戏剧家关汉卿，他以东海孝妇的故事为素材创作了不朽名著《感天动地窦娥冤》。孝妇的故事由此从寻常百姓的口头传说，走上梨园台榭；从登堂入室的经典史料，传遍山川沃野。窦娥这个舍生取义、慈孝为本的形象英名远播，被推向全国、推向世界。据不完全统计，国内先后有近百个剧种上演过这一古典名剧，全国中学语文课本中也予以选编，《窦娥冤》还在国外被翻译成16种文字。

《感天动地窦娥冤》，简称《窦娥冤》。剧写楚州贫儒窦天章之女窦娥，幼年被卖给蔡婆家为童养媳，婚后丈夫去世，婆媳相依度日。蔡婆因受张驴儿父子救命之恩，欲改嫁张驴儿之父。张驴儿谋娶窦娥，为窦娥所拒绝。张驴儿乃拟毒死蔡婆以胁窦娥，不料误毒己父。张遂诬告为窦娥所杀，官府严刑逼讯，窦娥为救护婆母，屈招罪状，被判斩刑。临刑时窦娥指天为誓，发下三桩誓愿，即死后血溅白练、六月降雪、大旱三年，以明己冤，结果，一一应验。三年后窦天章任廉访使，来到楚州，复查此案，始为窦娥昭雪。这个剧情，来源于西汉刘向的《说苑》卷五《贵德》"东海孝妇"事，亦见《汉书·于定国传》，文字略同。到晋代，干宝的《搜神记》对此故事又加以发展。关汉卿就是在这个历史传说的基础上，结合元代现实，大大丰富了它的内容，把元代社会的动乱、吏治的黑暗以及中下层妇女所受的欺凌和苦难都包罗无遗，同时还把童养媳问题、寡妇的再嫁及受流氓欺侮问题、高利贷等问题，都反映得淋漓尽致，可以说它是元代社会悲剧的缩影，是一部卓越的现实主义作品。而且结构精炼，曲词朴实，生动有力，一向为读者或观众所激赏。《窦娥冤》第三折中用窦娥的话说："也只为东海曾经孝妇冤，如今轮到你山阳县。"第四折中有两处对东海孝妇的故事讲得很清楚，因此窦娥的故事是根据东海孝妇的传说所改编是很明确的。由于《窦娥冤》的影响巨大，其后的方志及其他相关书籍中就直接称东海孝妇"姓窦氏"了。

东海孝妇故事所彰显的孝文化是中华民族在其历史发展过程中创造出来的一种道德观念，它蕴含着中华民族崇尚孝道思想的传统美德，歌颂了在封建势力压抑下不屈不挠的抗争精神。而东汉孝妇的故事在民间历代衍传，东海孝妇由受人敬重的慈孝的化身，逐渐成为人们供奉和信仰的神灵。连云港市朝阳镇有一座"汉东海孝妇祠"，被人们称为"娘娘庙"，便是人们纪念和祭祀这位孝妇的有力佐证。有关"东海孝妇祠"的记载最早为北宋的《太平寰宇记》："孝妇祠，在东海县北三十三里，巨平村北（巨平即今朝阳镇）。"此后历代都有修葺。每年农历三月初三，是传统的上巳节，当地的群众给祠中的娘娘穿衣打扮，接受当地和周边各县群众的香火祭祀。因周边海、赣、沭、灌各县和远及鲁南苏中的大批群众聚集于此，形成了隆重而热闹的三月三庙会。明代诗人卢桂有诗形容三月三庙会盛况："孝妇荒祠会，年年上巳辰。儿童争击鼓，妇女竞馈珍。一旦冤愆白，千春祭祀新。欢呼陈百戏，奔走动乡邻。"三月三娘娘庙会的风俗一直传续至今。

汉东海孝妇窦娥的故事，感天动地。窦娥传说，世代相承，传承着孝道的美德，也滋润着连云港市人们的心田。人们一代代继承着孝文化的传统道德，研究和探讨孝文化的现代价值，建设"慈孝普润，和谐一方"的美好家园。

东海水晶雕刻

东海水晶雕刻是古代手工技艺难度较高的技法，采用切、磨、磋、钻、凿等工艺手法来完成。2021年6月，入选第五批国家级非物质文化遗产代表性项目名录，属于传统美术类别。申报单位和保护单位是江苏省水晶文化研究会。

早在史前的旧石器时代，我国先民就开始认识和利用水晶，经打削制作生产工具（石器）和装饰品。北京周口店出土的猿人遗址和《中国猿人及其文化》一书中"石器的原料有石英……水晶和蛋白石等"皆可证明。北宋乐史的《太平寰宇记》中称"水晶是宝，出昌平县"。东海水晶开采、水晶雕刻工艺传承谱系从唐贞观二十三年（649）、唐永徽二年（651）已有记载。马待封、吴赐也等曾为武则天做水晶帘、水晶杯。东海大贤庄遗址出土的诸多石器文物中，就有数块水晶砾石削刮器，为后人发掘并雕琢利用水晶提供了先决条件。据《江南通志》记载，东海县在600多年前就开采水晶，康熙和乾隆年间，民间就有水晶雕刻制品出现，并向朝廷进贡器皿、饰品等水晶雕刻品。东海县南辰乡西朱范村出土了清末民初的"瘦人"和"云台山是旧家乡"2枚水晶印章，说明了东海水晶雕刻遗存具有不断的历史传承。水晶雕刻技艺在东海这块土地上发展至今已有几百年的历史，通过一代又一代人的传承和发扬，东海也成为中国水晶雕刻技艺传承的发源地。

东海水晶储量约30万吨，占全国水晶储量的70%以上，东海县被世界公认为"东方石英中心"，也是享誉中外的"中国水

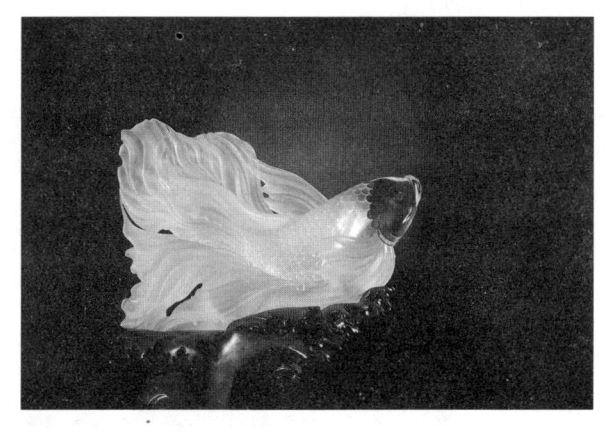

作品《海阔凭鱼跃》

晶之都"，素有"东海水晶甲天下"的美誉，现存于国家地质博物馆重达 4.35 吨的"中国水晶大王"和毛主席的水晶棺所用原料均来自东海。东海水晶开采和雕刻工艺历史非常悠久，现有的资料和史实可以证实，在旧石器时代东海县这片土地上生活的先民就已经开始对水晶进行简单打削，制作成生产工具了。

水晶雕刻技法，源自远古人对石器的加工经验的长期积累，用砣加带水的金刚砂来碾磨水晶，采用切、磨、磋、钻、凿等工艺手法来完成。东海水晶雕刻工艺在传承中不断改进技艺，匠人根据天然水晶的质地、块度、形态、色彩和其他玉石所不具备的包裹体、水胆等特点，以丰富多彩的造型和精湛娴熟的雕刻技艺，采取会意传神、谐音借意、绘画篆刻组合、镶嵌点缀等现代艺术手法不断"再创造"，形成独特的民族传统风格。

东海水晶雕刻的主要工具包括切割工具、轮磨工具、擦磨工具、磨砂工具、抛光工具、钻孔工具、雕刻工具、镶嵌工具。最初对水晶的加工仅局限于将其打磨成圆珠（球），随着金刚石砂的广泛采用及工艺水平的不断提高，从战国时期起可对晶体较小的水晶珠进行垂直打孔或片块状打磨琢洞成型（水晶环、璧、瑗），两汉时期出现可做带钩、剑佩、玩赏品等的"汉八刀"工艺，唐宋时期开始形成花鸟、虫鱼、兽、人物飞天等风格，元明清时期形成"凸雕法""透雕法""镂雕法""俏色做法"等各种琢法。

东海水晶雕刻工艺流程是古代手工技艺难度较大的技法，有以下多个工序。

一是捣砂和研浆。工匠用杵将石臼中的石砂捣碎，另一工匠则将捣碎的石砂用筛子按颗粒大小分类，随后用水漂去砂中的泥。干净的砂子被称为"解玉砂"，以备琢磨玉器用。

二是开料。用钢丝锯子削除水晶及玉石外表部分。铁丝硬度低于水晶及

■ 传承人讨论水晶雕刻

玉石，必须不断添加金刚砂。和着水的黑石砂从钢锯上吊着的壶中滴到原料上，工匠来回拉动锯子来开料。

三是扎码。将剖开的玉石进一步解成毛坯。通过脚踩踏板，转动扎码，工匠左手托拿玉料，抵住正在旋转的钢盘的刃边，右手去舀砂浇在原料上。旋转的扎码刃摩擦金刚砂，才能把原料切割成小块的毛坯。

四是冲码。通过冲码，将上一步得到的毛坯的棱角磨去。用一段厚竹枝外面绕着厚钢圈，配着金刚砂，慢慢冲去原料上的方角。经过这个步骤，要雕琢的作品也大致成型。

五是磨码。利用磨码，磨细初坯的表面，磨锅厚约二三分（大约0.6～0.9厘米）可以把表面磨得细腻，发出温润的光泽。

六是掏膛。掏膛是为了掏空容器的内部。将钢卷筒旋入容器的中央，容器中央矗立的玉柱，称"玉梃"，用振锤取出玉梃需要丰富的经验，否则容易导致玉器的破碎。取出玉梃后的容器内部需进一步用弯形的扁状的锥头琢磨。

七是上花。上花是用小型的轧砣，又称丁子。在玉器表面雕琢花纹，不同形式的轧砣会留下不同的花纹。

八是打钻。打钻的工具主要是弯弓和轧杆，轧杆底端镶有金刚钻。弯弓会带动轧杆一来一回地旋转，杆尖所嵌的金刚钻就把玉钻出一个圆洞了。

九是透花。用搜弓制作镂空花纹。先把搜弓上的钢丝解开一端，穿透这个圆洞，再绑好。一来一回拉动着，钢丝上加浸了水的金刚砂，就能按照画的线条来切割了。

十是打眼。打眼专门用于鼻烟壶、扳指、烟袋嘴之类有固定形状的器。因为这类器太小了，不方便用手拿着打钻，所以就在大竹筒中装了水，上面安装木板，木板中央挖了洞，洞的形状就和要钻孔眼的小型器形状相同。不同形状的器皿要配上挖了不同形状孔洞的木板。左手握住小"铁盅"，右手拉着"绷弓"，一来一回地带动铁盅反复旋转，铁盅下端所嵌的金刚钻，就会在器皿上钻出洞。

十一是木码。本码是磨光的砣，一般是用葫芦瓢做的，用来把已雕琢好的器皿外表仔细地磨光。

十二是皮码。皮码是牛皮制成的，是最后工序抛光上亮用。

东海水晶雕刻利用天然水晶丰富的包裹体特点，采用"借景、借色、借形、虚实兼并"和"圆雕、浮雕、透雕、线刻、反雕、阴雕、阳雕"等雕刻技艺手法，使用"局部喷砂"，镶嵌点缀及哑光、亮光相结合等方法，既能以古典传统的形式传承，也可以现代写意形式表现，并可以与各种材质结合。作品主要有摆件（如人物、动物、器皿、花卉）、首饰（项链、手链、耳坠、戒指、胸饰、挂坠、头饰、念珠等）、鼻烟壶（内画壶）、装饰画、观赏石、水晶球等。作品《莲花生大士》被法国吉美博物馆收藏。

东海水晶雕刻先后获国家级奖项40余项、省级90多项，先后举办十多届"中国·东海水晶节"、多届江苏省"晶城杯"水晶雕刻大奖赛，曾在北京举行首届中国天然水晶雕刻工艺品"百花奖"大赛。

水晶雕刻（东海水晶雕刻）从初期以师带徒、家庭作坊的小规模生产到如今职业技校、大师创作中心和水晶文化创意产业园区的人才集聚，从事东海水晶雕刻群体已近万人。江苏省东海县先后举办了十几届"中国·东海水晶节"，发行全国唯一的《东海水晶》杂志，创作《血染紫晶》《水晶传奇》《水晶缘》《水晶女孩》等影视作品，举办中国天然水晶"晶华奖""百花奖"大赛、中国水晶产业发展年会、中国水晶文化发展论坛、中国天然水晶收藏品拍卖会等活动。

水晶雕刻技艺在东海这块土地上传承发展至今已有几百年的历史，通过一代又一代人的传承和发扬，东海也成为中国水晶雕刻技艺传承的发源地。东海水晶的开采和水晶雕刻以家庭作坊为主要生产形式。水晶雕刻工艺通过"家世相传"和"师徒相授"传承，具体传授方法是"言传身教""边雕刻边讲解"。东海拥有从事水晶雕刻的工厂企业近3000家，建立了东海水晶雕刻工艺学校、东海水晶雕刻以师带徒传承基地、东海水晶雕刻生产性传承与保护基地和残疾人水晶雕刻传承孵化基地，目前从事水晶雕刻人员有万余人，为东海水晶雕刻工艺的传承与创新不断提供活力。

连云港市有六项国家级非物质文化遗产，这是我们的荣耀，是连云港市丰厚悠久的历史文化的象征与缩影，也是今后文化高质量发展的基础和宝贵资源。

习近平总书记对于非遗工作有许多重要指示,如"要坚持以社会主义核心价值观为引领,坚持创造性转化、创新性发展,找到传统文化和现代生活的连接点,不断满足人民日益增长的美好生活需要"。(习近平总书记在陕西省榆林市绥德县非物质文化遗产陈列馆考察时的讲话)国家对非遗保护工作的指导方针是"保护为主,抢救第一,合理利用,传承发展",体现了非遗在文化建设中的重要地位和发展路径,对此我们应该积极贯彻执行。

山海遗闻

连云港史话——非道撷羣·

连云港市的文化资源十分丰富，千百年传承下来的民间文学数不胜数，且具备"神奇浪漫的地域特质"。从神话故事到乡间传说，再到古典文学等，"民间文学"不断提供了主题各异的叙事母题，塑造了形形色色的人物角色，代际传递着无数精神文化内涵和道德观念。例如，流传于连云港市花果山及周边地区的花果山传说，二郎神传说，形成于清嘉庆年间的镜花缘传说，讲述以卫哲治、苗坦之、吉呆三人为代表的民间智慧人物的海州智慧人物传说，委婉细腻的千行长歌《房四姐》等。这些传说寓教于乐地教化民众，并通过文学创作和文明传承，重塑文学的审美与诗意。

花果山传说

　　花果山传说是流传于江苏省连云港市云台山及周边地区的系列民间传说，其中石猴出世传说、猴嘴石传说、石猴锁龙传说、金箍狼牙石传说、猪头石传说、十八盘传说、三元传说、水帘洞传说、七十二洞传说、石猴乌龙潭捉妖传说、拐杖柏传说、南天门传说等，在民间以口头形式代代相传，既富于生活气息，又离奇动人。花果山传说用奇丽的幻想来组织故事，富有浪漫主义色彩，是古人对所观察或经历的自然界及社会现象的解释和说明，经过"幻想"的加工，成为想象中的"神化"生活，反映着古代人们解释自然（或社会）并征服自然（或社会）的愿望。故事情节既与人间现实有直接的联系，情节发展合乎生活的内在逻辑；同时，又通过偶然、巧合、夸张、超乎人间寻常的情节来推动故事的发展，从而使真实情景和奇情异事达到有机的统一。

　　花果山传说的诞生地在江苏省东北部连云港市云台山地区。云台山是江苏省诸山系中最大的一条山系，其中玉女峰海拔624.4米，为江苏省最高峰。花果山位于鲁中南丘陵与淮北平原结合部，年平均气温14℃，年平均降水量904毫米，无霜期220天左右。

　　2500多年前《禹贡》的相关载述在"海岱及淮惟徐州"一节中说："淮沂其乂，蒙羽其艺"，"羽畎夏翟"。显然，这份源于上古文献的材料，是花果山传说产生背景的原始依照。《山海经》中称花果山为郁州、都州，《水经注》中称苍梧山，明代《隆庆海州志》中始称云台山，花果山是其主要山峰。

　　早在唐代，"石猴出世"的传说就在民间广泛流传。花果山上始建于唐代的三元宫，是苏北、鲁南地区重要的道教和佛教中心。这种道、儒、佛三教事象的时空叠合，对花果山传说传承者有了更多的启迪和激发。随着时间的推移，花果山传说日渐丰富，经过当地百姓的口头传承，形成了现在广为流传的花果山系列传说。翻检涉及花果山传说的各种本子，无论是《大唐三藏取经诗话》《西游记杂剧》，还是杨致和本的《西游记传》，都能看到花果山民间传说的精彩

花果山晨曦

之处。

  花果山传说中的人物和故事传播至全国乃至国外，得力于明代小说家吴承恩依据这些民间传说而创作的神话小说《西游记》。小说中那位天不怕、地不怕的齐天大圣孙悟空就来源于"石猴出世"等传说，该艺术形象是根据云台山地区众多民间传说积累演化而来的，也显示了一个猴王形象由口头文学到文学作品的孕育和发展的全过程。如今，孙悟空已成为家喻户晓的鲜活形象。

  花果山上的一草一木都能在《西游记》中找到痕迹，如猴王出世的娲遗石，猴王招兵的水帘洞，还有猴石、南天门、老君堂遗址以及唐僧家世碑，西山有沙僧石及山下的沙河口，东山有观音崖（石观音）、黄岩洞、鬼崖（白骨精）、鬼窝（长涧），南山有与玉女峰紧密相连的金牛顶、北海观音寺、弥勒佛岭、大笊崖、小笊崖、飞边、乌龙潭、白龙潭、鬼关门、返阳洞以及猪头石、古银杏、何首乌、冬青桃、拐杖柏、美人松、云雾茶等。与生俱来的漫山遍野的传说，持续不断在时空中穿梭。

  花果山传说包括以下内容。

石猴出世传说：早在唐代，"石猴出世"的传说就在民间广泛流传。在南云台山的"七十二洞"处，有一悬崖峭壁酷似"石卵"，下方石缝中夹着一块椭圆形的巨石，上有题刻"娲遗石"。当地民间传说认为这是女娲补天时遗存下来的"石卵"，有一天"石卵"突然崩裂，从中跳出一个石猴。在南云台山玉女峰之西约4千米处，即南云台山的西北端，北崖山嘴海拔80米处有一悬石，与山体间有一垂直裂隙，活灵活现有一石猴坐于石端，面向西北，此山便被称为猴石山，山下的市镇也被称为猴嘴镇。传说石猴跳入瀑布泉中，仔细一看，原来是座铁板桥，桥边有花有树，是一座石房，从此当上猴王。

三元传说：三元传说源远流长，据说早在1600多年前的东晋时代，东海人陈光蕊生了三个儿子，得道升仙（《三元真经》："三元神圣，驾五色祥云，乘九气清风，云台山上，放大豪光。"），被天宫封为三元大帝，分管天、地、水三界。因为他们所管范围关系到庶民安康，所以有关他们的祭拜活动十分红火。传说唐僧就是东海陈光蕊的儿子，三元是唐僧的骨肉兄弟。

水帘洞传说：传说石猴跳入瀑布泉中，仔细一看，原来是座铁板桥，桥边有花有树，是一座石房，从此当上猴王。水帘洞"灵泉"常年有水，大旱不涸。传说它是通往东海龙宫的海眼，也是石猴去往东海的通道。现在花果山水帘洞上仍保留明代海州知州王同的题刻"高山流水"四字，流水长年不断。

金箍狼牙石传说：在花果山海宁禅寺西涧边，有一块如意金箍棒的象形石，石高六米，上粗下细，形如石棒直插山坡。后来石猴拜菩提祖师学艺，将此狼牙石化作如意金箍棒作为兵器。

七十二洞传说：七十二洞中较为有名的洞有无底洞、狐妖洞、马猴元帅洞、海天洞、二仙洞、法龙洞、万佛洞、朝阳洞等，都是依据民间传说命名的。如狐妖洞传说，讲的是花果山狐妖洞里的狐狸精，助纣为虐，为非作歹，残害生灵，作威作福，为所欲为。狐妖妄图用一千一百一十一个小儿心肝做长寿药以延年益寿，被石猴识破。石猴略施小计，除妖降怪，救了孩子，狐狸精也被石猴一棒打死，不再作祟。万佛洞前有块平面石头，传说是西王母的照妖镜，下有梳妆台石，王母娘娘对石梳妆，容光焕发。万佛洞下有"云天深处"石鼓，敲而有声，传说是孙悟空召集众猕猴用的器具。

■ 花果山水帘洞

玉皇阁传说：传说此处是天堂宫阙，灵霄宝殿，是玉皇办公的地方，也是小说中孙悟空大闹天宫的地方。

猴嘴石传说：传说猴嘴山下本有一个叫石花县的地方，地主作恶多端，神仙曾指示受害者敲这块石头就能使地主受到报应。结果因为受害者敲击过猛，石花县城沉入了大海，幸亏花果山的石猴将石花县从海里拉出来。人们为了纪念这只神猴，就将这块石头称为猴嘴石，将石花县改为猴嘴镇。

拐杖柏传说：三元宫山门右侧有一棵宋代古柏，名为拐杖柏。传说太白金星手中的拐杖丢在此处，化为这棵柏树。

有关花果山的传说还有《南天门传说》《仙姑洞的传说》《猪头石传说》《小白龙探母》《九龙桥传说》《玉皇宫传说》《美人松的故事》《冬青桃的故事》《三官老爷的传说》《沙河口传说》等100多个。花果山传说为神话小说《西游记》提供了大量素材。吴承恩在《西游记》中，不仅集取经故事之大成，而且以云台花果山为自然背景，吸取了大量花果山传说，独摅胸臆，不入樊篱，进行了艺术独创。云台山上的名胜古迹；尖嘴猴腮，端坐朝北的半身猴石；石猴之母"娲遗石"；身披袈裟，头顶僧帽，双眼眯缝，拱嘴朝东，大耳敛于腮的八戒石等，都成为吴承恩笔下栩栩如生的形象。殷开山宰相府、老君堂、玉皇宫、沙河口、牛王庙等地点均成为《西游记》里的主要情节来源。花果山传说中"石猴出世"部分成为吴承恩创作《西游记》中孙悟空形象的重要参考，该说法已得到文学界许多研究《西游记》专家的一致认可。

花果山传说具有较强的社会功能。作为民众生活文化重要组成部分的民间传说，在今天的社会生活中发挥着重要作用。花果山传说以花果山的人文景观等作为传说的核心，以此展开的传说使静态的客观实在物更具有了飞动的灵性，使民众由现实追寻到遥远的过去，增强了人们对生活的热爱和神往。花果山传说中的石猴已成为连云港市的城市形象与城市人文精神的代表。"花果山传说"从连云港地区辐射到更大的范围，孙悟空成为家喻户晓的人物形象。

传说中保存了大量连云港民间说唱的方言精华，在人物对话中官话的简单明确和淮海方言的生动活泼相互融合。如"挺尸""断根""孤拐""告通""嘈人""上紧""生性""挨排""头直上""上溜头""丫丫叉叉""嘟嘟哝哝""肉泥烂酱"等方言在花果山传说里比比皆是，有的至今仍在淮海地区被人们普遍使用。

传说中保存了大量的民风民俗，充满着乡土气息将沉寂的山水描绘得灵光四射，使民众在传说的字里行间自然升腾出热爱故园的乡土情怀。

姐儿溜

【姐儿溜】是流传于东海县马陵山区的一种民间小曲，有近二百首。这些小曲的歌词读起来押韵整齐、朗朗上口，唱起来婉转动听、情真意切。受南吴北鲁两种古文化的影响，连云港市东海县流传的【姐儿溜】兼具南北刚柔并济的风格。如《绣花灯》《卖水饺》等曲目具有北方粗犷、刚烈、爽直的特点；《姐儿南园扣花针》《姐儿南园去踏青》等曲目具有南方细腻、柔和、圆润的风格。主要曲牌是【连哩罗】【满江红】【太平年】【画扇面】【五更调】【刮地风调】

等。其中千行长歌《房四姐》兼顾南北的风格，刚柔并济，既委婉细腻，又爽朗泼辣，是最有代表性的一曲。

南朝的【子夜四时歌】是【四季相思调】的祖祢，【从军五更调】是【五更调】的祖祢。《房四姐》所用的小调【连哩罗】从宋代

■ 工作人员记录【姐儿溜】说唱内容

起就在海州一带流传。明清以来，两淮小调的【扬州清曲】及蒲松龄【淄川俚曲】相继传入，并与徐淮盐沂等相邻地区互为渗透，兼容并蓄，传唱不辍。经过地方文人，如乾嘉时板浦音律学家凌廷堪、《镜花缘》作者李汝珍及二许（许乔林、许桂林）等一班学者的推崇，还有清末民初"二朱"（朱萃声、朱路）的鼎力推动，东海小调流传达到空前繁荣。

东海县西部的马陵山地区，在古代是非常穷困的地方，农民吃不饱肚子，多靠唱小曲熬日月，图个穷快乐。这些小曲因是马姐儿留下的，故称【姐儿溜】。本地俗称蝉为"姐儿溜"，意为马姐儿死后不平，仍不停地哼唱自己留下的小曲。马陵山区的小媳妇、大闺女们都没有忘记马姐儿，于是《姐儿溜》就从宋代开始流传。元、明时期继续流传，清朝时传唱最为广泛。当地老百姓有俗语："一溜山边泉儿头，小媳妇大闺女都会唱【姐儿溜】"。【姐儿溜】就这样从这一方流向那一方，从上一代流到下一代，无休止地流着，声声小曲里无不充满悲凉与抗争。

长歌《房四姐》开头唱"黄河南，十三乡"，断定此歌衍生于宋代黄河决口之后。每章以两个字命名，按顺序是：巧姐、提亲、出嫁、成亲、磨难、诉苦、刁难、省亲、相助、遭陷、求救、薄命、凶信、斗邪、哀怨、重逢。唱述的是自幼精明、能干、贤惠的村姑房四姐，因父母贪爱财礼被许配给书生于克久。婚后夫妻倒也恩爱，但于家记恨婚礼花费过多，公婆、小姑、兄嫂都泄愤于房

【姐儿溜】传承人在说唱

四姐，百般刁难、虐待、迫害。即使房大嫂请神灵、关太阳为房四姐暂解眼前困难，但难过一道道人为的关隘。房四姐无奈被逼上吊自尽。后来歹人夜深掘墓盗财，房四姐才得以复活，夫妻团圆。房四姐立志住寒窑，剜菜砍樵，纺纱织布，助夫苦读，最终苦尽甘来。

长歌《房四姐》主题思想鲜明，既有想象，又有写实，贤邪分清，善恶有报。

房四姐【连哩罗】

一、巧姐

黄河南，十三乡，
出了个贤良房四娘。
一岁哟两岁娘怀抱哟，
三岁哟四岁离娘旁。
五六岁上贪玩耍，
七八岁上进学堂。
九岁十岁学针线，
十一二岁穿梭进机房。
手又巧来眼又强，
来往飞禽都织上。
织上仙鹤和鸳鸯，
龙飞凤舞织得详。
织龙被，织龙床，
当中又织张玉皇。
织上牛郎和织女，
八仙过海闹东洋。

二、提亲

织一春又一春，
正月于家来提亲。
双色双盒双抬礼，
双双媒人不离门。
头番提亲娘未允，
二番说媒爹未应。
金银财宝动人心，
三趟四趟爹娘允亲。

允下了亲黑了心，
爹要金来娘要银。
爹要黄金八百两，
娘要银针八百根。
她个嫂子转过来，
叫声媒婆你听真：
"俺妹妹不使花绒线，
癞蛤蟆眉毛要九根。
俺妹妹不穿绫罗缎，
蜻蜓的翅膀做罗裙。
俺妹妹不吃肥猪肉，
龙的肝腑要半斤。
俺妹妹不搽好官粉，
晒干的雪花要半斤。
俺妹妹不点好胭脂，
天上彩虹要两盆。
两家相距十五里，
红毡铺地到家门。
一步一棵摇钱树，
一步一个聚宝盆。
上床扶着月光树，
下床踩着满地金。
步步都把金砖踏，
金砖一块要五斤。"
老媒婆会说话，
未曾开口笑哈哈：
"这些东西于家有，
这些东西能买着。"

她个嫂子笑盈盈，
轻声慢语又开声：
"有了这些还不算，
不应个条件不成亲：
八大金刚来抬轿，
九条仙女来迎亲。
金童玉女抱金斗，
王母娘娘道喜上俺门。"
老媒婆笑连声，
点头答应："行行行！
于家后门通神仙府，
沈万三家也沾亲。"

三、出嫁

二月里龙抬头，
于家捎信要带人。
四姐一听好难过，
两眼不住泪纷纷。
房四姐好伤心，
不愿出嫁做新人。
"打过新春才十六，
怎能服侍于家人。"
她母亲便开言，
叫声女儿你是听：
"养你一年添一岁，
早晚都是于家人。"
房四姐叹一声，
无奈上绣楼去妆新。
象牙梳子拿在手，

甩开青丝八万根。
左手先挽盘龙髻,
右手后挽水波云。
前梳昭君来买马,
后梳童子拜观音。
昭君买马人人爱,
童子拜观音爱煞人。
左梳燕子来啜水,
右梳蝴蝶守山根。
前额细细梳刘海,
两边梳成仙姑鬟。
还有几根乱头发,
金钗一挑菊花心。
端上一盆净面水,
洗去脸上旧灰尘。
杭州官粉搭了面,
苏州的胭脂点嘴唇。
四姐梳洗打扮好,
轿夫花轿到二门。
红顶小轿颤悠悠,
四姐要上轿离亲人。
要离亲人去上轿,
四姐抱娘泪滔滔。
劝声:"亲娘别哭吧,
你使礼钱俺去受煎熬。"
新郎于克久忙打躬,
岳父岳母你是听:
"俺家娶亲多热闹,

你养闺女莫伤心。"
于克久前头走,
四姐坐在轿里头。
四个轿夫抬着桥,
笙箫细乐紧跟着。
一棚吹的棋子快,
一棚吹的南天鹅。
棋子快哟南天鹅,
吹的都是团圆歌。

四、成亲

吹吹打打多热闹,
打打吹吹往前挪。
说走就走来好快,
前边来到于家坡。
于家坡闹嚷嚷,
一街两巷看嫁妆。
先看四姐容颜美,
再看四姐好衣裳。
说起走来得好快,
前边来到大门外。
亲人不踏戊己土,
两条红毡倒着来。
抛麸子,岔火盆,
前边来到香案台。
男站东来女站西,
夫妻二人把天地拜。
拜完天地入洞房,
面朝正南坐的帐。

吃罢酒席宾客散，
一旁转过来婆母娘。
老于婆看新人，
左看右看不遂心：
"人家夸你长得俊，
不如俺家的办饭人。"
她的公公不成材，
邋邋遢遢跑过来：
"人家说你多好看，
不如俺家小打柴的。"
她小姑子转过来：
"我看看嫂子女裙钗。
人家说你赛天仙，
比俺的丫环还生得赖。"
于克久走过来，
叫声贤妻听明白：
"莫管他人论短长，
我看黄金也难买。"
她婶子转过来：
"我看侄媳女裙钗，
公婆小姑说你丑，
我看似仙女下凡来。"
一更里黑影影，
婆母掌上长命灯。
四姐不喝交杯酒，
于郎连连斟上二盏。
二更里灯花明，
四姐房中好伤情。

昨晚陪伴亲生母，
今晚又陪于相公。
三更里灯花落，
过了子时有大半夜。
床上睡着于克久，
床沿坐着房四姐。
四更里金鸡叫，
翻来覆去睡不着觉。
早晚熬到六天整，
娘家回门走一遭。
五更里天大明，
梳妆打扮于相公。
相公打扮好南学去，
撇下四姐好冷清。

五、磨难

房四姐无奈何，
手提罗裙拜公婆。
千拜万拜婆不喜：
"你娘家使俺的礼钱多！
进门就是于家的人，
叫你咋着就咋着。
要是与我来违拗，
一打二骂莫怨我！"
四姐从此遭磨难，
度日如同过刀山。
公公发邪婆婆骂，
哥嫂小姑也说闲言。
白天挑水百十担，

哪管井深路又远。
推磨捣碓到五更，
手不停来脚不闲。
拿起扁担骂媒人，
拎起磨棍把爹娘怨：
"你得了于家的钱和财，
俺苦海何时才到边？"
七月里来七秋凉，
家家户户做衣裳。
合家衣裳她来做，
一天要做鞋一双。
八月里冷飕飕，
四姐房中织锦绸。
一天织了三丈五，
大伯头嫌少别了机头。
无奈何再上机房，
眼泪簌簌肚里淌。
若是织不足四丈的数，
难逃一命见阎王。
一更里织锦绸，
织上北京五凤楼。
上边织上金銮殿，
下边织上九龙口。
织三宫，织六院，
又织满朝文武官。
三卿九相都织上，
昭阳正宫耸云端。
二更里泪涟涟，

又把皇城织上边。
上头织上龙戏水，
下头又织美花园。
美花园，花果全，
芍药牡丹海棠连。
当央织上桫椤树，
百鸟朝凤织四边。
三更里大半夜，
织完阳间织阴间。
五殿阎罗当央坐，
牛头马面分两边。
再织小鬼两边站，
织上金刚和判官。
人行好事终有报，
碓捣磨研都织全。
四更里泪汪汪，
织完上方织下方。
上方织上灵霄殿，
下方织上王母娘娘。
王母娘娘赴蟠桃会，
八仙过海闹东洋。
东洋大海失了火，
哪吒闹海斗龙王。
五更里天大明，
四姐缎子已织成。
手捧缎子下了机，
小姑子一旁喝一声。
小姑子站一旁，

手拿尺棒把缎子量。
"四丈缎子少一寸,
好吃懒做你皮痒痒!"
大伯嫂子冷眼看,
不三不四帮闲腔:
"一夜才织三丈九,
不够三餐饭食账。"
房四姐泪淋淋,
叫声姑嫂你是听:
"高抬贵手饶了我吧,
下回再织定小心!"
九月里九重阳,
后花园里菊花香。
四姐无心采花戴,
心事重重意惶惶。
十月里十月朝,
娘盼闺女走一遭。
娘想闺女娘难过,
闺女想娘泪珠抛。

六、诉苦

房四姐下湖坡,
出门遇见娘家哥。
哥见妹妹心欢喜,
妹见哥哥泪簌簌。
抄起罗裙把泪抹:
"俺把屈情对哥说,
你在娘家享富贵,
俺在婆家受折磨。"
房四姐诉苦难,
桩桩件件对哥言:
"俺为姑娘时般般好,
当了媳妇怎处处难?"
房四姐诉苦泪涟涟,
哥哥心中如刀剜。
"严霜偏打枯根草,
你在火坑受熬煎。
今天为兄来带你,
冤屈再大朝肚里咽。
我接你回家见二老,
仔仔细细再说谈。"
一边说一边行,
前边来到于家大门。
马棚以内拴住马,
兄妹双双往前行。

七、刁难

朝前走,抬头望,
转过二门隐蔽墙。
上房好似阎罗殿,
公婆如同活阎王。
房大哥打下躬,
叫声大娘你是听:
"娘叫我来带小妹,
你许下日子好起程。"
老于婆生得恶,
未曾说话把嘴撅:
"你家本是庄户主,

俺家也不是恶狼窝。"
老于婆生得恶,
未曾说话牙咬着:
"不提你妹妹还好过,
提起你妹妹就气死我!
太阳晒腚要人喊,
针不拿来线不连。
吃起饭来拣大碗,
做起活来翻白眼。"
房四姐泪簌簌,
尊声婆母你听着:
"我又挑水来又织布,
做完重活又做轻活。"
老于婆生得恶,
未曾说话吊眼角:
"不让你去也是我错,
你娘在家老盼着。
你早上去晚上来,
七双袜子八双鞋。
做完这些两拉倒,
做不完针线就鞭子排!"
她的公公走过来,
叫声媳妇你听明白:
"今天你到娘家去,
给我缝个兜肚子来。"
大伯头子趸过来,
叫声弟妹听明白:
"今天你到娘家去,

给我缝个烟包子来。"
大嫂子转过来,
叫声他婶子听明白:
"今天你到娘家去,
给我缝个帽子戴。"
小姑子溜过来,
叫声嫂子听明白:
"今天你到娘家去,
给我缝个枕巾来。"
她的侄女跑过来,
叫声婶子听明白:
"今天你到娘家去,
给我缝个荷包子来。"
办饭的挤过来,
尊声婶娘听明白:
"今天你到娘家去,
给我缝个油絮子来。"
做活的奔过来,
尊声婶娘听明白:
"今天你到娘家去,
给我打双草鞋来。"
放羊的跳过来,
尊声婶娘听明白:
"今天你到娘家去,
给我弄个鞭子来。"
房四姐无奈何,
跑上东院求婶婆:
"婶婆快给我讲情,

俺娘家哥哥来带我。"
她婶婆转过来,
叫声乖儿听明白:
"这趟娘家你不能去,
这些针线你做不来。"
房四姐泪涟涟,
叫声婶婆听我言:
"生着去见见爹娘面,
回来死了也心甘。"

八、省亲

四姐上了桃红马,
哭哭啼啼出了庄。
无心观看路旁景,
不觉到了娘门上。
她嫂子好贤良,
慌忙迎到大门上。
扶住四姐下了马,
手搀妹妹问短长。
先问:"妹妹你可好?"
再问:"他姑夫可安康?
今天你哥带你来,
许下日子过多长?"
房四姐泪涟涟,
叫声嫂子听我言:
"不提起日子还罢了,
提起日子难死俺。
早上走,晚回来,
七双袜子八双鞋。

做出针线两拉倒,
做不出针线挨鞭子排。
小姑子还要个枕巾子,
侄女儿又要荷包戴。
做饭的要捎油絮子,
放羊要鞭子做活要鞋。"
房大嫂心生气,
骂声:"于婆不讲理!
不给日子怎么做哟,
没有时光怎做齐?"
叫声:"妹妹放宽心,
莫为针线犯难为。"
手搀妹妹往后走,
"二老上房盼你归"。
龙盼大海鸟盼枝,
四姐倒在娘怀里。
娘思闺女泪双流,
闺女见娘哭啼啼。
四姐泪落如雨洒,
埋怨二老亲爹妈:
"多少人家不应允,
把女儿许给阎王家。
若非相公情意重,
女儿命早染黄沙。
若非婶婆待俺好,
女儿哪能回娘家。"
娘疼儿,儿怨娘,
娘儿俩个诉衷肠。

娘俩啦呱暂不表,
再说嫂子女贤良。

九、相助

房大嫂好慌忙,
一溜小跑到绣楼上。
打开柜子开罢箱,
一封信香袖里藏。
香案桌子忙摆上,
嫂子跪在地当央。
"不求财来不求利,
不求子孙和儿郎。
单朝观音菩萨拜,
恳请娘娘定太阳。"
嫂子心诚感神灵,
拔下金钗关住太阳。
一关太阳两月整,
二关太阳六十天。
九条仙女请下凡,
飞针走线忙不闲。
七姑八姨都请到,
三婶五妗子来相帮。
一天吃了百顿饭,
还嫌肚子饿得慌。
天上金星使神威,
地上玉星助力量。
天上帮来地上助,
个个都像活龙王。
你拿针锥我拿线,

都给四姐把鞋底忙。
粘的粘浆的浆,
齐为四姐忙鞋帮。
你搓绳,我捻线,
样样活儿有人干。
会做鞋袜的做鞋袜,
不会做鞋袜的打麻线,
大娘过来叫声:"乖,
我给你做这双鞋。"
二婶叫声:"好乖乖,
这双袜子让我来。"
房大嫂转过来,
叫声妹妹:"女裙钗,
放心大胆别犯愁,
这些针线能做出来。"
天上帮来地上助,
说做就做都做完。
做完针线全包好,
好给四姐把家还。
房大嫂心里慌,
怕四姐回家见婆娘。
回家之后必遭难,
活活急坏女贤良。
有心不给妹妹走,
人家之人难久留。
有心留下住一宿,
怕给妹妹遭罪受。
房大嫂把话说:

"妹妹留心细听着,
包袱莫给坏小姑,
亲手交给你婆婆。
包袱交给婆婆看,
样样件件细清点。
小姑奸曹又拐坏,
免生是非受诬陷。"
女贤良好心肠,
一件一件嘱咐完。
四姐说声:"记住了,
多谢嫂子挂心间。"
四姐上了桃红马,
两眼不住泪哗哗。
辞别亲人上路去,
提心吊胆回婆家。

十、遭陷

说走之间来得好快,
来到于家大门外。
小姑站在大门口,
凶神恶鬼把包袱拽。
边拽边把包袱看,
一件一件做得全。
一样一样都不少,
一条毒计生心间。
坏小姑子起不良,
偷只花鞋藏猪食缸。
急忙又将包袱包,
包袱交给房四娘。

房四姐进上房,
拜见公公婆母娘。
"针线活儿都做好,
二老在上细观详。"
老于婆寒着脸,
打开包袱细观看。
大鞋小袜都不少,
一件一件做得全。
细看少只绣花鞋,
左找右找不出来。
"俺家未养独脚子,
怎么做来一只鞋!"
老于婆怒气生,
伸手就把鞭子拎。
一根麻绳拿在手,
把四姐吊在拴马棚。
鞭子蘸着凉水打,
鞭子下去不留情。
鞭子上来龙摆尾,
鞭子下去一溜红。
小姑冷笑站一旁,
唆着她妈打四娘。
褂子打成蜘蛛网,
裤子打成烂麻秧。
眼看四姐被打死,
昏昏沉沉不吭声。
老于婆打得满头汗,
于克久放学回家中。

十一、求救

于克久到家中，
看见四姐受苦刑。
"我不搭救谁搭救，
我见不疼谁见疼。"
于克久跑慌忙，
跑到西院找大娘。
叫声："大娘来拉仗，
眼看打死房四娘。"
他大娘把口开，
叫声："孩儿莫见外。
可恨你娘不讲理，
这个人情我讲不来。"
于克久跑慌忙，
跑到东院婶子旁。
叫声："婶子快拉仗，
马棚打死房四娘。"
他婶子泪涟涟，
叫声孩儿听我言：
"你家闲事我得管，
我去拉仗到那边！"
打人的鞭子拿在手，
移动金莲往前行。
匆匆忙忙走得快，
前边来到拴马棚。
婶子疾步走上前，
叫声嫂子听我言：
"为何要把四姐打？
你把情理讲一番。"
老于婆生得恶，
未曾说话跺双脚：
"他婶子你是不知道，
俺家没长一只脚。"
婶子上前陪笑脸，
叫声嫂子听我言，
"莫非侄媳忘了带，
叫她回去找一番。
看在我的小薄脸，
歇歇喘喘吸袋烟。
要是侄女等着穿，
叫她再做也不晚。"
老于婆气狠狠，
鼻子里头哼一声：
"他婶子你不是不知道，
我女儿不是省油灯！"
他婶子心生气，
叫声："老东西你不讲理！
拼了吧来对了吧，
有你无我拼个高低！"
老于婆疯颠颠，
骂声："老婊子你管得宽！"
"路不平由旁人踩，
我就管你这老壳子坏心肝！"
婶子气得直冒烟，
伸手就摸打人鞭。
扬起鞭子朝下打，

打得于婆脸朝天。
婶子小跑一溜烟，
进了马棚泪涟涟。
赶忙放下房四姐，
婶子疼得心发酸。
婶子扶起房四姐，
叫声侄媳听我言：
"赶忙走到我家去，
洗净身子换衣衫。"
房四姐忙下跪：
"多谢婶子来解危。
孩儿这回不能去，
躲了这回难躲下回。"

十二、薄命

房四姐回家转，
昏昏沉沉到绣房间。
不知不觉天已晚，
一轮红日落西山。
一更里进绣房，
四姐房中珠泪淌。
"人家公婆有多好，
俺怎摊个活阎王。"。
二更里泪汪汪，
想死舍不得爹和娘。
舍不得丈夫于克久，
舍不得婶子和大娘。
三更里泪盈盈，
叫声丈夫你是听：

"这个日月我不能过了，
公婆待俺太绝情。"
于克久开言道，
叫声贤妻听根苗：
"井淘三遍吃好水，
人要教导武艺高。
爹娘不能永跟咱，
二老跟俺能过几年？"
于克久劝罢入了睡，
四姐哭到四更天。
四更里泪汪汪，
先开柜子后开箱。
三尺白绫拿在手，
后花园里去寻无常。
人活百岁也是死，
树老千年劈柴烧。
哭哭啼啼往前走，
花园不远来到了。
嫩枝长，老枝短，
打个扣子像饼盘。
扣子外边阳关道，
扣子里头是鬼门关。
五更里泪簌簌，
咬咬银牙钻了吧。
扣子才往脖子套，
心如刀绞又往下拿。
舍不得爹舍不得娘。
舍不得丈夫好心肠。

舍不得一母同胞哥，
舍不得嫂子女贤良。
房四姐好悲伤，
舍不得邻居好街坊。
舍不得东院好婶母，
舍不得西院好大娘。
房四姐好伤情，
生身老母唤一声：
"人家养儿防身老，
你养闺女落场空。
等到爹娘阳寿尽，
儿不能烧纸到坟茔。"
四姐哭到伤心处，
对着扣子把头伸。
哭死哭活也枉然，
两眼一眯把扣子钻。
手刨脚蹬只一会，
三魂七魄到阴间。

十三、凶信

鸡唤黎明五更寒，
一阵狂风掀窗帘。
克久一惊醒了觉，
不见四姐在房间。
于克久着了忙，
到处寻找房四娘。
院东院西都找遍，
找了磨房找厨房。
于克久跑慌忙，
跑到花园杨柳行。
一见四姐上了吊，
惊惊慌慌无主张。
于克久跑到上房，
手拍门板喊："亲娘！
亲娘亲娘快起来，
四姐花园寻了无常。"
老于婆生得恶，
撞嗄拉叭把话说：
"黑更半夜你不睡觉，
装神弄鬼来吓唬我。"
于婆梳头洗了脸，
凶神恶煞地上后花园。
油漆大棍抄在手，
风风火火直奔前。
老于婆狗癫狂，
来到花园细端详。
百棵桃李一棵杨，
上头吊着房四娘。
老于婆发脾气：
"不打三棍不饶你！"
拿起大棍就要打，
于克久一旁挡得急。
于克久忙拦着，
叫声俺娘听我说：
"四姐已经身亡死，
你还打她干什么？"
一旁放下房四姐，

口不喘气身不热。
一旁急坏于克久：
"怎么去对房家说？"
老于婆恶毒毒，
叫声我儿你听着：
"多说好来少说坏，
省下银钱再说一个。"
于克久心里疼，
叫声妈妈你听清：
"人家的孩子你打死，
我给人家作证明。"
老于婆气狠狠，
王八羔子骂一声：
"爹娘恩情你不报，
吃里爬外是孬种！"
老于婆贼心肠，
事到直头没了主张。
有心不哭不好看，
又怕人家说短长。
老于婆冷清清，
虚情假意哭一声：
"早知儿媳你寻死，
不该马棚动武刑。"
老公公冷清清，
虚情假意哭一声：
"早知儿媳你寻死，
我到马棚去讲情。"
大伯头子冷清清，
虚情假意哭一声：
"早知弟妹你寻死，
我能担水到家中。"
她小姑子冷清清，
虚情假意哭一声：
"早知嫂子你寻死，
我不该使坏到你身。"
于克久心里疼，
真心实意哭一声：
"早知贤妻你寻死，
点灯熬油我不离你身。"
天沉沉，地茫茫，
于克久拉马对信忙。
翻身跃上白龙马，
慌里慌张跑得忙。
荒草湖坡走马忙，
转眼来到房家庄。
进了大门忙跪倒，
二门磕头拖悲腔。
房大嫂说了话，
叫声姑爷你坐下：
"你家遭了什么事？
跪路磕头往里爬！"
于克久泪涟涟，
叫声嫂子听俺言：
"你家小姑生气死了，
特来报信到这边。"
房大嫂打了冷颤，

叫声他姑父听俺言:
"俺家小姑什么病呢,
为何急速归黄泉?
不用你说俺知道,
定是折磨遭了难。
这些事情不怪你,
我跟你娘去缠缠!
俺家小姑已经死,
开丧送殡要周全。
你爹娘要是不应承,
于家坡里我闹它翻天!"

十四、斗邪

房大嫂气得慌,
跑到大街请铁匠,
张铁匠约李铁匠,
请了二十八个巧铁匠。
会打锥子打锥子,
不会打锥子打剪子忙。
锥子剪子都打好,
收拾收拾两抬筐。
房大嫂打头阵,
铁头钉鞋忙穿上。
带领人马朝前走,
打仗到了于家庄。
房大嫂怒气生,
快步流星脚生风。
于家坡上用目望,
一街两巷乱哄哄。

说着走急忙忙,
来到于家大门上。
大门以里隐蔽墙,
隐蔽墙下猪食缸。
房大嫂怒气壮,
举棍砸了猪食缸。
猪食缸露了底,
一只花鞋飘荡荡。
房大嫂没好气,
把于婆白毛抓手里。
上头就用拳头打,
下边就使脚来踢。
起先打得如死鳖,
后番打得嘴吐血。
于婆跪地求饶命,
亲娘姑奶奶叫不迭。
房大嫂气得直跳,
丢下白毛抓黄毛。
把小黄毛丫头抓在手,
直打得小姑把亲娘叫。
房大嫂忍气开了腔:
"快给俺妹妹做衣裳。
大红棉袄缎子被,
绣花小鞋穿脚上。
蓝裤蓝褂蓝包头,
坎肩罗裙要杏黄。
汗巾手帕扎腰带,
单夹棉麻要周详。

胭脂花粉红头绳，
镀金钮子黄澄澄。
福州木梳常州篦子，
缺少一样也不中。"
老于婆装狗熊，
磕头作揖："中，中，中！"
支派家人忙去办，
四乡八镇请裁缝。
刘裁缝约陈裁缝，
二十八个巧裁缝。
样样衣服全做好，
好给四姐送亡灵。
房大嫂又开声：
"快找木匠把棺材成，
工要精来料要好，
六顶六的天地同。"
老于婆没了威风，
赶忙答应："行，行，行！
只要姑奶奶你满意，
你说咋行就咋行。"
赵木匠约钱木匠，
请来二十八个巧木匠。
杉木帮来罗木底，
三丈红绫棺里镶。
头顶金，脚踩银，
手里捧着聚宝盆。
丫头小子都戴孝，
公公婆婆勒腰绳。

老公公口下掉魂，
头顶老盆领棺行。
四姐黄金入了柜，
墨松林里添坟茔。
天起乌云地刮风，
老鸹成群声连声。
可叹人死如灯灭，
家破人亡财也空。

十五、哀怨

四姐丧事已办完，
各自打点各自还。
孤单单剩下于克久，
冷风扑面透心寒。
一更里进绣房，
进了绣房乱思想。
绣房不见房四姐，
越思越悲愁断肠。
二更里泪汪汪，
哭声："贤妻房四娘。
你只顾寻死扬长去，
撇下克久守空房。"
三更里痛难当，
哭声："贤妻房四娘。
你只顾寻死扬长去，
棒打鸳鸯不成双。"
四更里痛断肠，
哭声："贤妻房四娘。
你只顾寻死扬长去，

床前缺少拜孝郎。"
五更里天大明,
东方又出小桃红。
"往日贤妻打扮我,
今日菱花空冷清。"
瞒着爹,瞒着娘,
手拿纸钱到坟上。
去给贤妻烧张纸,
明明丈夫好心肠。
烧纸烧得地皮黑,
不知贤妻得不得?
浇酒浇得地皮黄,
不知贤妻尝不尝?
落下这些咱不表,
再说四娘游阴曹。
游阴游到娘家去,
手拍门板把娘叫。
老母亲泪盈盈,
忽听门外女儿声。
"娘知女儿死得苦,
娘过三天上你坟。"
好容易熬到两天整,
抬着食盒上女儿坟。
过了一里桃花涧,
走过三里杏花亭。
穿过五里菊花渡,
前面来到墨松林。
墨松林里阴风响,

上遮青天下盖坟。
石碑高悬三丈三,
梅花篆字刻中间。
青石板上玉碗放,
玉石香炉摆坟前。
一路啼哭到坟茔,
打开食盒祭了供。
大大小小都孝道,
老老少少放悲声。
烧纸烧得地皮黑,
不知女儿得不得?
泼酒泼得地皮黄,
不知女儿尝不尝?
一不得,二不尝,
老娘哭倒坟台上。
早上哭到天正晌,
天晌哭到落太阳。
风卷纸灰转悠悠,
月出乌啼阴飕飕。
只说养儿防身老,
没说白头哭黑头。
小丫环忙劝止,
尊声奶奶听仔细:
"哭死哭活古来有,
世上不独你自己。"

十六、重逢

月躲乌云鸟不啼,
来了马三和胡四。

知道四姐陪葬好，
夜里就去盗斗子。
夜沉沉，风凄凄，
马三胡四到坟地。
慌里慌张扒坟土，
一会扒到棺材皮。
马三急着掀盒盖，
胡四忙着往里钻。
二人抬起房四姐，
急急忙忙扒衣衫。
房四姐气奄奄，
阴气下坠阳气翻。
一口黏痰吐出口，
三魂七魄又复还。
房四姐一动弹，
吓坏了胡四和马三。
钻出棺材没命跑，
头顶走魂脚生烟。
房四姐还阳转，
头脑昏昏望苍天。
才知身在荒郊外，
爬出棺材把家还。
手拍门板叫一声：
"婆母婆母快开门！"
连叫三声无人应，
都知儿媳命归阴。
房四姐泪淋淋，
再叫："小妹开开门！"

叫罢三声无人应，
连叫三声不开门。
房四姐伤透心，
无奈又叫丈夫门。
轻拍门板低声叫：
"奴的丈夫快开门！"
于克久睡朦胧，
忽听门外贤妻声。
答声："贤妻你死得苦，
我明天给你去上坟。"
房四姐无奈何，
尊声丈夫听我说：
"别当贤妻是死鬼，
我是四姐又复活。"
于克久泪涟涟，
叫声贤妻听我言：
"你若真的还阳转，
快伸出手来让我试验。"
要是人手则发热，
听说鬼手如冰凉。
四姐门缝伸进手，
克久磨蹭意惶惶。
恩爱夫妻情意稠，
克久上前拉住四姐手。
果然贤妻还阳转，
又惊又喜泪交流。
于克久好喜欢，
打开房门蹿外边。

/67

拉住四姐把门进，
夫妻二人得团圆。
一更里黑影影，
夫妻二人放悲声。
只说白头同到老，
阴世阳间险离分。
二更里夜沉沉，
四姐哭得好伤心。
可恨公婆心肠狠，
荒郊野外作死人。
三更里夜更深，
四姐哭得似泪人。
把小姑当成亲姐妹，
谁知狗咬吕洞宾。
四更里黑清清，
四姐抹泪止哭声。
夫妻二人商量好，
寒窑里头度光阴。
五更里天要明，

夫妻收拾忙启程。
寒窑里头且存身，
二老不死不回门。
房四姐住寒窑，
早剜青菜午砍樵。
傍晚纺纱夜织布，
织出梅香雪里飘。
于克久志气强，
南学苦读习文章。
北京城里开了考，
得中头名状元郎。
于家坡连房家庄，
十五里路闹嚷嚷。
新科状元来大轿，
喜抬四姐上京邦。
黄河南，十三乡，
出了个贤良房四娘。
老少称来男女赞，
千秋万载美名扬。

长歌中人物性格刻画生动，娓娓道来的情节中尽现人性，平凡的事件里显现奇特。既有写实，又有想象，浪漫主义色彩达到极致。更多的是表现马陵山区的现实生活，如聚族而居的"于家坡""房家庄""穆柯寨"就在此地山坡涧旁。本地人崇拜自然神灵，像长歌中的"求观音""请仙女""拜太阳""敬石头"的现象，如今仍在延续。

海州智慧人物传说

海州智慧人物传说是指常年流传在古海州地区的（今连云港市地区）以卫哲治、苗坦之、吉呆三人为代表的民间智慧人物的系列传说。这些传说流传在连云港市东海县、海州区、新浦区、赣榆区、灌云县、灌南县以及淮安市、盐城市的部分县区，自清代以来一直在民间盛传不衰。

卫哲治，字我愚，为官清廉，平易近人，善于处理冤狱错案，乾隆八年（1743）升任海州知州，他请款赈济，劝农耕织，疏通河道，深受百姓爱戴。乾隆皇帝曾赠给他"安民为本"四字以褒扬。他的故事乾隆年间便在海州地区广为流传，海属各地皆建有卫公祠。苗坦之也生活在清朝，海州西乡人，是个穷秀才，天资聪明，胆识过人。少年时因得罪官府被废黜廪生资格，在不得志的一生中，他常帮助穷人出主意，跟官府豪门作对。吉呆家住海州，生活在清朝末期。他出身穷苦，但聪明伶俐，机智勇敢，富有反抗精神。他敢于见义勇为，为穷苦百姓打抱不平，所以深受老百姓的喜爱。上述三个智慧人物的故事，近二百年来在海州及周边地区广为流传，可以说是家喻户晓，妇孺皆知。

海州民间智慧人物传说包含了海州地区清代中后期至民国初期相当多的社会生活内容，具有一定的现实性。讲述故事用的都是海州土话，保存了大量的方言，是研究当地当时社会民情、市井风俗、语言演变的重要资料。

海州民间智慧人物传说按故事内容可分为三个部分：

一是清官断案。主要讲述地方官吏清正廉明，深入群众，善于处理冤狱错案的故事。代表人物是

■ 与海州智慧人物传说相关的出版物

海州知州卫哲治。他敢于为民请命，上与皇上斗智，下与邪恶势力斗勇，巧妙地利用皇上"罢了"的谐音，大胆地"耙了"皇亲国戚恶和尚，为民除害。该传说赞扬了清官鄙弃权势、不畏权贵、助下扶弱、鞠躬尽瘁、为国为民的敬职精神，有传说故事26篇。

二是秀才斗恶的故事。主要讲述穷苦人出身的下层知识分子站在劳动群众一边，利用自己的智慧和特殊身份，斗贪官、斗富豪、斗邪恶，使穷苦无依的老百姓免受凌辱、扬眉吐气的故事。代表人物是苗坦之。他敢于急民所需，挺身而出，计救平民百姓，巧治恶霸劣绅，智斗贪官污吏。该传说赞扬了穷秀才藐视势利、机智大胆的献身精神，有传说故事55篇。

三是长工斗地主的故事。主要讲述备受政治和经济双重压迫的广大农民与地主通过暴力特别是智力斗争，反抗并战胜地主的故事。代表人物是吉杲。他靠自己的智慧和胆识，捉弄一个个地主和地头蛇，赞扬了长工（即农民）的反抗精神，是连云港地区民间流传的"阿凡提"式的人物，有传说故事75篇。

苗坦之，字衡中，《海州文献录》称他号平野，受业许乔林。海州西乡竹敦镇南双店人，著有诗词《双槐集》，存诗九十九首。

苗坦之天资聪慧，胆识过人。18岁中秀才，因得罪官府被废黜廪生资格，常帮助穷人出主意，跟官府豪门作对。那些贪官污吏、土豪劣绅贬称他为苗二赖子。苗坦之死后葬在苗家族陵中，其墓碑1958年被填垫在南双店一座小桥上。今南双店村口立有"苗坦之故里"碑。

据说，南双店姓苗的民众本是南宋抗元英雄、淮东三杰之一的真州守将苗再成之后。年代久了，人口多了，也就分出了穷富。到乾隆年间时，前场苗自芬进了国子监，当了翰林。苗姓祖陵有八亩多地，公众在里面栽了300多棵松树。苗自芬也靠近栽了190多棵松树，他想霸这块公地。

后场有个苗培元，是个穷庄户，心直口快，对这事有点不服气，背地里说说这事，结果被苗翰林的少爷带人找上门来一顿打，吓得连集都不敢赶，要寻死觅活的。苗培元有个儿子叫苗坦之，字衡中，那时才16岁，正在学馆念书。见他爷（即父亲）这样懦弱，把书本一撂说："我给你写张状子，你到海州衙门去告他！"他爷起先还不敢，苗坦之鼓励他说："人家讹到你头上了，你打盹也装不了死。告他试试！"

他爷走后，苗坦之还觉得放心不下，就追上去，说："我陪你去吧，到州里见识见识，学学官司是怎么打的，以后也好给穷人出出气！"爷儿俩一头走一头拉呱（闲聊），苗坦之说："你腰挺得直直的，只管大胆说。我跪你后头，哪句说错了，我拽你褂襟子，你就莫说了。"

爷儿俩来到海州大堂。苗培元壮壮胆子，击鼓喊冤，递上状纸。州官一看这纸，是一张学生的描红字迹，上头只写了16个字："官大地肥，民穷地缩。老爷不来，小民难活！"州官问苗培元："你穷？穷还不安分！"苗培元战战兢兢地半天也没说出寅卯来。将要说一句时，后衣襟被一拽，他陡然不说了。

州官一看，他后头还跪了个半截桩小孩子，一身童生打扮，满脸秀气，一双大眼睛陀螺似的乱转。州官也是好奇，就问苗培元："你身后跪的这个小孩是你什么人？"苗培元说："回老爷，是我儿子。"州官心里觉得有趣，脸上装作恼怒，说："嗯？你这小小儒生，不在家攻读诗书，怎到公堂来教你大大诉讼呢？"苗坦之骨碌站起来，说："老爷息怒，容童生苗坦之直言。天下只有父教子，哪有子教父的呢？何为孝？子曰'无违'。小童生今日恪守孝道，路远迢迢陪父来诉冤出苦。在老爷面前，我恭听教化，一言未发。请问老爷，我哪里错了？"

州官被他说得哑口无言，心里惊叹这小儒生厉害。嘴里忙答应，说过几天去看看陵地。

苗坦之回到家，连夜弄抬筐在苗自芬的松林里堆了七座新坟。

州官下来，苗翰林的儿子苗青早和苗坦之两人一齐拉住州官的手，说："老爷，你断给我！""大人，你断给我！"州官问苗坦之："小儒生，你说这地是你的，有何证据？"苗坦之说："俺这祖坟就是证据！他依官仗势把树栽到了俺家坟地上。"苗青早说："这坟有假！老爷，他现造七座假坟，是想赖俺这松树！"州官一看："也是啊，这些坟怎都葬到老祖坟的上首呢？"

苗坦之也会说话："老爷有所不知，俺苗姓老祖所生七子，俺家七祖最小，老祖宗爱如心肝宝贝。他从小就喜欢骑在老祖宗肩上玩耍，死了就葬的蹲肩棺。"州官笑笑说："好！孺子说话有理！"加之当时"开棺掘墓，翻尸倒骨"是一条大罪，老爷就顺水推舟把这地当即断为苗氏公有了。当时竖的界碑如今还在哩！

像这样的传说故事当地还有很多，主要内容为清官断案、穷秀才救贫民、治恶霸、斗贪官、长工斗地主等，着力赞扬他们为国为民的敬职精神、机智大胆的献身精神和不屈不挠的反抗精神。特别是卫哲治、苗坦之和吉杲这三个连云港人早就熟悉了的地方人物，都有着许多由一个个片段连缀成的系列故事。海州民间智慧人物不同于阿凡提、济公这类个体形象，是一个既相对独立又相互依存的典型的群体形象。

这些故事来自海州人民生活的底层，是比较接近生活中自然形态的艺术品，其中许多作品都达到了思想性和艺术性的完美结合。那鲜明的地方特色、典型的人物形象、曲折的故事情节、独特的语言风格、诙谐的表现手法有着很高的审美价值。从海州民间智慧人物传说产生、流传、演进并不断丰富的过程中，可以看出劳动人民口头文学创作的伟大。这些美丽的传说，融知识性、趣味性、故事性、可读性为一体，是我国民间文学发展的一个重大贡献。

这三位传奇人物中有的在历史上真有其人，传说只是把一些故事加以夸张虚拟，使之具有传奇色彩。如卫哲治，清代乾隆年间初任海州知州，关于他为官清廉、智斗豪强的传说就有26篇。苗坦之是海州西乡的一位穷秀才，关于他帮助穷人、智斗豪门的传说有55篇。吉杲诙谐幽默，正义感强，是海州地区有口皆碑的传奇人物，关于他的传说有75篇。这些传说许多被收录在《民间文学》和《中国民间文学集成·江苏卷》，不少被改编为戏曲、电视、曲艺作品演播，所有传说已被连云港市民间文艺家协会结集出版。

二郎神传说

《西游记》一书中二郎神杨戬的故事经民间说书艺人代代口传心授，形成了诸多灌南民间传说。在元代杂剧《灌口二郎斩健蛟》《灌口二郎初显圣》的相关载述中，二郎神的故乡在灌河口。相传在很久以前，灌河口一带蒿草丛生，芦苇连片，是飞禽走兽的栖息之地，水患虫灾连年发生。为了开垦这千顷土地，玉皇大帝决定派遣二郎神管辖灌河口。他来到管区之后，为当地人做了很多有益的事情，最让人们感念不忘的就是平治了洪水的灾难。

吴承恩的《西游记》中有许多故事都源自灌南地区，当地许多村庄名字的由来都跟二郎神的故事有关，尤其是历史悠久的灌南县张店镇。唐太宗李世民东征曾驻军张店，后建有法灵寺、关帝庙等庙宇群；武则天垂拱四年，开掘盐河后，张店逐渐繁荣。当时十天两庙会，各地民间艺人纷纷到张店卖艺谋生。庙会上，有杂耍、龙船、花挑、说书、蛮琴、小戏等表演，各种民间故事也随之产生，有关二郎神的诸多故事一直在当地流传，后经几代人的不断加工，形成了现在较为完整的神话故事。

除了张店镇，灌南县其他乡镇如北陈集镇、堆沟港镇、李集乡等地也流传着诸多二郎神的故事。现在李集乡的大杨村、兴杨村，还有北陈集镇的旗杆村等村落的名字，都和二郎神相关故事中的地名一模一样。尤其是民间流传的《五龙口传说》，更是形象地道出二郎神的家乡在灌河口。一直以来，二郎神的传说以口头方式在灌南县老百姓中代代相传，以群众喜闻乐见的说唱形式，让二郎神的传说在当地群众中得以传承。

二郎神的传说包括以下内容。

灌口二郎斩健蛟：在很久以前，一条蛟龙驻扎在灌河口，它经常兴风作浪、作恶多端，致使灌河两岸蒿草丛生，水灾连年发生。农民辛辛苦苦忙了一年，结果却颗粒无收，人们只能过着食不果腹、逃荒要饭的生活。为了帮助这里的老百姓过上好日子，玉皇大帝派遣二郎神管辖灌河口。二郎神来到这里之后，首先想到的是平治水灾。农历五月初一那天，二郎神经过一番准备后，跳入河中，化身为牛，在河中与蛟龙激战了三天三夜，最终将蛟龙生擒活捉。二郎神怕它以后再兴风作浪，就把它用一根大铁链拴住，锁在防堤下面。

二郎劈山救母传说：远古时代，玉帝的妹妹私下凡间与凡人杨君结为夫妻，并生下一个男孩，取名杨戬。玉帝知道这件事情后大发雷霆。把心一横，将自己的亲妹妹压在桃山之下。杨戬为了救母亲，拜在玉泉山金霞洞玉鼎真人门下，十七岁已经练成可以傲视乾坤的神通，特别是在他得到三尖两刃刀后，武功进步更达到了不可思议的地步。他救母心切，于是一刀劈开桃山，救出了母亲。这一传说也成为灌河两岸"孝"文化的重要起源。

二圣斗变的传说：孙大圣下界显神威，李天王向玉帝求援，观音菩萨推荐二郎神，说二郎真君居住灌江口，享受下方香火，神通广大。玉帝即调二郎神前往花果山捉拿孙悟空，二郎神与孙悟空打了三百多个回合，孙悟空渐落下风。孙悟空虽有七十二变，但是斗不过二郎神的七十三变本领，大圣慌了手脚，忽地变作麻雀，二郎神变作大鹚老，大圣又变作鱼儿，二郎神却变了个鱼鹰，那大圣变成一条蛇，二郎神变了一只朱绣顶的灰鹤。孙悟空无路可逃，情急之下，变作一座庙，将尾巴变作一根旗杆，被二郎神的三只眼识破。孙悟空又跑回花果山，被众神包围混战，最终被捉住。

二郎担山赶太阳：二郎劈山救母后，惊动了玉帝，他一怒之下，要严惩妹妹！他乘杨戬去找食物的时间，命掌管太阳的金乌神用十个太阳将杨母晒化了。杨戬赶回来后看到母亲在巨石留下的字，心如刀绞，随后，挥三尖两刃刀大战金乌神。金乌神哪里是他的对手，几个回合下来，被他一连砍倒九个太阳，每砍倒一个，杨戬就搬来一座山压在那个太阳身上。最后金乌神不敢硬撑，只好带着最后一个太阳一路向西逃走。二郎神一路追到西海，为了过海，他把三尖刀变大，挑起两座大山来当过海的垫脚石，继续西追！这个时候，西海龙王三公主把杨戬拦了下来，杨戬在美丽温柔的三公主面前，终于放下屠刀，昏迷过去，醒来后他与三公主成了亲，移居在灌江口。这就是民间传说中的"二郎担山"！其精神永留在灌河口儿女心中！

五龙口的传说：二郎神杨戬在乱石山碧波潭打败了九头怪之后，便与孙猴子成了要好的朋友，并答应去西天取经的孙悟空照应他的老家花果山。二郎神住在玉女峰的当天，就把山上山下巡游了一番，防止有妖怪前来骚扰众猴。

闲时他会顺便看看周围山景。有一天巡游时，他因贪杯喝醉了，在一农家睡了一年，后与照顾他一年的这户农家女子成婚，婚后生育六女四男。太上老君知道这事后，向玉帝禀报："杨戬覆其母之辙，又在下界作事，如今已有儿孙辈共计数百人，分住灌河口一带，您看如何是好？"玉帝让太上老君妥善处理。

太上老君决定带走二郎神并惩罚他的子孙,二郎神刚随师傅离开灌口,那个村子边一夜间就冒出一条五六千尺宽的大河来,波涛汹涌,恶浪滔滔。这是玉帝根据杨家后代的村落布局,下旨制造的天然屏障,有两层意思:一是阻挠杨家亲戚正常往来,二是不时派出海妖兴风作浪,搅乱杨家后代的安宁。后来有人称这五条大河所在地为"武障河"或"五障河",意思是"用武力制造障碍的河"或"五条阻碍交通的河",后来人又把这五条本是"障碍"的河,统称作"五龙口",意即有了祥龙护佑,希望能河清海晏、国泰民安。

二郎神醉酒酿香泉的传说:传说二郎神驻扎在灌河口,一天在沿河巡游途中,突然闻到一阵阵酒香。原来是汤沟镇境内一户人家正在酿酒,香味扑鼻,二郎神喝了以后觉得这里的酒非常好喝,于是突发奇思:这等好酒要是伴以天宫玉液酿出,然后献给师傅,一定会受到师傅的喜爱。一日,二郎神来到天宫,偷了宫中御厨的一瓶"玉液琼浆",悄悄投入汤沟镇那酒坊的院内,这便是以

■ 二郎神文化遗迹公园(局部)

后的"香泉"井的来历。

二郎神的传说与当地的风土人情相结合，并在流传过程中提炼加工，具有神话的特色。故事情节既与人间现实有直接的联系，融天地、人神于一体，同时又通过偶然、巧合、夸张、超人间等情节来引发人们的联想，从而使真实情景和奇情异事达到了有机的统一，既富于生活气息，又离奇动人。

二郎神的传说在叙述人物、刻画景物、解释风俗等方面具有浓郁的地方特色，故事质朴纯真，体现了民风民俗，充满着乡土气息；讲述时运用方言，极富韵味，使民众在传说的字里行间自然升腾出热爱故园的乡土情怀。

《镜花缘》传说

《镜花缘》传说产生于古典名著《镜花缘》成书前后，是在民间流传的与民风民俗、风土人情、文化活动及与作者相关的系列故事。《镜花缘》面世后，一时洛阳纸贵、倾销朝野，同时也留下了一系列《镜花缘》相关的传说。其中，百花仙子传说、阴阳镜传说、葛藤粉传说以及李汝珍的生活故事等广为流传。自清朝乾嘉年间以来，这些传说以海州旧辖区海、赣、沭、灌为中心逐渐向外传播到徐、淮、盐等相邻地区，现今已名扬全国乃至世界各地。与《镜花缘》相关的传说故事，都与名著《镜花缘》的作者李汝珍和他所写的故事及相关的民俗风物密切联系。每一个传说故事都是当时当地人民生活与心态的反映，奇特的构思、美妙的想象、深刻的讽喻、大胆的夸张、真切的情感、幽默的意趣、睿智的哲理、朴实的语言等艺术之光在故事中随处可见，浓郁的地方乡土气息更是扑面而来。这些故事历经200余年，经久不衰，在民间广为流传，为广大人民所津津乐道。

下面将介绍一些与李汝珍有关的传说故事。

随兄游海州。李汝珍小时候很聪明，三周岁时就能动笔习字画图，深得父亲的喜爱。五岁时，有一天，他独自在门前用树枝在地上画着玩，一位族中长辈走来问他："你会画鸭子吗？"小汝珍点点头，随手用树枝三画两画，就画了一只腾翅扑飞的鸭子。这位老人看到他画得如此生动，十分惊异，想了想便摇摇头说："鸭子是不会飞的。"小汝珍当即道："我这是画的一只野鸭呀！"李汝珍小小年纪就有此见识，令这位老人很是佩服。李汝珍十岁时，其父因急病谢世。此后，北方连年灾荒，不是水涝，就是干旱，弄得田地歉收，官府的苛捐杂税却有增无减，百姓难以存活，纷纷逃往外地。这时，李汝珍有个做过福建兴化府知府的远房姑表哥哥徐鉴，托人为李汝珍的哥哥李汝璜在海州板浦场找了一个盐差的工作。乾隆四十七年（1782），李汝珍告别了母亲和弟弟，跟着哥哥李汝璜来到了海州。

受业凌仲子。1784 年，李汝璜正式就任板浦场盐运司大使，到嘉庆四年（1799）卸任。板浦场有个学者叫凌廷堪，人称"仲子先生"，祖籍安徽歙县，其父凌焰来海州经商，在此落户。乾隆四十六年（1781），凌廷堪去扬州游学，慕江慎修、戴东原两先生之学识而登门求教。乾隆四十八年（1783）游学至京师，又得大兴翁方纲之教诲，学业大进。他而立之年回到板浦，声名大噪，在家设帐授徒，从学甚众。李汝珍也拜他为师。

在李汝珍受业于凌廷堪先生期间，曾发生过这样一件事。凌先生精通音韵学，著有《燕乐考原》。一次，凌先生问李汝珍："经书上的'敦'字，一共有几音？"李汝珍不假思索地回答说："'敦'字，在灰韵读堆；元韵读 dun；又元韵读豚；寒韵读团；箫韵读雕；轸韵读堆；阮韵读遁；队韵读对；愿韵读顿；号韵读导。只此十音，别的没有了。"

治水邵家坝。嘉庆六年（1801），李汝璜调任泰州草堰场盐课司大使，李汝珍也于这年春天赴顺天府参加乡试。这届乡试中，有位同考官名叫高鹗，他和程伟元合作，把一百二十回本《红楼梦》整理刊行于世。李汝珍在参加乡试期间，因拜会师友见到了高鹗，意外地得了一部乾隆五十七年（1792 年）刊印的《红楼梦》，便爱不释手地读了起来。

据说，他后来写《镜花缘》时从《红楼梦》中得到了很多启发。比如，甄士隐白日梦识通灵玉，唐敖也白日神游如是观；贾宝玉在薄命司翻看金陵十二钗册子，唐小山也在泣红亭辨认百花天榜。

李汝珍在河南为官时，充分显示了自己的才能，为当地百姓办了不少好事。

李汝珍纪念馆外景

有一次他外出巡查时，有一个穷汉拦路告状，说财主强要买他的两亩祖产，他不从，财主就在他的田边栽了很多树，几年一过，树荫大如伞盖，遮去阳光雨露，弄得庄稼长不起来。李汝珍传财主来问，财主狡辩说："我的树长在我的地里，他的庄稼长不起来，与我何干？"李汝珍一听，知道这家伙很刁滑，马上对他说："你这话也对，那就请你替这个穷汉把田搬开，你的树荫就不会遮到他田里了。"

财主不解地答道："田是搬不走的，哪有搬田让树之理呢？"李汝珍随即喝道："既然你不能搬田让树，那只有迁树让田了。"财主自知理亏，连忙点头答允，回去乖乖地把树砍了。李汝珍关心民间疾苦，又礼贤下士，因此深得民心。他听取各种治水建议，征集民夫堵坝堤，很快治住了水患，当地至今还流传着不少李汝珍治水的故事。

写书草堰场。李汝珍在给老师凌廷堪寄的诗中说："一片孤帆海上吹，此身惟与白鸥随，满滩冰雪天方冻，未是渔人下网时。"诗句倾诉了炎凉世态，也抒发了自己要保持廉洁、不再求取功名的志向。在草堰场，李汝珍改定了他的《李氏音鉴》，完成了《受子谱》，同时以《山海经》为引子，以亲见亲闻为素材，创作了长篇小说《镜花缘》。其兄李汝璜，在这里做了近十年盐运司大使，一直支持他潜心写作。

在此期间，李汝珍同草堰场北边便仓的卞銮成了忘年交。卞銮自号蔬庵老人，是张士诚部将卞元亨的后裔，乾隆戊辰进士，做过江西高安和四川永宁知县。他家有个牡丹园，全是种的"枯枝牡丹"，花分红白二色，主杆枯焦，唯开花处是青枝绿叶，十分名贵。李汝珍常在卞氏牡丹园饮酒谈诗论文。卞銮告诉他，这枯枝牡丹由来已久，相传当年武则天诏令御园百花冬天开放，唯有牡丹不遵旨，于是武则天下令用火将其烤焦，而后又贬往洛阳曹州。他老祖卞济之在洛阳做官时，从那里移植回来的。卞銮有个小女卞金花，文才出众，善赋牡丹之辞。李汝珍在《镜花缘》中，专门写了武则天贬牡丹的故事，直接点名"淮南便仓"。书中还写了卞氏五才女，也有卞金花的影子。

不负妻遗愿。李汝珍的妻子许芙蓉，比李汝珍小十岁，也是一位才女。她很喜爱《红楼梦》，但对那一群闺中女子只能关在大观园内，颇表不平。李汝珍告诉她，冯梦龙的《醒世恒言》里有首诗，说道："聪明男子做公卿，聪明女子不出身。若许裙钗应科举，女儿那见逊公卿！"她听了感慨地说："难道女儿只能做公卿吗？吕雉、武则天还坐江山呢！我要是写书的话，就要让女子走出大观园，和男子一样应试、治国、掌天下。"

李汝珍当时认为妻子只是说说的，哪知以后许芙蓉真的写起《女儿国》来了。在她的笔下，男尊女卑的封建礼教完全被颠倒了过来，国王是女子，

■ 《镜花缘》研究相关资料

公卿是女子，连家庭里都是女子主宰，男子反而穿耳环、缠小脚、做针线、忙家务，照料小孩。她想起自己小时候缠足的痛苦，就在《女儿国》里，刻意描绘男主人公缠足之苦，写得活灵活现。可惜，由于家境贫寒，操劳过度，许芙蓉不久后就一病不起，于嘉庆十九年（1814）在草堰场去世了。这时《镜花缘》尚未写完，李汝珍只好暂时搁下，送妻子棺柩回板浦场岳父家安葬。李汝珍对妻子的早逝很为伤心，忍着悲痛在板浦场把《镜花缘》写完。为了不负妻子的遗愿，他把妻子未写完的《女儿国》遗稿中的部分内容，也移入《镜花缘》之中。

海州地区流传着一个《胡滔天的故事》。传说：甲、乙、丙三个人在比赛着吹牛。甲说："我看到一个人，站着头顶到天。"乙说："我看到一个人，坐着头顶到天。"丙说："我看到一个人，睡着肚子顶到天。"甲、乙显然是吹牛失败了，就齐声反问丙说："那么这个人要吃饭怎么办呢？"丙说："这个人手里拿着一个铁铲子，到饿了时就胡掏（滔）天。"在《镜花缘》第二十回里就有一段类似的叙述。

济岐舌秘方传说。《镜花缘》中的人物多九公，有许多祖传的济世良方，对于一些常见病、疑难病、职业病、地方病，尤其是跌打损伤、折骨断筋的情况，能药到病除，起死回生，不啻仙丹。但他的秘方是祖祖辈辈独占谋生的手段，不能外传。一日，船泊巫咸国，唐敖患了痢疾，多九公施以秘丸治疗。本来说服六次能好，其实只服两次，病就痊愈了。于是唐敖觉得这些秘方十分宝贵，应该流传于世，使天下人皆除病魔，共登寿域。

经过多方感化，耐心说服，晓以大义，多九公幡然醒悟，表示"唐兄赐教极是，日后老夫回去，定将此方刊刻流传，并将祖上所有秘方也都发刻，以为济世之道。就以今日为始，我将各种秘方，先写几张，以便沿途施送，使海外人也得其方"。（第二十七回）后来到了岐舌国，恰遇王子打猎从高处滚下，跌得头破血流，两腿俱已骨断筋折，昏迷不醒，命在旦夕。国王一面发榜以一千两银求医，一面为王子预备好棺木。就在这样危急的关头，多九公揭榜施以秘方，不多几日，王子病势渐渐平复，"起死回生"了。众人好奇到底用了什么灵丹妙药，取得如此神效呢？多九公介绍说："老夫于岐黄虽不深知，向来祖上传有济世良方，凡跌打损伤，立时起死回生。"

罢考。嘉庆初年，李汝珍到东海县参加县考。由于他为人正直，待人热心，一到那里就帮助赶考的人做这做那，解难济困，所以深得众位应考生员的信任。第二天就开考了。这天晚上，李汝珍躺在床上翻来覆去，怎么也睡不着。他又爬起来，走到室外。在皎洁的月光下，忽然，他听到前面传来一阵哭泣声。李汝珍急忙把锁扭开，进去问明情由。

哭的原来是个寡妇，小叔想霸占她的房产家私，逼她们母女俩自杀。李汝珍一听，心里非常气愤，便对这母女俩说："你们不要哭，我帮你们到县衙去告他。"寡妇说："我那个小叔子已用银子买通了县官老爷，只怕有冤无处申了，你赶快走吧，不能再连累你。"

一句话还未说完，寡妇的小叔子带几个人闯进来，一把抓住李汝珍，硬说他是寡妇的姘头，不由分说，把他送到了县衙。这县官已得了银子，也不分青红皂白，就差人把李汝珍关进了监牢。再说，和李汝珍一起来应考的萧荣修、孙吉昌、吴振勃、沈桔夫等好友，睡到半夜，不见李汝珍回来，大伙儿不放心，就起来分头去找，打听到李汝珍因打抱不平，被关进了县牢。萧荣修等人一听连早饭也顾不上吃，这时差人已将李汝珍打入囚车，只等知县老爷的文书下来，就押走了。

李汝珍在囚车里，望见萧荣修他们来了，大家都在谈论如何搭救他，便问："众位学友真想搭救我吗？"大伙儿道："我们赶来就是要搭救你，只是一时想不出好办法，我们正想劫囚车呢。"李汝珍低声对他们道："囚车不能劫，赃官要加你们罪名，有碍诸位学友的前程，反把事情弄坏了。你们若真心救我，只要如此如此就行了。"萧荣修等人从头到尾一听，连连说："这个好办。"然后，大家都回到原来住地去联络众考生了。

上午开考时间到了，监考官左等右等，不见一个生员前来应试，急得像热锅上的蚂蚁，忙着催考生入场。学差来到考生住地一看，有的睡在床上，有的收拾东西准备回家。学差问："开考时辰已到，你们怎么还不入场？"沈桔夫等回答说："读书原为求官做，眼见贪官不为民，早知应试入囚车，不如回家学种田。"学差没法，只得如实回去禀报。监考官一听着了慌，因为每个应考生员进场要缴五两银子，东海县有五百多名考生，如果大家罢考，两千多两银子收不到是小事，怎么向上方交得了差呢？

想到这里，又赶忙亲自来到考生住地，一打听，方知是东海知县把应考生员李汝珍用囚车押走了。监考官大怒，派人叫来东海知县，责问道："你为何不禀报，就把应试的生员抓走了？"东海知县一听，急得头上直冒冷汗。李汝珍说："小人虽得救，民冤却未申，贪官害寡妇，天理难容情。"

监考官听了只好又派人查看究竟是怎么一回事。差人来到了那寡妇门前一看，果然那寡妇还被锁在屋内，三件逼寡妇母女自杀的凶器还放在地上。监考官又问了知县对这个案情的处理过程，知道是县官贪赃枉法，于是就劝知县把寡妇母女放了，并差人把那个小叔子关起来，等县考结束后审讯法办。众考生这才跟监考大人入了考场，但李汝珍已看透官场恶习，决定弃考返乡。所以，他虽然一肚子文才，一直到死只是个秀才。

李汝珍的《镜花缘》于嘉庆二十三年（1818）问世，尽管"论学说艺，数典谈经"，"兼顾九流，旁涉百戏"，却一直深受读者赏爱。而自1923年胡适《〈镜花缘〉的引论》对该书极力称赏后，学界对其亦甚垂青，撰文探讨者可谓代不乏人。据不完全统计，1923—1999年，学界有关《镜花缘》的专题论文共78篇，20世纪80年代后还出版了有关该书的研究专著4部，至于各种校注本、改编本，也不下30种。

1986年我市成立《镜花缘》研究会，召开首届全国《镜花缘》学术研讨会，开始加强《镜花缘》传说研究。1992年，李汝珍纪念馆建成并对外开放，全方位、多角度展示《镜花缘》传说研究相关成果。1998年，召开第二届全国《镜花缘》学术研讨会，进一步挖掘《镜花缘》传说内涵。2012年，进行《镜花缘》传说非物质文化遗产抢救性传承保护工作，取得了大量成果。

沙光鱼传说

沙光鱼传说是连云港地区民间文化中的典型传说之一，主要流传于连云港沿海一带，特别是盐场地区。盐场一带渔家以及大小饭店的餐桌上，少不了一种美味——沙光鱼汤。对于外来的游人来说，到了连云港，到了连岛，沙光鱼是必吃的一道美味佳肴。在这里流行着民间谚语，道是：正月沙光熬鲜汤，二月沙光软丢当；三月沙光撩满墙，四月沙光干柴狼；五月脱胎六还阳，十月沙光赛羊汤。

沙光鱼是连云港市的特产之一，属虾虎鱼科，矛尾刺虾虎鱼种，为海水及咸淡水产大型虾虎鱼。此鱼外形奇特，呈龙头凤尾，体色玉黄，头部粗看似有四腮，生活习性奇特，喜欢游弋于海边浅滩、盐场边缘之际的咸淡水交接处。沙光鱼嘴大贪食，主食小鱼、小虾、沙蚕之类，凡能吞下的东西都吃。因此，它长得特别快，每年清明时节产卵，孵化后生长迅速。待到霜降时，有的可长近1尺，重4两多。尽管沙光鱼长得很快，却只能一年换一代，生长1尺来长。沙光鱼肉细嫩富有弹性，味道鲜美，既可红烧，又可做汤，已被列入《中国名菜谱》。连云港地区有"十月沙光赛羊汤"的民谚，可见，冬季是食用沙光鱼的黄金季节。据《食物本草》载沙光鱼"暖中益气，食之主壮阳道，健筋骨，利血脉……"，很有滋补营养价值。

连云港地区关于海洋生物传说的起源年代现已无可考证，但连云港的渔业生产可以追溯到新石器时代。海州桃花涧、二涧、白鸽涧曾出土了一些石镞、陶网坠、骨针等专业渔业工具，说明当时就出现了渔业文化的萌芽。秦汉时期，连岛是当时东海郡和琅琊郡标准界域分界线，岛上留下的界域刻石表明在那时岛上就有人居住。由此推算，关于海洋生物传说的出现距今已有2000多年历史。沙光鱼的传说源远流长，现在的连云港老人都已经无法说清传说是从何时开始流传的了。起初都只是在民间口头流传，由一辈一辈的老人给孩子讲古般地流传下来，在一代代的传承中故事慢慢地变化了好几个版本。尽管故事细节稍有变化，但主体基本没有改变。味道鲜美的沙光鱼，为什么老是长不大？这是一段有趣的传说。

相传很久以前，沙光鱼个子大，一年能长出一尺。它仗着头大嘴大身体大，在水族们面前大耍威风。见到比自己小一点的鱼，它就嘿嘿冷笑，讥讽说："看你这鬼样子，一丁点儿实可怜，我尾巴一摇，就能甩断你的大筋，还不快快滚开，找死呀！"看到比自己大的鱼呢，它又不服气，总是斜着眼睛说："看你能跳几天？你连头带尾不都在这儿摆着了，可知我一年一尺长，三年赶上老龙王！"不久，这话让龙王听到了，它气得胡子一翘二尺高，立即命虾兵蟹将将沙光鱼抓来。沙光鱼眨了眨眼，知道自己说话口气大，冒犯龙王了，想低头认错，可又怕丢了脸面，就找个茬说："我有本奏！"突如其来这句话，倒使龙王愣住了。

既有本奏，不可不听，龙王问道："你奏何本？"沙光鱼的傲气又来了，大声说："你身为龙王，坐在龙宫里逍遥自在，为何不管大事！天上好久没下雨，你不闻不问，却来管我说的什么话，难不成放个屁你也要管？"

龙王一听，这个气呀，简直能气炸了肺！

"昏君！快把我放了，免得被人耻笑！"沙光鱼也不看龙王气成什么样，一个劲地大叫大嚷。

龙王把手一挥，"来呀，把这狂徒打进大牢！"转眼间，沙光鱼被关进了牢里。

过了许多天，海龟丞相来到牢房门前宣布龙王的判决："查明沙光鱼逞强欺弱，傲慢无理，公愤显突，不惩不足以服众，特此处罚其'一年一脱胎，三年变为小乖乖'，不许长大胡作非为！"

从此，尽管沙光鱼的个头长得快，却只能一年换一代，一直长不成大鱼。

沙光鱼的传说是连云港渔家文化的重要载体，也是连云港海洋文化的代表作，蕴含着渔民特有的精神价值、思维方式和文化意识，体现着当地渔民文化的生命力和创造力。与此关联的传说还有《对虾姻缘》《海蚌姑娘》《鲳鱼的婚事》《蛤蜊精》《乌贼的由来》《美女石的传说》《小龟山传说》《吴承恩写金箍棒》《徐福拜连岛》《鹰游门里的大章鱼》《乌贼为何喷黑水》《海水为什么是咸的》《连岛大桅尖的来历》等。这些都全景式地记录了数千年来连云港当地渔民的生产、生活状态和自然发展。

近几年，随着连云港旅游业的兴旺发达，许许多多的外地游客走进连云港，连岛上的优美风景吸引了他们的目光，渔家纯朴善良的民风、原汁原味的渔家菜肴以及神奇的民间传说更是让他们好奇和神往。

南城传说

南城传说是关于南城镇地方祭祀、名人文化的相关传说，主要有"城隍传说""匡衡井传说"等。2011 年，该传说入选为连云港市第三批市级非物质文化遗产代表性项目名录。

它主要流布在新浦区南城镇，后逐步向周边的东海县、灌云县、海州区等县区辐射，逐渐影响到南通、淮安、扬州及苏州地区。

南城镇，古称临海镇，因与墟沟的北城遥相呼应，形成南北之势，故得名。南城距今已有约 1600 年的历史，又因位于"两山对峙，如凤展翼"的凤凰山下，所以又称为凤凰城。南城原为土城，相传为唐王李世民下令所筑，并称之为"九龙戏珠"。据《云台新志》载：南城，即东海城，俗名南城，旧有大小二城，宋宝裕中，宰相贾似道报捷时所筑。东海县，自六朝以来，屡废屡建。乾隆初期，设东海营都司驻扎于此。

南城的祭祀文化十分兴盛，当地及周边居民以信奉佛道两教最为明显。在南城镇方圆不到 7 平方千米范围内，人口不过 7000 人左右，近 2000 年来，已先后建起 24 座庙宇。目前，保存完好的和已经重新恢复的庙宇就有近十座，如玉皇宫、碧霞宫、大佛庙、城隍庙、龙王庙、三元行宫等，其中以玉皇宫规模最大，城隍庙最为古老。唐初，皇帝降旨各地各城皆祭城隍神、建城隍庙，后唐清泰元年（934），皇帝封城隍为王。宋代，祭祀城隍的习俗在各地已经十分普遍，各地都有关于城隍神的传说。多少年来，百姓们都把自己当地的城隍神当作管着阴间阳世、有求必应的一方保护神，而各地关于城隍的神奇传说也各具特色。

据《南城凤凰文化》记载：新浦南城庙里供着的"城隍神"，是清初时期南城人从苏州的城隍庙偷偷背来的，而苏州的城隍按惯例是省级城隍。依照道教体例，城隍神分公、侯、伯三级，帝都等大城市的城隍庙为公爵，府州级为侯爵，县（区）级为伯爵，乡镇村庄则设土地神（福德正神），所以南城的城

南城老街一角

隍官名叫"威灵佑公",定正二品公爵。目前,新浦区南城镇的城隍神被奉为省级城隍神,比海州区的城隍、淮安市的城隍级别都要高。南城的城隍传说在当地代代相传,影响深远。

匡衡又名匡鼎,西汉元帝时东海郡承县(今山东兰陵县)人,匡衡幼时家境贫苦,听得祖上传说东海有神山(今云台山),遂背井离乡来到云台山。他路过南城镇这块地方,发现山清水秀,社会安定,人民富裕善良,如同一个君子之国,就在南城当地的一户人家的院内借墙边搭起茅舍,栖身于此。匡衡虽然年幼,但却谦虚勤奋,白天上山砍柴自己糊口,夜晚向主家借书苦读,由于没有灯光照明,就在人家的书房墙上打个洞"凿壁偷光"来读书,一年又一年直至长大成人。他耕读诗书,博览书籍,常与街坊邻居的年轻人讨论经义,评论得失。匡衡举止庄雅,与人为善,获得街坊的一致好评,遂以"孝廉"推举其到朝廷做官。匡衡凭借自己多年来的勤学苦读,在经济建设上施展才华,不断升迁。由于他多次为皇帝献良策,为百姓做了很多实事,汉元帝封其为丞相,号乐安侯,成为当时著名的经济学家。南城人为纪念这位在南城长期生活的贤臣,

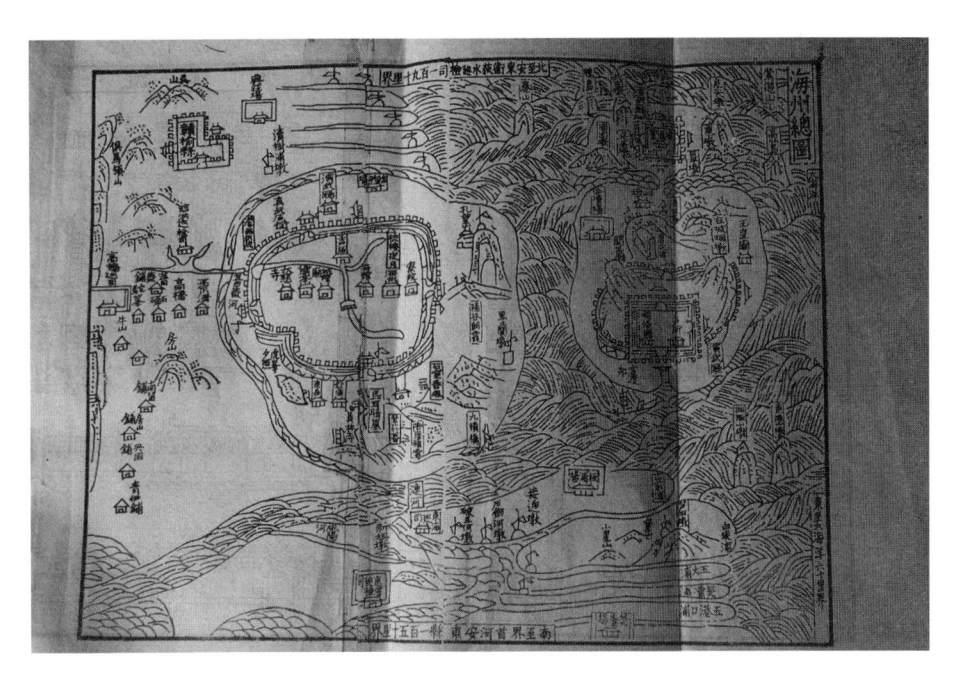

南城老地图

将他住在南城时每天饮用的井命名为"匡衡井"。

南城匡衡传说反映出一个人要想成功就必须要具备刻苦学习、不懈奋斗的精神品质。传讲和推广此传说，对学校学生和初入社会打拼的年轻人具有示范性作用，激励他们在困难面前勇敢前进。

渔业生产谚语

渔业生产谚语是地方口头文学的一种形式，长期流布在广大渔民群体中，有着深厚的乡土文化内涵，是地方海洋文化的重要组成部分。

连云港的渔业生产谚语历史悠久，内容丰富。从连云港地方的考古发掘中可以看出，连云港的渔业生产至少可以追溯至石器时代。连云港的大贤庄旧石器时代遗址、桃花涧新石器时代遗址、藤花落氏族社会龙山文化遗址中均出土了渔业生产工具和贝币文物。在秦汉以来的生产、生活中，连云港当地的渔民长期在海州湾区域捕鱼、生活，积累了丰富的生产生活知识。特别是在海上作业时，气候变化无常，生产环境艰苦，他们乐观面对，克服困难，掌握了一套应对天气和保障生产的知识，并用适合自己文化生态的谚语形式保留下来，为后人留下了弥足珍贵的文化宝藏。

连云港海洋渔业谚语的发源地是海州湾，它地处我国黄海中纬度的近海大陆架内和我国南北气候的过渡带上，地理位置十分特殊。北接石岛渔场，南连吕泗渔场，是我国沿海中部的一个典型的开敞式海湾，也是我国八大渔场之一，总计面积14500平方千米。这里处于暖温带向北亚暖温带过渡地带，四季分明，气候温和，光照充足，雨量适中，雨热同季。平均气温在14.2°C，盐度年平均表层为31.1～31.7，近岸水深1～5米，远岸水深16～50米，适合不同品种的鱼类生活，也为地方海洋文化创造了特有的自然生态环境。

海州湾渔场作为全国八大渔场之一，是东海带鱼的产卵场之一，现在主要

■ 渔民利用渔业生产谚语作业

捕捞的鱼类有鲳鱼（狗腿鱼）、舌鳎、小黄鱼、白姑鱼、鲈鱼、毛虾、黄鲫、金乌贼、沙光鱼，还有一定数量的大对虾、梭子蟹、海蜇、鱿鱼等。这些都成为海洋文化的基本素材和源泉。

　　连云港的渔业生产谚语内容丰富，主要集中在海洋生产谚语、潮汐自然谚语、气象谚语等方面。如海洋生产谚语有：闲时结好网，忙时好逮鱼。结网如绣花，粗心结疙瘩。结网没巧，眼尖手少。结风不抬头，抬头误三扣。网眼不马虎，什么网逮什么鱼。黑鱼一窝，鲇鱼一志人，蛤蟆蝌蚪一串中。过了秋，乱丢钩。十月鱼封嘴，不吃食全喝水。清明前后担空篮，谷雨前后打杂鱼。清明前后，打鱼杂凑。四月半潮，共同鱼满船摇。六月漫滩秋季狗，米鱼勒鱼最可口。风虾浪邂，鲈鱼成垂。抢风头，赶风尾，没风没浪看流水。北风如刀刳，东风带毛花，勒鱼动筐扒。勒鱼是神仙，出在雷雨天，只要撒下网，拿起一挂鞭。是皮鲜又鲜，出在阴雨天。迎风头，赶风尾，捕鱼虾，起跌水。船是渔家命本，没船寸步难行。水不流会臭，船不练会漏。破船多搅载，漏船三千钉。有一尺水，行一尺船。无桨不行船，无舵船不稳。千篙撑船，一篙靠岸。庄稼不让时，行船不让风。船使八面风，看你精不精。看流行船，看风使舵。有风不使，何必拉纤。游泳要在河中学，驾船全靠多扬帆。千篙万篙，不如破篷伸腰。千橹万棹，不如破帆一摇。船头说话，一百上下。不怕风大浪高，单怕滩高水浅。南船顶风笑，北船顶风跳。水上闯天下，全靠好老大。不图尿金尿银，只求见景生情。风平浪静不丢桨，狂风大流不慌张。一个好老大，能使八面风。顺风撒网，顶风抛锚。撒网要撒顶头网，开船要开顺风船。捕鱼无时，双手不离。三天打鱼，两天晒网。十日打网九日空，一日不空补上工。十网九网空，一网补上工。负过千层网，网网有漏鱼。乌贼滑溜溜，一夜过九洲。千罩万簖，捕不了鱼虾一半。鱼过了千层湖，难躲一趟钩。鱼过千层网，难搪万把钩。下网专寻急流水，钓鱼不在急水边。鱼怕噪，人怕闹，安静耐心细垂钓。钓鱼要忍，抓鱼要狠。春钓浅，冬钓深，夏秋钓蹲树荫。春钓边，秋钓滩，夏天钓鱼水中间。春钓浅夏钓深，秋天钓草根。早钓鱼，晚钓虾，中午钓鱼大傻瓜。钓鱼上虾，赶快搬家。紧扒鱼，慢扒虾，映衬到蟹子动手拿。轻拿泥鳅重抓鱼，遇到王八两手捂。养得一塘鱼，顶上半仓谷。海驰金银插住篙，看你会捞不会捞。渔家靠海边，不用问神仙。家住大海边，多尝多少鲜。要知海上事，须问打鱼人。

潮汐自然谚语内容有：庄稼人看天，打鱼人看潮。一时风行一时船，一潮水涨一潮鱼。初一十五潮，天亮渤遥遥；初三潮十八水，二十两边鬼一鬼；初四十八潮，头更海涨潮；初五十九潮，天亮落半潮；一十两头空，潮满海边正当中；二十二三，天亮海底干；二十五六，早饭刚吃潮上流；二十七十二鸡打鸣，潮到海边天大明；二十九十四潮水旺，打坏渔网剩条纲；一潮迟三廖，三潮迟顶黑；老大不识潮，害苦伙计了。

气象谚语有：海上孩子脸，一天十八变。早看东南，晚看西北。早霞阴，晚霞晴。晚看西北黑，明天多是风雨日。六月北风当时雨。大旱东风不下雨，大涝西风不晴天。

连云港的渔业生产谚语作为海洋文化的一个重要组成部分，有着独具的口语化、地方化特点。这些谚语句简练，艺术性强，是渔民从多年生产、生活实践中总结出来的经验之谈，也是劳动人民的智慧结晶，其中有许多谚语成为渔民指导生产、观天测海的传世经典，体现了地方渔民驾驭海洋、掌握天象的本领。诸如"鱼行一行线，船行八面风""抢风头，赶风尾，没风没浪看流水""鱼鸟不失信，潮水不等人"等谚语，都是渔民海上航行、捕捞的经验之谈。

有的气象谚语至今还是人们自测气象的一种简便方法，诸如"早霞阴，晚霞晴""晚看西北黑，明天多是风雨日""大旱东风不下雨，大涝西风不晴天"等等。这些以物象来预测气象的谚语，在旧时缺乏现代科学手段的渔村，是一种朴素而又含有一定科学道理的经验总结。

还有一些谚语体现了渔民的社会生活，是他们世界观和价值观的本真反映，非常富有生活哲理和社会价值。如：海无一日平，无风三尺流；放长线，钓大鱼；高山出骏马，深水有大鱼；世上三样险，行船走马荡秋千；不是鱼死，就是网破；没有鱼饵，难得大鱼；刀快靠钢，网好靠浆；打猎用枪，拉网靠纲；拉网靠纲，纲举目张；种什么田，用什么锄，结什么网，逮什么鱼；海是万宝盆，在于取宝人；等等。

渔业生产谚语是群体性传承，大多通过口传心授，流行于连云港沿海的广大渔民中间。现代渔业生产方式已经发生了很大的改变，拥有了诸多先进航海设备和器材，捕鱼捞虾依托设备，看天识云也不再靠目测。许多对于自然的传统认识得到了先进设备和器材的再次确认，进一步得到深化、认证。所以，渔业生产谚语依然保留着自己的生存空间和价值，并在生产生活中被延续运用。

鲁迅在《中国小说史略》中写道"传说之所道，或为神性之人，或为古英雄，其奇才异能神勇为凡人之不及，而由于天授，或有天相者，简狄吞燕卵而生商，刘媪得交龙而孕季，皆其例也"。这番话，揭示了传说的文学性、创造性，亦说明了其"来自生活，高于生活"。许多传说经过历代的加工传播，又具有历史色彩、地方因素，反映了人们对于美好生活的向往和对公正公平的希冀，因而具有很高的文学价值、历史价值、思想价值。以上所介绍的传说，仅仅是连云港传说的代表。民间传说数量庞大、题材众多、内容丰富，需要我们有计划地收集整理、培养传承、创新融合。

老曲遗音

　　港城曲艺的魅力是独特的。似唱非唱、说唱相间的工鼓锣，采用连云港市赣榆和东海北部方言演唱的苏北大鼓，以唱为主、唱念相间的肘鼓子，都是连云港市曲艺的代表。古老曲牌【山坡羊】【寄生草】等两百多首海州鼓吹乐都具有浓郁的港城色彩，不同程度地留有海属的文化背景、音韵特点、方言特点。

工鼓锣

工鼓锣，又名公鼓锣、淮海锣鼓，是江苏省传统曲艺形式之一，主要流行于连云港市市区及赣榆区、东海县、灌云县、灌南县各个乡镇以及周边的盐城市、淮安市等广大地区。

工鼓锣历史悠久，它的原始形态与连云港地区流传的大禹治水的故事有关。传说大禹治水时，曾在鼓帮两边的环上系着带子，挂在颈上敲着催工，后世说书人又添了一面锣，沿用下来，遂称为"工鼓锣"。还有一说是春秋战国时代，楚庄王殿下的大臣崔公，为奸臣所害，发配淮安府，途中断了盘缠，遂唤解差借来锣鼓，诉其冤情，说今唱古，深得人心，群众接济干粮于崔公，从此崔公便以说书为生。故又称之为"公鼓锣"。

我国古代曲艺形式中的说唱表演形式是逐步发展起来的，工鼓锣的形成与发展在民间也经历了漫长的过程。隋唐时期才日臻成熟，宋代开始在民间广泛流行。上述两种起源之说明显具有传奇色彩。

至清代同治年间，工鼓锣在苏北城乡非常盛行，不仅名家辈出，还逐步形成了以师徒衍传关系为体系的不同门派。其中，连云港地区东汪门的汪同坤，西汪门的汪万友，大肚子（名不详，意为肚子里书目甚多）及方门的方开杰，都是领衔一方的知名艺人。各门派门徒众多，有的擅唱以小家碧玉为特色的"针钱匾"类书目，有的擅唱以走马格斗而见长的"刀马词"类书目，形成了一支具有不同风格和流派的庞大的艺人群体。到20世纪30年代，出现了吴宝恒、吴德成、邱会安、陈怀银、李凯、孙怀荣等一批艺人。另据老艺人张士仪口述，约在清代光绪年间，板浦镇的知名艺人周奋涛、嵇福田等都曾在海州马路口摆摊唱书，听众络绎不绝。后嵇福田收海州人陈佃良为徒，陈佃良又收新坝镇人周如俊、锦屏镇人宋纯河为徒，使得海州、新浦地区的工鼓锣得到发展。民国期间，灌云县艺人形成"东西张、南北徐"四大门派，即东张张学余、西张张同举、南徐徐立业、北徐徐保江。郯门传人靳华章演唱时声情并茂，艺高一筹。

工鼓锣进课堂

民间有"听戏要听梅兰芳,听书要听靳华章"之赞誉。

抗日战争和解放战争时期,工鼓锣艺人组织起来,举办各种形式的集训队、短训班,配合革命战争,积极编唱一些新书目。如艺人潘长发等成立"潼沐海艺人救国会",编演《反扫荡》《伪军十叹》《打倒小东洋》等新书目,宣传抗日救国。1945年后,先后成立"百艺工会""艺人集训队""艺人培训班"等进步群众组织,进行政治和业务培训,编演了《大生产》《劝夫参军》《妇女解放》《穷人要翻身》等一大批现代书目。工鼓锣艺人何家仁等还为革命光荣牺牲。

在淮海战役中,工鼓锣艺人为支援大部队作战,深入前线,踊跃支前,为战士、民工演唱,鼓舞军民士气。1958年8月,中国曲艺家协会会员张同举演唱的工鼓锣书目《单刀赴会》由中央人民广播电台录音播放,后又被上海唱片公司灌制成唱片在全国发行。工鼓锣的演出器具为锣鼓、服装、附件。其中锣鼓最为关键，是一套特制的小鼓和手锣。小鼓高12厘米，直径15厘米，上下蒙有牛皮，形似圆球，鼓脐间有两个小铁环分挂两边。

工鼓锣唱腔的曲式为上、下句对偶结构的板腔体。艺人演唱时灵活自如，俗称"一条藤"。其中的【开篇】旋律纤细而优美，坚毅稳重，多用于开场时的起唱。【悲调】旋律低回凄楚，速度缓慢，感情色彩浓郁，多用于表现悲恸、哀怨等情绪的唱段。

【喜调】唱腔明朗，速度较快，多用于表现热烈、欢快、喜悦的唱段。【刀马调】是工鼓锣中独具特色的一种唱腔，唱腔朴实高亢，速度快，用以表现高昂、激烈的情绪，多用于两军交战及故事冲突紧张时的唱段。【慢流水】唱腔委婉，速度较慢，多用于表达思念、回忆等情境的唱段。【出马】旋律轻盈流畅，速度中等，曲调中夹有数板，说唱性较强，多用于陈述性唱段。工鼓锣唱腔常用的句式有【三字紧】【五字夺】【七字赞】【十字清】等，也有10字以上的【滚板】。锣鼓点非常丰富，因唱词的不同和情节的变化而变化多端。

工鼓锣的演唱方法大致有两种：一种要带膛音（即沙哑音），如【喜调】【刀马词】等。情感激越的唱腔，艺人称之为【老官嗓】；另一种不带膛音，用于情绪悲伤或哀怨的抒情唱段，艺人称之为【浮调】。

工鼓锣演唱均无丝弦伴奏，只用一套特制的手锣和小鼓敲击，借以烘托气氛、衬托唱词、酝酿情绪、陪衬表演。最早的演奏锣鼓经分为开场锣、行腔锣、收头锣、塌锣和花锣五类。开始只有【长番锣】【短番锣】两种，分别用于唱腔的上、下句。在此基础上，不断创造出一些新的锣鼓经，现在常用的有【塌锣】【鱼喷嘴】【五字锣】【一盆火】【三跺脚】【点点花】【老八板】等。

书帽儿。最让人回味、最抓人心神的当然是说书者的"书帽儿"，又叫小书头。这是工鼓锣中的一种独特的演出习俗，在开正本之前，都要先唱一小段精彩的开篇。其作用有三：一是为了等那些老观众，使前期观众能不断情节接头听书；二是因为工锣鼓艺人有此行规，据说不唱个小段会遭到师门上下及同道的斥责；三是为了向观众或行家亮嗓子，以此先声夺人。

耍锣鼓。工鼓锣有"一场锣鼓半场书"之说。有经验的艺人均在锣鼓演奏上下一番工夫，如用阴锣表现两军对垒，搪、挪、格、架，效果十分精彩；用鼓敲击各种闷音，或明或暗、或高或低，用来表现环境的险恶。还有一种花花锣，单用锣声敲出各种速度，来渲染书中热烈的场面。

唱工鼓锣的都必须拜师傅，否则不许开场子。工鼓锣拜师有一些严格的程序和规矩。先要写关书，又称"帖子"，上面必须注明三师，即引进师（介绍人）、穿跳师、保领师（保证人），还须写上"有走、失、拐、带，保领师要负责，犯了错误，打死勿论"等条款。帖子写好后呈递给师傅，择佳日举行正式拜师仪式，徒弟要带彩礼进门。仪式上，要供奉楚庄王的牌位，因为楚庄王是唱书的师祖。然后，师徒各数三代，徒弟要交代父亲、祖父的姓名、经历，师父要说出自己师傅、祖师的身世。接下来磕头认师、拜师人先磕焚庄王牌位，再拜师祖、师傅、三师（引进师、穿跳师、保领师），师兄弟等依次磕头行礼。师傅宣布行规，介绍本门情况，拜师人答应下后，写下关书交与师傅为凭据。其内容大体是："大元戎，老师×，上×下×，师祖老人家×，上×下×，

■ 工鼓锣老艺人张同举被中国曲艺家协会授予"新中国曲艺 50 年特别贡献曲艺家"称号

弟子×××，愿拜恩师名下为徒学艺，至终不变，带彩礼××××，立此关书为凭。叩呈恩师×××。"最后是宴席酬请，即由拜师人出资，酬谢所有参加者，这师傅才算是正式认下了。

工鼓锣艺人以鼻祖崔公为士卿出身，自视清高，皆以先生相称。演出时，因持有先生身份，衣冠要求整齐，一个纽扣都不许散，三伏酷暑不许赤膊、趿鞋、光脚，三九严寒亦不许戴棉帽子，否则是对听众的不礼貌。表演时坐板凳上，不能随便站立走动，不能蹲在上面，要时刻保持艺人风范。表演区域限定在以板凳为中心的一米见方内，动作不宜夸张，点到为止，身体前后走动不能超过一米，如此这般，才显得文雅、书生气，具有先生派头。否则，会被同行耻笑为"打拳的，出身不正"。

两个以上说书艺人同在一处做艺时，书场之间必须相距八丈开外，否则，将被视为违犯行规，是不允许的，故艺人俗话说"相离相，丈八丈"。在开正本书（即大部头书目）之前，都要先唱个小段，一是为了等等老听众，二是因为淮海工锣鼓艺人有个传统规矩，不先唱个小段会死师傅，所以所有艺人都不敢违反此规矩，否则会遭到师傅、师兄、师弟及同行们的斥责。这个小段，群众称为书帽子。书帽子有两种形式，一是带有情节的完整小片段，如《吕蒙正祭灶》《吴必贵拜寿》《单刀赴会》等，一种是不带情节的唱词，如《十二月花风》《时令》等。目前在工鼓锣艺人中传唱的小书头子尚有百余个。

工鼓锣艺人水平有高有低，在集市、庙会上撂地演出时，有的唱得绘声绘色，扣人心弦，俗称"拿得住人"，听众自然就多。也有的唱得较差，没人肯听，只好收起家伙，去帮师兄弟们拿签子，或维持秩序，或倒茶递水，或打手巾把子，以图分点收入糊口，大家欢喜。艺人赶集演出时，为了占到最好的地方，早早赶去，看好地段，用秫秸圈起场子，再返回吃早饭，待集上人多了才来说书。另外，有一种人，自己说书不行，则靠先占了场子然后再转让给其他艺人，收些租场费为生。

工鼓锣艺人有门里徒与门外徒之分。艺人中如有本门内弟子不守门规，违反艺人"十不准"条规，经门内其他弟子或同行证实，祖师爷即可召集门内所有不同辈分的弟子开家会。会上根据所犯错误的情节作出处罚，如罚打、罚跪、摘下锣鼓、禁止演唱、开除出门。情节严重的，由本门送官究办。开会时祖师爷悬起楚庄王像，上三炷香，端坐正中。徒子徒孙分列左右，犯错误者跪于中间，交代所犯错误事实，等候发落。

艺人开场子后，取出锣鼓，必须敲【请客锣】，招徕听众，待人到得差不多了，再敲【开场锣】，安顿听众。锣鼓敲打也有讲究，一般是一人敲打，有时也有两人敲打，即一个打鼓，一人打锣，板凳一头坐一个。打鼓的鼓一亮，锣就得响，再一亮，锣就得住。有鼓敲三下一亮的，有鼓敲十七八下一亮的。有时唱书人还聚在一起，十八面锣一起敲，但是只有敲鼓的一个人演唱。敲鼓时，鼓键中只能左右摇摆做动作，不能指向观众。

外地艺人新到一地说书，必须先拜谒同行中辈分最高、最有权威的艺人。经过盘海底后，答上来者，主人得管吃管喝管住。客方如果只是路过玩几天，主人应让出自己的书场给对方唱，收入凭客方自行处置。收入多，可撂下些算账钱，收入少的可全部带作盘缠。

赣榆清曲

赣榆清曲，又称赣榆牌子曲，形成于明清时期，开始时流布于连云港地区的赣榆境内，后逐渐流传到淮安、盐城、宿迁以及鲁南地区，是连云港历史上影响非常广泛的一种传统音乐。

民间小调又称"小曲"，是民歌中数量最多的一种。关于小调的起源，大多数专家采用朱自清先生在《中国歌谣》中的说法，因而民间歌谣与民间小调是一对孪生姐妹，二者取长补短，源远流长。在历史长河中，民间小调在赣榆地区流传很广，并在不断传承发展中逐渐演变。

开始时，赣榆小曲曲调流畅，结构规整形式多样，长短句形式比较普遍。小曲词中非对偶的三句、五句等结构和多段式的反复句式比较多，经常使用四季、五更、十二月、花名等连缀多段式歌词，形成了赣榆小曲的独到特色。

明嘉靖至隆庆年间，青口曾是苏北盐商的一个聚集地，扬州小调、牌子曲经盐商和盐河传入赣榆青口,并与当时赣榆境内小调结合,逐步形成了现在的赣榆清曲。扬州的【码头调】等牌子曲传至赣榆后,在长期的传唱中,艺人们把赣榆方言的音韵特点、咬字行腔方式和地方民歌小调逐渐渗透到小曲中去,使深情委婉的小曲融入了粗犷豪爽的元素,也使赣榆小曲呈现异彩,衍变成颇具特色的赣榆地方曲种——赣榆清曲。

从此,赣榆清曲流传开来,并盛行于清末至新中国成立之初。在赣榆历代说唱艺人中,唱清曲曲牌的艺人分布最广。因演唱曲牌者很少是专业艺人,绝大多数都是以自娱自乐为主,故这些人被称为"玩友"。

曲牌盛行时,各村皆有玩友,少则几人,多则十几人。在500多年的历史中,赣榆清曲造就了许多有着较高演唱技艺的民间艺人。赣榆第一位职业清曲演唱者是乔庆邦。光绪元年(1875)春,他弃药店少掌柜不做,在青口南河下沙滩摆开了唱小曲的场子,成为赣榆清曲职业演唱第一人,后有贺克谐、张雪等。新中国成立前后,较有影响力的艺人有陈明德、韦家荣、汪奎瀛、徐希来等,后来又有了孙悦森、宋洪祥、张茂铎、刘方勇等。特别是陈明德传谱、玩友徐希来演唱的【马头调】和集成套曲【十八魁】《俏人儿我的心肝》以18首曲牌中的若干乐句巧妙组合,连贯如一,形成了一个结构完整、过渡自然、艺术性很高的牌子曲曲目,被誉为我国民族音乐中的绝唱。不过,至今已很少有人会唱。

近年来,随着社会的发展,各种新的曲种广泛流传,古老的赣榆清曲逐渐衰落,青年人学唱赣榆清曲的已少见,但在部分中老年人中间,仍有一些艺人和玩友继承前人的演唱艺术,并在一定的范围中流传演唱。

赣榆清曲的器具主要有伴奏乐器和打击乐器。伴奏乐器是二胡、琵琶、三弦、板、笛、筝等;打击乐器是碟琴,即筷子和碟。赣榆清曲在流传中不断地变化和发展,由演唱短小曲目,发展到演唱长篇书目,也使赣榆清曲在结构形式上形成了"单支"和"套曲"两种形式,从而大大地丰富了赣榆清曲的表现力,使其成为我国非物质文化遗产中重要的民间音乐口头遗产之一。

赣榆清曲不仅有大调与小调之分,而且又有单支和套曲之分。单支,是独立的曲牌,其主旋律基本上是固定的。对每一个曲牌来说,都可以按一定的规律填写各种唱词。单支的唱词内容多以写景咏物为主,字多腔多,唱词雕琢,曲调缠绵，以抒情见长。

所谓套曲，就是两个和两个以上的曲牌的连缀体。它是单支曲牌的发展，受元散曲影响较深。艺人们在演唱情节跌宕、感情丰富的较长曲目时，仅用一个曲牌难以完美表达，因而，根据曲目内容的需要，选择几个或更多的曲牌编成套曲，从而大大地丰富了赣榆清曲的表现力。

经过长期的加工，套曲的连缀数目逐渐发展到了二十多个，分别冠以"双曲""三环""四喜""五瓣梅""六喜""七翻""八段景""连九调""小十段""十八魁""二十把调"等。在套曲中，各曲牌的连缀方式常见有二：一为【京跺子】开头，后接诸曲牌；一为【满江红】开头，再接诸曲牌，最后，仍由【满江红】结尾。

赣榆清曲汲取了百姓的喜怒哀乐而生发的情感营养，不断注入音乐元素，形成了现在的赣榆小调。作品内容集中于乡风俚俗、喜丧嫁娶、醒世劝善、好恶报应等。主要有《俏人儿我的心肝》（十八魁）、《打县城》（套曲）、《大沟南花会》（套曲）、《二十四秋》（套曲）、《二十四冬》（套曲）、《二十四夏》（套曲）、《三十六春》（套曲）、《春游芳草地》（套曲）、《陈杏元和番》（套曲）、《光阴似箭》（套曲）、《奇冤报》（套曲）、《潘金莲观灯》（套曲）、《狮子楼》（套曲）、《武松杀嫂》（长篇套曲）、《尼姑思凡》（套曲）、《白花献寿》（套曲）、《酒色财气》（套曲）、《小秃子》（套曲）、《昭君出塞》（套曲）、《银台报喜》（套曲）、《小小歌》等。

特别要指出的是赣榆清曲中的赣榆情结，许多牌子曲的内容具有典型的赣榆特色。比如【京垛子】中的"门前他不踏""书朋酒友"等；曲目《打县城》中的"肉头户"（有钱而吝啬的人）、"扒灰匠子"（里通外连的人）、"仙点"（妙主意）等，都是典型的赣榆方言，散发出浓郁的赣榆乡土气息。有个牌子曲名字就叫【数落】，而"数落"在赣榆方言中就是"教育人"的意思，其曲调的内容和形式可以说是完美统一。从小曲的内容中，还可以感受到曲中女子大多多愁善感，好似一副水做的骨肉；而男子多性格爽朗，充满阳刚之气。这与赣榆南接江淮、北联山东的地理位置关联较大。

在赣榆曲艺发展历史中，赣榆清曲影响了赣榆曲艺其他曲种的发展，特别

赣榆清曲传承人在青口小曲堂碰曲

是在明清时期逐步繁衍、发展的苏北琴书、花船、肘鼓子、童子戏以及花鼓等多种曲艺形式都曾吸纳了赣榆清曲的行腔方式，而具有了赣榆特色，形成了地方传统艺术品种。

有些专家认为，自明清时期兴起至今，赣榆清曲已有500多年历史，不但在本地流传甚广，对徐州、鲁南等地区的小曲发展也有着深远的影响。赣榆清曲传至海州，对"海州五大宫调"的形成产生了巨大的影响。

1979年，徐州地区文化局编印了《民歌民乐内部资料》，称"赣榆的牌子曲比较有系统"，并辑录赣榆牌子曲24首，其他民歌20余首。1986年，连云港市文化局编印的《曲艺音乐集成》，辑录赣榆清曲中的稀珍曲目《俏人儿我的心肝》【集曲十八调】和【码头调】《望江楼》，并称其为"至今仍有很高的艺术价值""几乎成为绝响""是民族音乐中的绝唱"。

1948年1月26日，香港《大公报》曾刊登了以"五韵八言"追述古音韵学根源的文章，鉴赏了赣榆牌子曲诗文，对赣榆的牌子曲【南调】【满江红】【银钮丝】给予高度评价。20 世纪 70 年代，香港拍摄的电影《三笑》撷取赣榆清曲曲牌，编配了电影片中的唱腔。

赣榆清曲的曲牌、曲目均非常丰富，曲牌多而全面，达 40 多个，流传曲目近百个。特别是小曲，在其他地方演唱的曲目多只是几段歌词，但赣榆的清曲演唱者都能以曲牌连缀演唱长篇大书。

海州鼓吹乐

海州鼓吹乐的主奏乐器为唢呐，唢呐俗称"喇叭""呜哇"，是我国十分流行的一种吹管乐器。据《中国音乐史》一书记载，从明代起唢呐就已传到中原地区，明代各类典籍中有较多记载。如戚继光在《纪效新书·武备志》中记述："凡掌号笛，即是吹唢呐。"王圻、王思义所编《三才图会》中将唢呐的形制和功能记叙得十分详细。王磐的《朝天子·咏喇叭》则是描述唢呐绝妙的词章。

民间鼓吹乐在连云港地区有着悠久的历史，据明代隆庆末年（1572）成编的《海州志·卷之二》"风俗"中记载："十数年者，然居丧不按家礼，丰酒食、具鼓吹以待吊客，多妆绢亭，广搬彩戏，以相夸诩，而不务哀戚者。今亦渐变而从礼矣。"如实记叙了明代海州地区（即今连云港地区）民间在举办丧葬礼仪中，使用以唢呐为主奏的鼓吹乐情况。连云港地区民间鼓吹乐主要用于民间的婚丧嫁娶，正如《徐海鼓吹乐述略》一文中指出的"鼓吹乐的应用及讲究程式，莫过于民间的丧葬礼仪。不论达官显贵，还是黎民百姓操办丧事，都要请鼓吹乐班奏乐，且仪式相当讲究。故当地素有'生在江南，死在苏北'之说"。

民间鼓吹乐的另一用途是在民间祭祀仪式中使用，如赣榆祭祀活动中所用的唢呐长达一丈多。连云港民间鼓吹乐还用于民俗节庆场合，民间凡有庙会、灯节、喜庆等事宜，都聘请鼓吹乐班为之奏乐，有时还和锣鼓等乐器相配合，成为花船、花担、跑驴等民间舞蹈的主要伴奏乐器。

民间鼓吹乐在连云港地区十分流行，民间班社林立。赣榆、东海、灌云、灌南及市区许多乡镇都有沿传数代的唢呐吹奏乐班。如东海县安峰镇的许家鼓吹乐班可追溯至清代康熙末年，传至乾隆年间的许玉勤时，已形成一定的规模，许玉勤又传给后人许各益。灌云县下车乡可追忆的鼓吹乐艺人当数清光绪年间的于学贵、于学高兄弟。于学贵学习昆曲的曲牌并加以改造，创作了大型鼓吹乐套曲《昭君和番》，流行至今。于学贵传给杨友会。杨友会善吹南北曲，尤擅北曲，他给后人杨甫元留下了一份珍贵的鼓吹乐工尺谱，共28页，抄录唢呐曲牌30余首，现为其孙杨家岭（唢呐艺人）收藏。赣榆的赣马镇自宋代至民国一直为县府治所，鼓吹乐（当地称"鸣哇"）自古盛行。当地在祭祀吹奏时特别讲究，分"请灵""铭旌""陈设""家祭""朝奠"等关目，每个关目用不同的唢呐配合其他乐器演奏不同的曲牌，有时通宵达旦。至20世纪80年代初，赣榆县的吴少方、姜立贵，东海的王炳元，灌云的李士元、张庆航及市区的赵斯海、吴开云、崔维标等人领衔的鼓吹乐班，不仅沿传数代，而且在当地都颇有名气。东海县安峰镇的山南、杨村、陈湖等村共有16个鼓吹乐班，其中有12个是许家班的传人。东海县唢呐传承人桑发迎祖孙三代四口人演奏唢呐走进央视"神州大舞台"，其孙女桑婷婷考入中国音乐学院。《中国民族民间器乐曲集成·江苏卷》中收录连云港市的鼓吹乐曲牌有30余首。

近些年来，由于城乡婚庆风俗的演变，办喜事已很少用鼓吹乐演奏，但丧事活动中的民间鼓吹乐仍十分重要。除民间广场文艺活动外，其主奏乐器唢呐还用于戏曲舞台乐队。

循环换气。主奏乐器唢呐音质明亮，吹奏时气口要有力，因此学会循环换气是吹奏者首要的一项基本功。演奏者在鼓起嘴巴吹的同时，用鼻子吸气，使旋律连续不断。不论曲牌大小，时间长短，都能一气呵成，各曲牌以及乐句之间连接得天衣无缝。

变指翻调。吹奏者改变原调的指法，更换新调演奏。一般吹奏者都可在同一把唢呐上将同一首曲牌熟练地作四五次变调演奏。

旋律变奏。主要有变奏、挂穗等。变奏指在曲牌整体结构不变的前提下，用变换头尾或节奏等方法即兴性演奏。同时还能改变曲牌结构，采用板式变化，

海州鼓吹乐演出

或扩充，或缩减，使得曲牌既有变化，又和谐统一。挂穗指吹奏到曲牌高潮时，艺人使用展开手法展示其吹奏技巧。

吹奏加花。艺人在吹奏时运用吐音、起吹、花舌音、打音、滑音等技巧，增加曲牌的气氛和情趣。有的艺人还能用鼻孔同时吹奏两支唢呐，称"和合唢呐"，在乡村堪称一绝。

演奏形式。吹奏班子由7人至13人组成，其中唢呐称大件，至少要有二支大唢呐和一支小唢呐。场面大的乐班要加用中音唢呐和"大号"。小件为伴奏乐器和打击乐。伴奏乐器主要有笙、笛，打击乐器有木鱼（或梆子）、碰铃、小钹、堂鼓和大低音锣等。演奏形式有搭台吹（即搭起吹奏棚子）、无台吹和走吹等多种。

传统曲牌有【正工大开门】【一调大开门】【清板大开门】【正工小开门】【上调】【老八板】【山坡羊】【打枣】【大柳叶青】【小桃红】【水龙吟】【哭

皇天】【撼动天】【寄生草】【叠落金钱】【凡字调】【傍妆台】【满江红】等180余首。

套曲曲目有【昭君和番】【雁落沙滩】【转州城】等10多首。根据民间小调改变的曲牌有【抬花轿】【万年花】【西洋调】【东方赞】【店喜庆】【豆秸黄】等20余首。

唢呐为木制双簧管乐器，由哨片、芯子、气盘、管体和铜碗组成。哨片多取材芦苇，也有用麦秆制作，插在芯子的顶端。芯子是一条细小的铜管，装在唢呐杆上端。管体多以柏木或红木为材，上小下大呈圆锥形管，前面开7个按音孔，后面上方开一个按音孔。管体下面承接一喇叭形铜碗，以扩大和美化音色。

常用的唢呐分小、中、大三种。小唢呐杆长22～30厘米，最常用的是杆长23厘米，又称"海笛"，音色高亢，有时用来领奏或独奏。中唢呐杆长32～40厘米，最常用的杆长是37厘米。大唢呐杆长42～57厘米，最常用的杆长为50厘米。还有一种祭祀的超大唢呐，又称"大号"，最长3～4米，其他场合很少使用。

民间鼓吹在连云港市长期流行，负载着当地历代人民的文化风俗和价值观念，已成为民情风俗的一个重要组成部分。民间唢呐有着浓郁的乡土气息，反映了人们的生活习俗，也传递着苏北地区人们的文化特征。

如乡村中在婚礼吹奏时，女家和男家唢呐乐班的"交接"；儿童过周岁时唢呐杆上要系红布条；给老人祝寿吹奏时，艺人要用红布搭头斜背在肩上；以及过嫁妆、抬礼盒时的吹奏，都有不同的讲究。两个乐班在一起吹奏时，称"打对棚"，相互比谁的牌子多，每个乐班至少要有一名能吹许多曲牌的高手，叫"掌调"，否则只能"合游"而甘拜下风。

农村中老人祝寿、儿童过生日时也都以请鼓吹乐班吹奏为荣。唢呐音量大，音质明亮，在民间文化活动中是一件重要的器乐。我们应在继承前人演奏的基础上，进一步扬长避短，更好地发挥其在社会主义精神文明建设中的作用。

苏北大鼓

苏北大鼓是流行于江苏省苏北地区的一种集说唱、表演、伴奏于一身的古老曲艺形式。

大鼓书艺人认为其起源与工鼓锣一样，推崇崔公为本门师祖。传说在春秋时期楚庄王时代，楚国大臣崔公因遭奸佞所陷，在发配淮安的路上敲击竹筒说唱故事，深受百姓欢迎。一天，崔公在一座庙中向徒弟授艺，有位小道士看后模仿，将寺庙的鼓悄悄搬到寺外，击鼓说唱，久而久之形成了早年的苏北大鼓。苏北大鼓之后形成了张、沙、杨、韩、邰、李、高、兰、柴、桂十大门派，设家谱跑字为"之一吾尚道，承教衍全真，称合德正本；仁义礼智信，清静腾玄德，己心悟称能"30个字，至1986年已传至22世（"静"字）。

传说赣榆人胡松年有过耳不忘、博览强记之才，并且口齿清晰，说唱鼓书，字正腔圆，颇受民众喜爱。后来，胡松年一路唱鼓书进京赶考，宋政和二年（1112）考为上舍（太学士），升为中书舍人。宋绍兴五年（1135）三月，他回赣榆省亲祭祖，并邀幼年说书的好友聚会，还带头敲鼓唱了一段大鼓助兴。

清乾隆五十五年（1790）前后，赣榆出现了用当地方言演唱的大鼓。清同治、光绪年间，苏北大鼓传到东海及周边地区。那时东海的树墩、竹墩地区大鼓书艺人非常活跃，涌现出了一些名震四乡、受广大听众喜爱的艺人。尤其是赣榆的集市庙会、街头巷尾，随处可见艺人的演唱。

苏北大鼓的乐器，主要是一面大鼓。大鼓鼓身扁圆，直径约24厘米。鼓身由椿木制成，两面蒙皮。大鼓的伴奏乐器，原先是两根裁尺状简板，一般用檀木或槐木做成。长八市寸[1]八分[2]、宽六分六厘[3]、厚三分三厘。后来受京剧影响，

---

1. 1市寸 ≈ 0.033米
2. 1分 ≈ 0.0033米
3. 1厘 ≈ 0.00033米

有的艺人用云板作为大鼓的伴奏乐器。云板分三块板，檀木制作。前两块板，每块厚1厘米，后一块板厚1.5厘米，三块板长宽相同，中间略窄一点。板长20厘米，两头宽8厘米，中间手握处宽6厘米，两面成弧形状。

苏北大鼓是吸收了赣榆当地的民歌、小调及叫卖声逐渐发展而成的，有其自己独特的演唱、表演方式。

演唱：苏北大鼓唱腔接近口语化，具有"似说非说、似唱非唱"的艺术风格，"抑扬顿挫""喜怒哀乐"全凭艺人的功底展现。其演唱曲式惯用上下对偶结构，一般为"起承转合"四个乐句组成，往返运用打击乐作为过门。演唱曲调以五声声阶宫调居多，常用【四句腔】【连环句】【跺子板】，必要时配加诗、词、歌、赋和赞（赞是大鼓演唱中对某一特定的人和物给予赞美加以夸张的、节奏极强的一种演唱形式）。大鼓艺人演唱时，一个唱篇必须一韵到底，要换韵必须垫"白口"（即道白）。其句格式以十字句、八字句和七字句为主，有时运用长短句。十字句格式有"三、四、三"，称为"小十字韵"；"大十字韵"，则是"三、三、

■ 苏北大鼓传承人在校园开展传承活动

四"，八字句格式为"三、二、三"，这几种格式难度较大，但说唱起来高雅、动听。还有七字句亦多用于跺子板（亦称流水板）。

说表：苏北大鼓的说表（即道白和表演）十分重要。道白讲究语句流畅，字正腔圆，说与表要紧密配合，恰到好处，点到为止。"手、眼、身、法、步"，既求形似，更求神似。书中的"迷魂掌""拴马桩""提闸放水""抖包袱""斗瓢口""垫肩膀""大贯顶""小贯顶""摇枝晃根"以及"咻、炸、唬、哩、烹，一溜鬼吹灯"和惟妙惟肖的口技都要适当安插，让每一项技艺都运用得适当自如，信手拈来，发挥到绝佳境界。

表演苏北大鼓，可用鼓条和伴奏器乐代作道具，根据书中情节把道具比作刀枪棍棒和生活用具。大鼓艺人的表演要以眼神配合面部表情，口中道出，眼手要跟上。最忌口齿不清，动作不符。说表苏北大鼓，无论技艺多么高超，关键在于随机应变，能够处理书场上瞬息万变的局势，特别是临收场时，一定要留下悬念，为下一场书埋下伏笔，让听众人走心留，下场必到。

伴奏：据清末老艺人张广志说，自邱祖于南宋年间创建龙门派之后，苏北大鼓的伴奏乐器一直是用的檀木简板。元末明初，一部分苏北大鼓艺人受京剧影响，改用云板作为大鼓的伴奏乐器。清朝同治年间，山东快书艺人赵大桅来赣榆演唱《武老二》，并和张广志的师爷李孝忠切磋技艺。李老从赵老那里学会了打钢镰。从那以后，苏北大鼓的伴奏乐器又多出了一种类型。

苏北大鼓伴奏的基本音响俗称"五鼓四板"。即敲五下鼓击四下简板（如果用钢镰伴奏需击两个三下）。鼓和板或钢镰同步进行，同速循环。

苏北大鼓的伴奏方法颇有讲究，一般是三板起腔，二板落音，无论是大鼓还是简板或云板、钢镰，都是从眼起奏。常用的音响谱有起腔、平声鼓和追鼓等。

书目：苏北大鼓以长篇历史书目为主。内容多表现江湖侠义、战场厮杀、忠君爱国、劫富济贫、伸张正义、鞭挞邪恶等。主要有《杨家将》《岳飞传》《双鞭记》《云台中汉》《响马传》《月唐传》《秦英征西》《罗通扫北》等近百篇书目。

新中国成立后，苏北大鼓艺人又新创作和移植了《太行山抗日游击队》《黄师长探家》《上海捉特记》《烈火金刚》《敌后武工队》《林海雪原》和《野火春风斗古城》等近四十篇现代书目。

　　苏北大鼓以劝人为善为宗旨，宣扬忠孝节义，反映重大历史事件，抨击人间丑恶现象，传播中华民族优秀的传统美德，使听众在享受娱乐书目的同时潜移默化地接受教育，对净化人们的灵魂、端正社会风气发挥着不可估量的作用。

　　苏北大鼓以说唱长篇历史故事著称于世，流传近百篇书目，秉承了民间文学的故事完整性和较强的娱乐性，在历史上，曾为丰富群众文化娱乐生活发挥了重要作用。许多优秀的长篇书目不但篇幅长，而且吸引力强，故事环环扣紧、妙趣横生；有的篇目能连续演唱一两个月，很能吸引听众，往往能达到"一本书听不到底，令人寝食难安"的效果。

　　苏北大鼓用的虽是本地方言，却因地处苏鲁交界，口音与周边两省十几个县市有很多相同之处。所以，流传范围较为广泛。历代老艺人所收的门徒，不少是周边省市县人。这些门徒又把他们本地区的土语融入了苏北大鼓的唱腔，在演唱中继续向外扩展，因此，逐渐形成了独具特色的以本地土语和周边地区音调相融洽的苏北大鼓唱腔。

　　苏北大鼓在其流传过程中，有着与时俱进、创编新书目的传统。或演绎历史事件，或编唱新人新事，通过民间艺人之口，将故事广泛传播于村镇集市、街头巷尾。其演出程序简单、方便，一人登台，展演万千人物形象。苏北大鼓是民间传统娱乐的重要内容，其说唱曲目大多为演义历史、记载历史事件、宣传历史人物、述说时代风情，使许多历史事件、历史人物、民风民情较真实完整地被记录和传承，对研究历史文化和民间习俗有着重要的价值。

肘鼓子

　　肘鼓子，又称"拉魂腔""肘子鼓"，是一种古老的曲艺演唱形式，流布在连云港赣榆区及周边地区。最初因在演唱中肘悬小鼓，一边击节拍一边演唱，故得名"肘子鼓"；还有一种说法叫"肘鼓子"，表示演员演唱时边歌边舞、扭动臀部的情态。

关于肘鼓子的起源有各种说法。传说肘鼓子原叫"周姑子"，源于周文王称王之前。其时，周文王的姑母死了丈夫，为了生计，一个人沿街乞讨卖唱，她所唱的曲调被后人称为"周姑子调"。另一说法是，有一位姓周的尼姑，把当时农村妇女在劳动中唱的小调予以发展，形成了一种新的腔调，后有人用曲艺形式来加以演唱，于是群众称之为"周姑子"。还有一种说法是，早期的赣榆肘鼓子演唱方式一般是姑嫂对唱，像唱山歌一样一唱一和，取名"如姑子"，此后逐渐演变而成现在的名字。

赣榆肘鼓子起源于唐代后宫戏，相传唐明皇时，宫廷大戏流行，但规定后宫嫔妃不得观看，为娱乐后宫，娘娘亲自组织嫔妃排演戏曲，称作"小戏"，或"桃园戏"。《千年说唱——赣榆曲艺简志》载：明崇祯至清康熙年间，境内出现肘鼓子。至同治初年，肘鼓子在境内北部流行，后传入山东。《山东地方戏曲剧种史料汇编》中肯定了赣榆区肘鼓子传入山东后给山东戏曲带来的影响："约在清光绪年间，山东高密、诸城附近的本肘鼓，受到以赣榆一带传来的有柳叶琴伴奏的肘鼓子唱法的影响，增添了柳叶琴作为伴奏乐器"。

至同治初年（1862 年），肘鼓子在赣榆西北部流行。清朝末年，赣榆县最有名的肘鼓子艺人有大岭徐屯村的徐兴文、欢墩的关恒友、门河的彭锅子、佃马厂的袁军以及谢照同、陈兴茂、施兴云、卓重兴、王夫春等人。

民国时期，以家庭为单位成立肘鼓子班社在赣榆县开始流行并日渐火爆。这些肘鼓子小戏班社每到一村，都是晚上演出，第二天一大早再挨家挨户上门筹集钱粮，俗称"筹股子"，所筹多为粮食，作为演出收入，因此，民间将这一类戏班子叫作"筹股子班"。除门河镇

■ 传承人在演唱肘鼓子

纪瓦沟的封锅班社和大岭乡的徐邦友班社外，施兴云、张玉田、赵志乐、王夫春等家庭都成立了肘鼓子班社。

在这一段时期，门河左湾村的徐家班、大岭徐屯的朱家班、马站仲湖村的仲家班都纷纷唱起了肘鼓子。当时的赣榆民间曲坛简直成了肘鼓子的天下。每个大集中都有肘鼓子班社在演出，有时两三个班社相遇，常常摆开擂台，一较技艺。20世纪50年代以后，赣榆还成立了海头的张瞎子班、龙河吴村的吴家班等。近年来，随着社会的发展，各种新的文化形态不断出现和流传，古老的肘鼓子逐渐衰落，但在赣榆黑林、门河、大岭、金山等乡镇仍十分流行。

唱词讲究合辙押韵，每段唱词不论长短，一韵到底，转韵时须垫白口。赣榆区肘鼓子在演唱时要求形象逼真，要达到"哀腔顿泪"的境界。唱到悲哀的时候，音调要抽泣，眼中要落泪。在唱腔上，要求先吐字，再拖腔，后收腔。字要吐清，腔要拖圆，韵要收足，才能真正体现"拉魂腔"的特色韵味。女腔在收韵时要用假嗓带鼻音把音阶拔高八度，临终了时带哼声截腔，戛然而止，干脆利索。男腔一般不用假嗓，演唱时，更接近口语化，但同样需要字正腔圆、节奏鲜明。

大花腔节奏平稳，旋律奔放，易于表现欢快的心情。小花腔节奏鲜明，轻松舒畅，易于叙述经过，摇枝晃根。老头腔即四平调，中速稳重。阴阳腔速度较慢，抒情咏叹，易于体现悲哀、愤怒、凄凉、痛苦等情感的变化，俗称"哀怜腔"。肘鼓子演唱的板式分为"慢板""散板""垛子板""流水板"等，要根据情节需要，灵活掌握。柳叶琴在伴奏时，十分注意包音、接韵，在演员忘词时，反复拨奏小过门，张口待唱，便于演员随时插腔。

■ 肘鼓子传承人在舞台上演出

赣榆肘鼓子曲目分为

文场和武场，文场的伴奏乐器，主要以柳叶琴为主，配以二胡、京胡和檀板。武场需要配以全套的鼓、锣、铙、钹。

肘鼓子是完全以赣榆方言道白和演唱的一种独特的曲种，唱腔粗犷，富有乡土气息。开始时，演唱内容比较简单，因此，大多用地方小调。后来，随着山东柳琴、童子戏等戏曲唱腔不断融入赣榆小调中，至民国期间，赣榆肘鼓子的唱腔逐步形成了现在的固定模式。

肘鼓子是典型的说唱艺术，开始时只有单个艺人演唱，只打鼓不拉弦，边奏边舞，边唱边说。后来发展成对口演唱，即由两个人来表演。后随着角色的细分，一般都有三人表演，角色由三人分担，一人多角分别赶场，叙述和表演穿插在各个角色之中。赣榆肘鼓子演员也非常注重自身演技和素质，力求综合全面，讲究"四功"，即说白、演唱、舞蹈和绝技。

最为经典的曲目有"四大京""八大记"，即《高文举东京赶考》《李彦容西京赶考》《杜文学北京赶考》《朱洪武南京坐殿》和《罗衫记》《白绫记》《金镯玉环记》《绣鞋记》《汗衫记》《钥匙记》《爬墙记》《火龙记》。现在流传下来的主要传统演出曲目除了以上提到的以外，主要还有《思凡》《梁祝》《小姑贤》《打蛮船》《秦香莲》《陈世美》《穆桂英》《三关口》《双龙会》《郭巨埋儿》《王刚画庙》《梁山伯与祝英台》《王定保借当》《陈妙常追舟》《张廷秀赶考》《周公赶桃花》《吕洞宾戏牡丹》《韩湘子讨封》《大破天门阵》《孟姜女哭长城》《杨二郎劈山救母》《陈桥兵变》等百余部。

肘鼓子曲目非常丰富，历史上曾流传的曲目达百余部，几乎囊括了历史上各种戏曲、曲艺形式表演和流传的剧目、曲目，使许多历史文化故事通过肘鼓子得以流传和保存，因此具有一定的历史研究价值。

锣鼓乐

锣鼓乐是以鼓、铙、锣、镲乐器齐奏的一种民间音乐演奏形式。由于连云港的锣鼓乐是群体性锣鼓，又流传在淮海地区，与安塞腰鼓、甘肃太平鼓、开封盘鼓等类似，所以又称为淮海威风锣鼓。

连云港市是江苏、山东集体性淮海锣鼓的发祥地之一。集体性的锣鼓乐有着广泛的群众基础，其中历史上参与者最多的当数赣榆殷庄、灌南张店、东海平明乡、海州锦屏镇和开发区中云乡焦庄等地。

锣鼓乐历史悠久。关于鼓类，据文献记载，春秋时期的民歌在祭祀成汤时，已有用鼓的盛况记述。至于锣与镲类，分别在后魏以及南北朝时期，已经在全国普遍流行。隋唐时期，锣鼓乐兴盛，大多用于战阵，继而流传于民间，用于喜庆典礼、集会、社火、迎神祛邪。1957年，在海州锦屏山九龙口出土的战国时期的9只编钟是连云港市最早的打击乐器。

连云港市锣鼓乐有史可考的记录可以追溯到明末清初，最初流行于赣榆区、东海县等地，后来传入连云港海州区，而且发展迅速，当时海州王光祀班社在连云港一带享有盛誉。清末民初，每逢农历正月十五花果山三元宫庙会、三月初三新县娘娘庙会、十月十五奶奶庙庙会、三月二十墟沟观音堂庙会，以及三月初二南城城隍庙等庙会时，各地的善男信女络绎而来，鞭炮香火通宵达旦。

■ 锣鼓乐在海边演出

此时，附近的伊山、中正、太平壤（今宁海）等乡镇的锣鼓乐班多要应聘上会献艺。如清嘉庆年间的中云焦庄锣鼓班，其创始人为宋元卿。该锣鼓班创作了曲目《十八番锣鼓》，它由多个锣鼓段子组成，主要有【一盆火】【花七锤】【卢林】【蝴蝶牵花】【龙出漂】【闹龙宫】【狮虎斗】【孔雀开屏】【凤巢】【跌断桥】【清平乐】【刮地风】。

有确切记载锣鼓乐的地方史书是赣榆地方志书。清光绪二十九年（1903年）正月，赣榆数十支锣鼓队欢聚县城闹元宵。其中尤以殷庄锣鼓气势之雄伟、技法之娴熟超逾群鼓之上，招致众人嫉妒，屡被蓄意聚起的其他锣鼓队冲散，但殷庄锣鼓做到"鼓散气不散，人散神不散"。遂有"殷庄锣鼓——各顾各"的说法，喻指殷庄锣鼓在各打各的情况下仍能凑到一起去，显示了强大的凝聚力。另据博山（今山东淄博）志记载：明末清初，博山有元、孟二商贾，南下赣榆做窑货生意。时逢元宵灯会，见殷庄锣鼓有雄霸之气，便暗地揣摩，偷学回博山。这便是现今淄博威风锣鼓的前身。现在，赣榆殷庄和灌南张店的男女老少中，许多都擅长打鼓。

连云港锣鼓乐的敲打根据锣鼓经曲牌而定，与古诗词相似，大多源于昆曲折子戏唱腔。锣鼓经实际上是以口头背诵的锣鼓谱，将各种打击乐器以不同的方式加以组合，并通过各种不同的节奏形态演奏出来，就形成一套套的锣鼓曲牌。早期锣鼓演奏的曲牌有【索马】【一盆火】【过街牌】【七锤头】【长流水】【急急风】。后来，连云港当地乡民们创作了【四击头】【慢长锤】【十八步】【三连子】【喜相逢】【紧急风】【迎宾锣鼓】【喜庆锣鼓】【鸿雁落沙滩】【锣鼓十八番】等新的曲牌，令人鼓舞，催人奋进。特别是近年来，殷庄锣鼓发展很快，在周边地区影响很大，艺人们又新整理了演奏经谱，叫【黄海春潮】。

威风锣鼓的曲牌，既独立成章，又连缀成套，多段体套曲一般分"帽头""主体""收尾"三个部分，曲式、句式、节奏多为行进式，起伏相间，张弛结合，但又不离气势雄浑的主题，造成一种刀光剑影、兵刃相交的战场意境。

连云港市锣鼓乐乐谱常用的手法有重复、连缀、变奏等数种。重复为单一节奏锣牌子展开的基本手法，供某一节奏音型的特点反复再现。连缀为每节奏锣鼓牌子展开的基本手法，亦普遍地适用锣鼓乐的某片段。

威风锣鼓的表演与其他音乐形式大不一样。它演奏时一般为30～40人，多到近百人。锣鼓手一律着古代士卒装束，摆开一个接一个的战阵，前面有一位指挥领鼓，锣鼓手依据他的手势指挥，前后进退，左右开合，忽而风卷残云，忽而雨打枯叶，着实感人。队员在表演时，结合鼓点节奏变化场面，做出种种舞姿身段。鼓手有"左右开弓""马步冲击""穿插对打""开合斗打"；锣手有"反扣前冲""回扣后弓"；铙钹手有"大镲高翻""胸前空翻"，还有"单翻""双翻""斜叉""正叉"等。鼓锣镲在这里演变成刀、枪、剑，演奏者已成为将、尉、卒，威武雄壮。

锣鼓乐古朴凝重，粗犷豪放，音域宽广，刚劲激昂，在鼓花、锣花、镲花与铙花传统的表现手法上不断花样出新，有着较高的艺术价值。

欣赏锣鼓乐，能使人感受到历史的沧桑和时代的演变，感受到人类永不退缩的精神，使人心情激荡、豪气陡增，可达到一种拔地而起、豁然开朗的艺术境界。在新的历史时期，锣鼓乐可以鼓舞人的斗志，激发人的创业精神和建设社会主义祖国的热情，助推文化旅游产业发展，对助力乡村振兴起到积极的作用。

人只要能说话，就能唱歌；只要有器械，就能产生音乐；只要有生活，就会升华成旋律。民间音乐，是人民群众在生产劳动和日常生活中为了抒发情感、表达思想而产生的民谣、民歌、民乐，具有很强的地域性、民族性、创造性，"是经过口传过程发展起来的普罗大众音乐"。连云港地区有高山、大海、湖泊、盐场、田野、矿山、工厂、船只，丰富的生活是产生民间音乐的广阔土壤。"民族的就是世界的"，这些民间音乐，反映了本地人民群众发自心灵深处的呼唤和声音，也是地域文化的代表，值得珍视与弘扬，需要收藏和保护。民间音乐应该纳入学校教育，并更多地开展民歌交流活动。

郁洲遗味

美食是一门艺术。精心烹制的、富有创意的菜品，可以体现细致高雅的品质，也是对食客最大的尊重。具有"清澈透明、馥郁浓香、绵甜甘洌、回味持久"特点的汤沟酒的酿造技艺，可以生产十多个品种的樱桃酒酿造技艺，被商务部命名为"中华老字号"的汪恕有滴醋酿制技艺，炒制出南宋咸淳年间贡茶的连云港云雾茶制作技艺，它们都蕴含着故事、力量，也是无法复制的经典。

連雲港史話——非遺擷華·

汪恕有滴醋酿制技艺

汪恕有滴醋是江苏连云港市板浦古镇汪氏以手工技艺酿制的烹饪佐料。其创始人汪一愉于清康熙十四年（1675）开始以制醋为业，取宋代苏轼为汪氏宗谱所题"恕心能及物，有道自生财"一联的首字，挂牌"汪恕有醋坊"。汪氏酿醋时，采用大缸发酵，醋从缸壁的底部孔中滴出，该醋味浓，酸度亦高。烹饪时，特别是拌凉菜时，只需数滴，便使菜肴酸中透出绵甜香郁，所以称为"滴醋"。淮海地区民间在谈到做菜佐料时，"香滴醋"已成俗语。

最初，汪一愉用简单的生产工具制作"老糖"以维持生计，继而改制食醋。汪一愉对制醋工艺十分考究，为提高醋的质量，不断改进工艺，悉心研究制醋配料，摸索出一套完整的经验，制出的醋色泽鲜明，酸中有香。于是汪家的醋逐渐有了好的声誉。清末民初，板浦盐业兴旺，商贾云集，文化和经济都十分繁荣。镇内酒馆林立，南北饮食文化在此交汇。而从各地被邀而来的名厨师喜用汪恕有滴醋为佐料，推动了板浦饮食文化的发展。"穿海州，吃板浦，南城还有古财主"成了当地的民谣。

乾隆十六年（1751）春，乾隆皇帝二次下江南。船过运河，海州知府方鲁前往觐见，所贡献的地方名特产品中就有汪恕有滴醋。乾隆皇帝品尝后顿感酸醇爽口、回味悠长，龙颜大悦，连赞"美哉！美哉！"。皇帝金口玉言一出，汪恕有滴醋名气大盛，

汪恕有滴醋第十代传人汪亮祖与十一代传人汪宗遂在研究滴醋酿造技艺

一度作为皇室贡品。时任江宁县令的大才子袁枚对板浦汪氏滴醋早就闻名，正因品尝许多地方的名醋不甚满意而犯难，听闻乾隆皇帝大赞汪恕有滴醋后，辞去江宁县令职务，亲自到板浦考察，用该醋烹制了一碟糖醋鱼，尝后认为果真名不虚传。在其撰写的烹饪名著《随园食单》的"作料须知单"一章中这样写道，"……镇江醋颜色虽佳，味不甚酸，失醋之本旨矣。以板浦醋为第一，浦口醋次之"。

酿醋的主料是东北优质高粱，大曲为自制。酿醋的大曲在微生物作用后遗留物质很多，氨基酸含量也非常丰富，与后来醋的独特风味有着密切关系。将大曲加入高粱糁饭中进行糖化和酒化，全由手工操作，需经12天以上方可酿出酒醅。在酒醅中拌入辅料加温接菌种，进行醋化。在酿醋的多道工序中，对温度、色泽、味道及原料不同阶段的情况，全凭眼看、手试、鼻闻，靠感觉和经验掌握。

大曲进行糖化和酒化后，制出酒醅。酿醋采用分层固态发酵方法，在酒醅中拌入麸皮稻壳，加温后接下醋酸菌种，增温后进行人工翻醅，每天2次，使发酵池内醋醅疏松。在控制好温度、水分的基础上，醋酸菌经大约半个月的生长繁殖，产生醋化反应，生成醋酸和芳香的酯类物质。淋醋，即把发酵成熟后的醋醅转运至淋醋缸内，加水浸泡，放淋出生醋。生醋经口感和色泽调兑后过滤，进行高温灭菌后存放起来。存醋就是将灭菌后的熟醋放入瓮中，置于露天场地，经半年以上的风吹、日晒、雨淋，醋液更加清纯，有机酸与醇类转化为芳香的酯类，使成品醋香醇可口，风味独特，且愈陈愈香。

康熙十四年（1675）汪一愉在当时板浦场盐课司大使田种玉的支持和倡导下，在自家酿醋作坊门口挂上"汪恕有醋坊"的金字招牌，"汪恕有滴醋"就成了固定的产品名称一直沿用至今。汪氏作坊所在的巷子也被称为"汪醋巷"而保留至今。该醋早在1931年就荣获国民政府实业部特产奖；1984年至今，相继荣获省、部优质产品和国际金奖，并被国家命名为"中华老字号"。2010年，在国家重新审核的"中华老字号"产品中，汪恕有滴醋再次榜上有名。2002年，中央电视台、连云港电视台拍摄了三集电视剧《醋圣》。

汤沟酒酿造技艺

汤沟酒产于江苏省灌南县汤沟镇,"南国汤沟酒,开坛十里香"。这是我国清代著名戏剧家、诗人洪昇为汤沟酒写下的诗句。正是汤沟酒,使灌南这个名不见经传的苏北小城声名鹊起,蜚声中外。

汤沟酒起源于北宋年间,成名于明朝末年,是我国享有盛誉的历史名酒之一。几百年来,汤沟酒以其独特的风格而博得众多文人墨客的讴歌赞颂。宋代的石曼卿、明代的吴承恩、清代的乾隆皇帝,都对汤沟酒赞赏有加。

这首先要得益于汤沟酒得天独厚的自然人文环境。这儿原是一片沼泽,因黄河多次改道,带来的大量泥沙的淤积,使原湖沼上的黏土、淤泥、泥炭层之上,普遍加积了一层冲积粉砂质亚黏土或亚砂土层,不仅土质肥美,而且富含多种

■ 汤沟酒厂老酒窖

微量元素和酿酒不可或缺的微生物。其次汤沟酒酿造所用"香泉井",含硅、锶等多种有益于人体的元素,属优质矿泉水。再次,汤沟酒使用的百年老窖微生物生生不息,形成了一个独特的微生物环境。而更为重要的是,它薪火相传的酿造工艺,至今仍是人工操作,这些严格的工艺代代相传,人人都练就了看家本领。这就使汤沟酒多次在全国白酒评比中摘金夺银,产品跃入部优、国优行列。

作为传统生产技艺,汤沟酒采用百年老窖发酵和传统酿造工艺完成,其酿造过程由制曲和酿酒两个部分组成。

制曲工艺流程:原配料豌豆、小麦、大麦按一定比例拌料均匀,经粉碎后,加水拌料,做到斗水斗面,炒拌均匀后规模踩曲。踩好的曲要厚薄一致,无水眼,表面光泽,之后入房安曲,保持室内温度和湿度。经过发酵期、潮火期、大火期三个阶段的保温培养,在后火期(即大火期)一周左右进行大曲翻曲打拢,满月即可出房入库,贮存三至六月方可使用。

酿酒工艺流程:原辅料高粱、大曲、稻壳经过严格处理后进行配料,要求

■ 汤沟酒酿造技艺踩曲环节

炒拌均匀，分渣堆放。酿好后经装甑、蒸煮后出甑、加浆、加曲，后入窑、糖化、发酵。渣醅入窑后要摊平并适当踩窑。之后经入封窑及管理期，发酵周期为一个半月到三个月。

自国家开始对全国各行业进行效益评估制度后，汤沟酒厂已跻身全国500家，全国轻工业系统200家和全国同行业50家经济效益最佳工业企业行列，同时又名列江苏省中流砥柱100强，是全国为数不多的年产数万吨大曲酒、名优酒的国家级大型酿造企业，是江苏省先进企业和文明单位。2001年39度汤沟珍品特曲被江苏省政府指定为接待用酒，成为苏酒的典型代表。

云雾茶制作技艺

连云港的云雾茶最早可追溯到唐代，唐代《茶经》中明确记述中国茶区分布一直延伸到河南道的海州（今江苏省连云港）。《宋史·食货志》中，多处提及海州的茶。据《宋史·食货下五》记载："宋榷茶之制，择要会之地，曰江陵府，曰真州，曰海州，曰汉阳军，曰无为军，曰蕲州之蕲口，为榷货务六。"全国茶分六榷，而海州居其一。榷茶是历代政府对茶叶实行征税、管制、专卖的措施。

海州的茶不仅产量丰富，且质量上乘。据《宋史·食货下五》载，朝廷向贩售海州茶叶的茶商发布征税诏书，天禧年间，诏京师入钱八万，给海州、荆南茶……"海州、荆南茶善而易售，商人愿得之，故入钱之数厚于他州"。

南宋咸淳年间宿城云雾茶被列为朝廷贡品。"海州上贡的食货中，唯茶叶一两不能少"。

清道光年间《云台新志》载："茶出宿城山，形味似武夷小品，以悟正庵者为最。""山海之利，以盐茶为大端……海州产茶之山，度无过云台者。今惟宿城之悟正庵尚有茶树，岁得茶一二斤，山僧秘之如龙团凤饼焉。"清代海州知州唐仲冕也把它当作茶王"龙团凤饼"："深涧护田多旅谷，寒云养洞有团茶。"清代程学桓在《云台诸山游记》中不禁对它啧啧称赞道："适云台僧饷云雾茶，泉洁香霏，恍置身天都白岳中，不似海滨风味矣。"而且还有宿城云雾茶被列为贡品的"细篓精采云雾茶，经营唯贡帝王家"的经典赞赏诗传世。

1921年"树艺公司"生产的云雾茶以其品质获南洋劝业会奖。1934年宿城云雾茶获江苏省物品博览会特别奖。

连云港云雾茶生产制作过程主要有采摘、摊凉、杀青、抖散、揉捻、理条、搓条、做毫、烘干、提香等十道工序，技术非常考究。

采摘茶叶以谷雨前最佳，采摘的茶叶以露水干后为上乘原料。清明至秋分都能采摘，以一芽一叶为主。将采摘到的鲜茶叶放到阴凉通风处，及时用筛子或簸篮、簸箕摊放开，待两小时左右晾干水汽后，便可以下锅焙炒。茶叶杀青下锅时，应适当稳定火温。

夏茶处高温季节，内含水分多，火温需适当提高。杀青时两手五指张开，手背拱起，翻转抖茶，离锅一尺左右，并要抖焖结合，抖为散发青气和水汽以利保留香气，焖为均匀温度。之后再降锅温，茶不黏团，茶叶杀青结束出锅。杀青还应注重把握老茶轻杀，嫩茶重杀的原则。检验杀青是否到位，可用冷水冲洗，如茶叶为青绿色是杀青不足，为黄色则是焖茶过重，应以色泽鲜嫩为宜。

揉捻就是将刚出锅的茶叶放在簸篮、簸箕里，两只手按由左向右顺时针方向不停地挎揉，以"轻—重—轻—抖"反复揉捻三次。

理条就是将揉捻好的茶叶放到锅里，抖去水汽烘干，以便进入下道搓条工序。待理至茶与茶之间不粘连，青叶变为青绿色，即可转入下道程序——搓条。

搓条就是对理条后的茶叶进行边搓条边翻转，手掌挺起夹住茶叶前后来回滚动，向前搓时重，向后回时轻，使茶叶自行下落。搓条时两手用力要适

■ 采摘云雾茶

度，用力过大容易出现扁条，用力过小会使茶叶条搓不紧，松散不圆。

搓条完毕后，紧接着就要进行茶叶烘干处理，烘干主要是蒸发烘干水分。两手要不停地轻翻慢转抚条，既要保护好茶叶圆条不变形，锅温又要相对稳定。锅温过高，茶叶易糊、断条、弯曲不直、茶汤暗淡变黄、口味差；锅温过低，口感差、无香味、汤色淡。出锅前，可强火增加茶叶浓香味和成色。

将刚焙炒好的茶叶出锅散热，待自然凉透，准备下道工序。先将茶叶装进白净纸袋里，而后装到土制竹桶或干葫芦壳里，再严实封口。封口常用棉花塞紧，绝对保证不透空气。

封装好的云雾茶必须放在干燥通风处，还应避开各种异味物。因为云雾茶吸纳异味能力特强，封装不到位极易发生变质。若封装储藏得当，云雾茶年代越久品质越高，变成灰色更佳，两三年后仍清香四溢。

连云港云雾茶按感官指标分为特级、一级、二级、三级4个级别。特级：条索细紧结稍弯曲、绿润显锋毫，汤色嫩绿明亮，散发花清香，滋味鲜醇；一级：条索紧结稍弯曲、绿有毫，汤色绿明亮，散发清香，滋味较浓醇；二级：条索较紧结稍弯曲、深绿带毫，汤色较绿明亮，清香浓醇；三级：条索尚紧结、深绿带毫，汤色尚绿明，尚清香、尚浓醇。连云港云雾茶内含物质积累丰富，具有水浸出物含量高和游离氨基酸含量高的特点。

樱桃酒酿造技艺

樱桃是一种美味且富含营养的水果，它不仅可以作为食材用于烹饪，还可以用来酿制酒精饮料。历史上樱桃也曾被列为向朝廷进献的"贡果"。

野樱桃在先秦时期的云台山较为常见，在樱桃酒酿造历史中，云台山地区是我国最早酿造樱桃酒的地区。《名医别录》中写到"樱桃性温、味甘酸，调中，益脾气，令人好颜色"。樱桃酒可补充人体对铁元素的需求，促进血红蛋白再生，让皮肤红润有光泽。

《本草纲目》曰："蛇咬，捣汁饮，并敷之。"樱桃核味辛苦性平，有解毒的功能。美国密歇根大学研究发现，樱桃酒中特有的矢车菊素具有良好的抗炎活性。

根据樱桃不易保存的特点，鲜果一般需要当天采摘，及时加工发酵。樱桃鲜果进厂须进行挑选、清洗，然后采用螺旋榨汁机破碎，果浆与果核自动分离。果核经水冲洗干净、晒干，做种子或其他加工用途。榨汁破碎要求每粒樱桃必须破碎，但不能压碎果核，以免苦味成分进入果浆汁中，影响产品质量，在榨汁破碎过程中，樱桃鲜果及浆汁不能接触汞、铜等金属。

鲜樱桃果破碎打浆除核之后，接种已活化好的果酒酵母，然后进入主发酵阶段。发酵一般采用传统的发酵罐。使用前冲洗干净，并熏蒸灭菌。发酵罐装填。从取样口取样，测定樱桃果浆汁的糖度和总酸度，并记录分析数据及入罐数量、时间、温度等。樱桃浆汁进入发酵罐几小时后，有害微生物已被杀死。这时，在醪液呈循环流动状态下，将培养好的酵母加入。使用活性樱桃酒干酵母，按比例称取干酵母，在发酵罐中装好樱桃果浆汁后，根据时间安排，按比例将蔗

■ 樱桃酒成品

糖溶液边搅拌边加入活性干酵母。活化一段时间,即可接种到发酵醪中进行发酵。主发酵结束,应立即分离皮渣,将罐底清汁抽出。抽取清汁之后,将加工后的果浆汁继续补充到池中与原皮渣混合,循环利用,尽可能多地提取皮渣中的有效成分。清汁完全抽取之后,剩下的皮渣含有一定的糖分和酵母,可补充一定的蔗糖和水分,添加耐高温酒用活性干酵母,搅拌均匀后发酵、蒸馏,生产果渣蒸馏酒。果渣蒸馏酒清香纯正,果香浓郁,可供樱桃酒调配使用和生产樱桃白兰地。

为了保持樱桃酒的果香、酒香协调和口味爽净的独特风格,通常陈酿期为6个月以上,长的可达1~3年。贮藏室应通风良好,并保持清洁卫生,防止其墙壁四周和屋顶长霉,室内可用硫黄熏蒸灭菌。陈酿期的管理做好原始记录,记录下具体操作时间、樱桃酒的成分分析数据、酒的品种、倒罐及添罐等工艺操作状况,以备查。陈酿时,必须保持满罐,主要是为了防止樱桃酒氧化和被外界的细菌污染。

海州辣黄酒酿造技艺

海州辣黄酒生产历史悠久,最早可追溯到东夷部族的龙山文化时期。从复原的藤花落古城遗址的相关资料与市博物馆出土的竹节杯、红陶盉、黑陶高柄杯、鬶、觥、爵杯、觚形杯等酒具文物来看,不同历史时期的生活运用对黄酒产生了深远影响。

宋代,连云港坊间酿酒盛行,苍梧山侯氏开始酿辣蓼酒,依托本土自然资源制曲酿酒。后侯氏先祖选用中药材制酒曲,辣味温性,具有温中散寒、温胃止呕等作用。

《汉书·食货志》中记载:酒乃百药之长,与辣味形成相助辛热、升行、引药之性……辣黄酒成了当时食医同源、治病救人的饮品——椒浆良液。《后汉书·边让传》有"椒酒渊流"的记述。

明代,李时珍在《本草纲目》中写到"诸酒醇醨不同,惟米酒可以入药用",

郁洲遗味 | 连云港史话
—— 非遗撷华

传承人制作、评鉴海州辣黄酒

并写"造面曲法：三伏时，用白面五斤，绿豆五升，和蓼汁煮烂。辣蓼末五两，杏仁泥十两，和踏成饼，楮叶裹悬风处，候生黄收之"。

李汝珍居板浦20年，成书《镜花缘》，并在第96回中把"天下55种名酒"一一列出，海州辣黄酒名列第27位，可见明清时期海州辣黄酒已流传甚广。

海州辣黄酒采用侯家祖传的酿造工艺"笨曲发酵法"酿制而成。这种"手工老酒技艺"酿造讲究，产品蜡封档次分明，每道工序都精益求精。制作过程中，笨曲块用研磨工艺，粉碎细致，米蒸酥透而不烂。根据季节调整温度，灵活掌握关键控制点。既遵从中国黄酒的传统酿造工艺，亦有自己的独特的萃取制法与创新之处。

海州辣黄酒酿制技艺需要把握几个关键：中药笨曲的加工，采用云台山天然辣蓼草、红蓼、山姜、山花椒、独头蒜等多种天然辛辣的中草药按一定的比例和方法焙制研磨而成，并在特定的环境下，晾干、避光通风保存；原料，选用云台山区优质芒稻米与本土的优质黑小麦，利用时令花果、药材作为辅料；用水，采用云台山天然的山泉活水。温度控制在26～28°C；陈酿，须经过长

/ 129

时间在坛内的储存、发酵、酯化，才能形成色、香、味俱佳的海州辣黄酒。

糯米花茶制作技艺

据《海州志》《云台山志》记载，宿城最早的糯米花茶（俗名又叫流苏花茶）是法起寺、悟正庵（原名"三教寺"，又称悟道庵）的道佛法师特制的野生流苏花茶。该茶"味醇、色秀、香馨、液青"，"岁可一二斤，山僧秘之"，自古以来就属茶中极品。

流苏是纯野生落叶乔木，属木樨科，小枝灰黄色，密生绒毛，雌雄复聚、伞花序顶生，花萼四深裂、裂片线形，花像糯米、白色。流苏茶树与丛生云雾茶树不同，"流苏茶树在山岭、涧沟的崖缝间独立生长、枝条如柳丝婀娜。流苏茶树喜阳、耐阴、耐旱，与云雾、涧水为伴，枝叶茂盛、如覆霜盖雪、清丽妖娆，其嫩芽、花苞可制最佳茶叶，适时采摘以雄树嫩芽、雌树一芽一苞最理想"。据考证，宿城流苏茶要比云雾茶得名早五六百年。阳春三月，先阳坡、后阴坡、在涧沟上生长的流苏茶树吐芽，千枝万条上缀满新绿，叶芽间鼓出如同糯米粒样花苞，这是采摘的最好时机。用雌树一芽一苞、雄树嫩芽炒制的茶，是流苏茶中"精品""极品"。古代，法起寺、悟正庵僧人曾还用此茶为地方群众治病。此茶明代进入市场，很快赢得顾客喜爱，成为古海州一绝。

茶内对人体健康有益物含量丰富，维生素、氨基酸、儿茶多酚、茶叶咖啡碱、茶单宁含量均较高，饮用此茶对消炎消胀、杀菌治痢、顺气通络、消暑利尿、去腻降压、消除疲劳、增进记忆等有一定疗效。常用有消积食、清内火、明双目之功能，茶渣可治胃病和小儿腹泻，是适合人们工作、居家、休闲、旅行时享用的健康绿色饮料。

"清明昼夜平，采茶要先行"，云台山流苏茶采集的最佳时间是春三月的清明至谷雨期间，一般只有15天左右，早则无花苞、迟则叶老花开。一级流苏茶必须在叶芽间花苞没有开放之时采摘，这样制出的茶叶清香形正，泡出的茶叶稍稍张开，色、香、味、形俱佳，芽间花苞如糯米般圆润；汤色清纯、嫩绿

■ 采摘糯米花茶

中泛起白雾，观之赏心悦目；茶味略带苦涩、清香爽口，慢饮品茗，沁人心脾、回味悠长。《茶经》提醒人们，茶采不及时，叶老花开，是为次品，杂以卉莽，饮之成疾。

最原始的流苏茶制作工艺十分简单，就是将采来的嫩叶揉搓晾干即可。后来，宿城各寺庙僧人，将采来的嫩叶在开水中氽一下，捞出晾干。再后来经过独立摸索，形成了完整的流苏茶制作工艺，其制作方法基本与后来的云雾茶制作方法一样。

摘流苏花以谷雨前最佳，采摘的流苏花露水干后为上乘原料。清明后还能采摘 5～10 天，以芽和叶为主。

将采摘到的鲜流苏花放在阴凉通风处，及时用筛子、簸箕或簸篮摊放开，待两小时左右晾干水汽后，便可以下锅炒。

杀青时一锅只能放 0.5～1 公斤，下锅时，应适当稳定火温，一般锅温控制在220度左右。杀青时两手五指张开，手背拱起，翻转抖茶，离锅一尺左右，翻抖约5分钟，并要抖焖结合。焖为均匀温度。之后再降锅温至120度左右，持续2分钟，便可出锅。

将刚出锅的流苏花茶叶放在簸箕或簸篮里，两只手按由左向右顺时针方向不停地抟揉以"轻—重—轻—抖"反复揉捻三次，每次大约3～5分钟，揉捻一锅茶约在15分钟左右。

理条就是将揉捻好的流苏花茶叶放在锅里（锅温150度），抖去水汽烘干，以便进入下道搓条工序，持续时间约6分钟，锅温由150度降到80度，最后锅温控制在70度左右为宜。理至叶与叶之间不粘连，便可进入下道工序。

搓条就是对理条好后的流苏花茶叶进行边搓条边翻转，搓条时锅温应控制在70度左右。手掌挺起夹住流苏花茶叶后来回滚动，向前搓时重，向后回时轻，使流苏花茶叶自由下落。搓条时两手用力要适度，用力过大容易出现扁条，用力过小会使流苏花茶叶条搓不紧，松散不圆。

烘干主要是蒸发烘干水分。流苏花茶叶烘干时，锅温必须控制在50度左右，两手要不停地轻翻慢转抚条，既要保护好流苏花茶叶圆条不变形，锅温又要相对稳定。锅温过高，流苏花茶叶易糊、断条、口味差；锅温过低，口感差、无香味。出锅前，可强火2分钟增加流苏花茶叶浓香和成色。

杀青、揉捻、整形烘干的工艺技术要求很高，决定茶叶的外观、色泽和品质，抛、抖、焖、翻、搓、揉、抓、理，全靠手上功夫，非经验丰富者难以完成，动作要轻、重、快、慢，火候、锅温、时差，亦需长期摸索才能掌握。

20世纪90年代初，宿城流苏糯米花茶被连云港市作为与韩国、日本友好交流的馈赠品，产生较大影响，畅销国内外，深受人们青睐。特别是近年来更加受到日本等国茶商的喜爱，被视为极其难得的绿色、环保、原生态珍品。

葛粉制作技艺

连云港市的朝阳镇地处前后云台山的交汇处，这里地处暖温带的南缘，四季分明，温度适宜，光照充足，雨量适中，特别适合葛藤生长。

葛藤多生于山坡、沟岸、林缘和险崖狭缝中。连云港沿云台山一带均产葛藤，朝阳镇东南山为主要生产地。云台山的葛粉，被誉为"千年传统的中华山珍"，其中以朝阳镇为最佳。这里生产的葛根又粗又长，有的一根重达几十斤，能出粉数斤，葛根越老，出粉品质越佳。

连云港葛粉生产有1500多年的历史。宋代苏颂《图经本草》用海州命名的药物就有"海州葛根"。

葛粉生产的首道工序是选根和刨根。每年晚秋到来年初春，也就是农历九月至来年二月，是刨根的最佳季节。传统生产制作葛粉，以险崖狭缝中生长三年以上的葛根为最好，因为根的质量，决定葛粉的质量。刨出的葛藤根去掉叶蔓，只留下块茎。

葛根刨出后，要尽快去须、浸泡、去泥，并洗除块根的表皮。清洗越干净，葛粉的质量就越好。新鲜葛根放置时间一般不超过两天，以免变质枯烂、粉质

■ 碎根

连云港史话——非遗撷华 | 郁洲遗味

晒粉

钙化。将洗好的葛根放到石板上，用木榔头将其锤烂，破坏块根的组织结构，使微小的淀粉颗粒能顺利从块根中解体分离出来。

然后放在陶制的大缸中加水沉淀，一天后将其放到水缸里搓揉，用土布滤过后，漂出粉汁，再将水放出，这样的程序要反复4至5次。这时的粉分上下两层，师傅们要仔细将上层杂质和黄粉刮掉，然后再加清水搅和沉淀。如此循环数次，才能保证葛粉没有杂质，质量过关。将沉淀的湿粉取出晾干成白色块状，便可进行分装。

李时珍在《本草纲目》中指出，葛粉具有清热解毒、滋补营养、防暑降温、养颜护肤、清除体内垃圾之功效。这里的村民几乎家家刨根制粉，有的衍传数代。朝阳镇张庄村有位90多岁的村民，耳聪目明，行动自如。他说："一早喝碗葛藤粉，保你一天有精神；每天喝碗葛藤粉，保你长寿不生病。"

除了药用价值而外，葛粉还具有很高的食用价值、环保价值和经济价值。葛粉捻碎呈三角形，调以沸水，呈灰白色，清香沁鼻，可用于制作各种糕点、食品，还可以酿酒，是一种低糖、低脂的理想的绿色保健食品。葛粉是当地百姓的重要经济来源，优质的葛粉，往往一斤难求，有极高的经济价值。

紫菜制作技艺

早在1400多年前，北魏《齐民要术》中就已提到"吴都海边诸山，悉生紫菜"，以及紫菜的食用方法等。至北宋年间，紫菜已成为进贡的珍贵食品。明代李时珍在《本草纲目》一书中不但描述了紫菜的形态和采集方法，还指出紫菜主治"热气烦塞咽喉"，"凡症结积块之疾，宜常食紫菜"。连岛的野生紫菜在唐玄宗开元年间，被列为贡品。《太平寰宇记》中对海州的贡品紫菜作了详尽的描述："海州紫菜作贡……生海中山麓石上，潮盈为水所浸，潮落石见。石上多小螺壳，壳尖有孔，紫菜生其中，须叶浮出，采之须俟潮初退时，迟则胶于石矣。"云台山的土产有"绕、绡、海味、盐、楚布、紫菜"。1934年，时任灌云县县志局采访专员的许绍蘧编撰的《连云一瞥》写道：土人采取后，搓成小团，联络成无数紫菜团，而成中空团饼状，与日本人制成团饼状不同。

20世纪60年代，自然资源非常匮乏，但是连岛因为有野生紫菜，竟然救了许多人的性命，许多人家就是靠这野生紫菜熬过那最艰苦的岁月。在长期食用它的过程中，连岛渔民也已经摸索出了许多食用紫菜制作的方法。

1995年，连云区紫菜养殖面积达1500公顷，干品产量逾千吨，是全国最大的紫菜生产基地之一，紫菜主要销往日本、韩国等东南亚国家。

紫菜含有蛋白质以及碘、多种维生素和无机盐类，味鲜美，除食用外还可用于治疗甲状腺肿大和降低胆固醇，是一种重要的经济海藻。野生紫菜的生存历史比较悠久，是连云区连岛地区的一种稀有产品。在落潮时就能看到礁崖石上的野生紫菜。野生紫菜可现吃，可揉成饼在太阳底下晒几日留着熬汤吃，也可以和玉米面兑起来烙饼吃，味道香、鲜。野生紫菜在每年阳历的12月至来年的3月份落潮时可采集。

野生紫菜的采集和制作程序可分为以下几道工序：

每年的1—3月份是野生紫菜的旺盛期，可到海边去选择采集点。在潮间带岩石上可以看到大片的野生紫菜，远远望去是一片黑色的。野生紫菜喜欢有阳

晾晒紫菜

光的地方，而且必须在有海蛎的地方才会大面积生长。野生紫菜把海蛎当作依托，是一种需附着贝壳的藻类。

采集野生紫菜必须准备好提篮或提桶，把6～8厘米左右粗、15～20厘米长的钢筋条的一端锤扁（像个小铲子一样），然后用这个自制的小扁铲，把长在礁岩上的大片紫菜揭个头，但不能把紫菜整体破坏掉，这样它过一段时间还会长出来。

野生紫菜的留种是和采集同时进行的。野生紫菜属果包品种，留种在3月份。留种与采集不冲突。大块的野生紫菜从石崖上被铲揭下来，而它的根（果包）依然被留在岩石上的一个个小海蛎壳中，为再次生长自然地留下了种。

野生紫菜可采数次，从每年的12月份到次年的3月份都可以采集到，可持续采集4个月，每采一次，经过约30天时间又可以再次采集。

采集来的紫菜大小不一，需用淡水冲洗干净，有的紫菜夹带着贝壳，所以冲洗过程十分繁琐，得先用手将贝壳一个个摘下，好多贝壳的残骸只有米粒大小。把野生紫菜放在纱布里洗，冲洗4～5遍方可。洗干净后要将紫菜摊晒，摊得越薄越好，这样才能保质。野生紫菜被淡水洗过要尽快晒干，因透气好，最好在渔网上晾晒。

把晾晒干的野生紫菜和玉米粉掺拌到一起，烙饼、炒鸡蛋、烧汤均可。

野生紫菜对温度的要求很高，即使晒干了也要保持恒温。野生紫菜的口感鲜嫩、柔和，人工养殖的紫菜口感硬，没有野生紫菜的口感好。过去没有味精时，人们就用野生紫菜提味。

煎饼制作工艺

赣榆煎饼又称"福寿饼""摇头饼",是赣榆地区民间传统家常主食,也是久负盛名的地方土特产。二月初二,摊煎饼,吃煎饼,可补天缺地陷,寓有纪念女娲补天、祈求五谷丰登之意。赣榆流传着"六月中,七月半,小麦煎饼绿豆饭,卷着葱和酱,就着煎鸡蛋"的民谣。

在宋庄镇,还流传着"老海边,咱渔家,宋庄煎饼就鱼虾;男人吃了长力气,女人吃了会持家。小康生活有奔头,鱼头有火海上花;亲海爱海长相伴,为国为民为大家"的新民谣。据考古发现,1967年泰安市省庄镇东羊楼村发现了明代万历年间"分家契约",其中载有"鏊子一盘,煎饼二十三斤"。由于"鏊子"的出现,可以确知,最迟在明代万历年间,现代煎饼的制作方法就已经存在。

清代蒲松龄曾作《煎饼赋》:"溲合米豆,磨如胶饧,杸须两歧之势,鏊为鼎足之形,掬瓦盆之一勺,经火烙而滂溥,乃急手而左旋,如磨上之蚁行,黄白忽变,斯须而成,'卒律葛答',乘此热铛,一翻手而覆手,作十百于俄顷,圆于望月,大如铜钲,薄似剡溪之纸,色如黄鹤之翎,此煎饼之定制也。……若易之以筱屑,则如秋练之辉腾;杂之以蜀黍,如西山日落,返照而霞生……或拭鹅脂,或假犳膏,三五重叠,慢熻成焦,味松酥而爽口,香四散而远飘。"

可见赣榆及鲁南等地区制作各类煎饼在清初已相当普及,已具备相当的技术。

赣榆煎饼用赣榆小麦、玉米、地瓜为原料,

■ 烙煎饼

营养丰富，酥脆可口，香甜适中，余味无穷，是赣榆地区闻名土特产之一。经过浸泡各种粗或细粮、用石磨磨糊、手工烙制等工序制作而成。

磨制面糊。将麦子、玉米、地瓜干等原料进行淘洗、浸泡，然后磨成糊状物，俗称"煎饼糊子"。石磨为圆形石质磨盘，有上下两块叠在一起。两个盘的接触面上都凿出了条纹以增加研磨和排糊的能力。上片磨片上开了两个小洞，可以将料混着水一勺一勺地加入。推动上片磨盘就可以将料碾碎，从上下磨片的磨缝里流出的就是做煎饼用的煎饼糊。小的磨盘一个人推就行，大的磨要三四个人才能推动。

架设鏊子。架设鏊子的过程可简可繁。简单的架设方法直接用三块砖把鏊子撑起来就可；复杂的做法是用硬泥糊成一个炉灶，用风箱鼓风。鏊子架设好后即可生火。农村一般采用玉米秸或麦秸作为柴火。生火与摊制煎饼可由一个人独立完成，也可由两个人合作。鏊子烧热后，就可以摊制煎饼了。

摊制煎饼。摊制之前，往往先在鏊子上面擦一遍油，既去掉了鏊子上的杂物，也使得烙熟的煎饼容易与鏊子分离。当鏊子烧热以后，用勺子舀上一勺煎饼糊放到鏊子上，用耙子沿着鏊子摊一圈。由于鏊子是热的，煎饼糊所到之处就迅速凝固起一层，就是所谓的煎饼。没有凝固的煎饼糊就被耙子带着向前走，重复这一过程直到整个鏊子摊满。因为耙子的长短正好等于鏊子的半径，所以耙子绕场一周，煎饼就制作完成了。

赣榆煎饼光滑均匀、口感劲道、酥脆可口、香甜适中，且品种多样，营养丰富。据科学检测，煎饼富含粗纤维、胡萝卜素、钙、铁、钾、硒及人体所需的多种氨基酸和维生素，具有健脾养胃、降低血脂等功效，是粗粮细作的代表，更是现代人理想的原生态健康食品。

橡子粉制作工艺

古人对橡子多有记载，《晋书·挚虞传》："粮绝饥甚，拾橡实而食之"。《韩非子·外储篇》："秦大饥，应侯请曰：五苑之草者，蔬菜、橡果、枣栗足以活民，请发之"。《庄子》里有个狙工赋芋朝三暮四的寓言，其中芋就是橡子。《新唐书·杜甫传》："客秦州，负薪采橡栗以自给。"唐代张籍有诗云："岁暮锄犁傍空室，呼儿登山收橡实。"

唐代诗人皮日休在《橡媪叹》咏道："秋深

■ 槌碎

橡子熟，散落榛芜冈；伛伛黄发媪，拾之践晨霜。移时始盈掬，尽日方满筐，几曝复几蒸，用作三冬粮……"这些记载说明近两千年前，人们就知道橡子是可食的。《本草纲目》也有关于橡子粉的记载，称其低热无毒、营养丰富。

在新中国成立初期，人们为了解决温饱，几乎家家户户都做橡子粉食用。20世纪六七十年代就有连云港市土产公司等单位驻乡定点收购橡子壳（俗称橡碗的部分）、橡子作为工业和食品加工业原料。

橡子粉由橡子脱皮后加工提炼而成，亦称橡子淀粉。通常在农历十月以后采摘树上果实。采收时，可在地上铺塑料薄膜，用竹竿击落成熟的果实，或者等待橡子自然掉落再拾取。

带壳橡子采下后，由于水分较多，易发热与霉变，所以要及时处理。除去树叶、枝梢等杂质，立即置于烈日下晒干。如遇阴雨天，可用火烘干，以防霉变。

选优去劣。通过外形和手感判断橡子质量，可放到耳边晃动听声音，把不好的选出。以个大、形好为最佳。用锤子或木榔头砸去果皮或用鞭子抽打（自然掉落的一般没有果皮），使果皮和硬壳分离。净得果仁，晒干。

把果仁用木锤捣碎，放入盆、缸等容器内，用山涧清水浸泡。一开始水变黑，多次换水直到水清，每日二到三次，大约需三天，但涩味无法完全去除。最好的方法是将果仁粗加工后，放于竹篮中，再把竹篮放入有流动水的山沟中，三天左右，就可完全去掉涩味。

倒掉上层清水，捞出沉淀物，在石磨上加水磨成浆液。用纱布过滤浆液并装入盆、缸等容器中。再次加满山涧清水浸泡，一开始水会变浑浊，多次换水，每日三到六次，直至水清，大约需三天。倒掉上层清水，挖出沉淀物，放入簸箕或其他容器，在阳光下自然晾晒三至五天。用擀面杖或其他工具把晒干的橡子粉碾成细小颗粒。放入无味塑料袋或其他容器中，密闭放置在干燥处。

整个过程至少要一个星期时间，每100千克橡子可制作出精品橡子粉10余千克。宿城山区溪水清澈、凉滑，用这样的水漂洗橡子粉，才能使其更好地保留营养物质，去除涩味。

橡子粉的食用方法有很多，在过去生活困难时期，有些村民把晒干以后的橡子粉添加到玉米粉、山芋粉中，做成主食充饥。还可以取橡子粉若干，加少量清水拌匀，用铁锅煎成薄饼；或将橡子粉薄饼切成条或块状，再配以瘦肉和葱、姜等佐料入锅炒制成菜肴；或加进火锅佐酒下饭。

用1:10比例的橡子粉、清水放入锅中加热煮沸搅拌成糊状，冷却后如凉粉般，称为"橡仁豆腐"。切块，加入各自喜好之佐料作冷盘食用。入口有麻丝丝的感觉，味道鲜美，香中带甜。橡子粉还能制成橡子粉酱，用以开胃佐餐。

朐海菜制作技艺

乾嘉年间，海州盐场分司衙门设在板浦镇，随着盐业发展，盐商带来了各地厨师，他们使用海州本地物产烹调，多种菜系相互借鉴融合，使得板浦成为美食之都。朐海菜制作技艺从清光绪年间起已传承至第六代，基本形成了今天的朐海菜制作技艺和完整菜系。

清光绪年间，板浦的周氏饭菜馆将朐海菜制作技艺进行整理，认为其中灌云豆丹、板浦凉粉等菜肴制作重调味、重品质、重火候、讲时令，口味上强调一个"鲜"字。民国时期，厨艺精湛、重视传统的卞家才大师和对制作技艺要求规范、菜品品质要求极高的孙松林大师通过不断实践和研究，使朐海菜制作技艺逐渐成熟。

传承人制作朐海菜

　　朐海菜以鲁菜的咸鲜为主，吸收了淮扬菜的平和淡雅、徽菜的精细火工等特点，同时结合地方家常菜特点，形成了鲜咸适中、刀工精细、色泽明亮、造型朴实的特征。连云港是一座山海相拥的城市。云台山方圆约180平方千米，峻峰深涧，奇岩坦坡，各种山珍遍布。海州湾大海扬波，风光秀丽，海岸线长达200多千米。海州湾渔场是中国八大渔场之一，各种海鲜应有尽有。依山傍海的地理环境，为朐海菜提供了丰富的食材来源，形成山、海、平原系列菜品，如山系列之水晶葛粉、板栗烧鸡等；海系列之油爆乌花、白灼东方虾等；平原系列之灌云豆丹、过寒菜烧牛肉等。

　　朐海菜重调味、重品质、重火候、讲时令，制作食材多以本土食材为主料，如海州湾梭子蟹、东方虾、过寒菜、沙光鱼、云台山山螃蟹、山马菜、盐场海英菜、东海淮猪肉等。辅料有地产淮盐、板浦滴醋、伊芦山奇泉酱油、赣榆甜面酱、海州辣黄酒等。口味上强调一个"鲜"字，讲究"五味调和百味鲜"，鲜咸适中，恰到好处，享有"味擅三省，名重两淮，料兼山海，根植万家"之美誉。

胊海菜展示

豆丹制作技艺

灌云人喜食豆丹，且善做豆丹，手艺世代相传至今。在灌云地区，大户人家收完豆子后，就会让一些人到地里拾那些遗漏的豆粒，于是人们就在地头等着。而那些干活的长工，都故意等到黄豆干得爆裂了才往车上装，目的就是让更多的黄豆洒落在地里。相传有一位叫"簸箕奶奶"的叫花子，在一次黄豆收获季时对孩子们说："我来弄些好东西给你们吃。"于是把背在身后的簸箕拿下来，往割完豆子的豆地里一插，端起了一簸箕的土，而后一抖，簸箕里留下了许多入了土的豆虫。她把豆虫放到火里烧，一会儿就有香味飘了出来。小孩们吃过后都说好吃。大家纷纷就在地里找起来，原来地里这样的虫子很多，于是就开始兴起吃豆虫了。因为传说是神仙带来的，所以人们就将那豆虫叫做"豆丹"。

豆丹本是大豆的害虫，生长主要靠吃豆叶。吃豆丹可以控制豆丹数量，不致成害。同时，豆丹肉鲜香可口，营养丰富，堪称美食。因此在灌云地区世代传承。

康熙四十四年（1705）蒲松龄所撰的《农桑经》中记述了民众食豆丹、变害为利的情况："豆虫大，捉之可净。又可熬油。法：以虫掐头，掐尽绿水，入釜，少投水，烧火炸之，久则清油浮出。每虫一升，可得油四两。皮焦，亦可食。甲申年，此物害豆，捉者甚多，遂不为害。"

豆丹分青豆丹和黄豆丹两种。青豆丹是豆丹蛾在豆叶上产卵，孵化成虫，吃豆叶生长的，捉下去头，将肉擀出入锅烹制即可。黄豆丹是大豆进入成熟期之前入土蛰伏的，大豆收割后，将其刨出，洗净后入锅焯水，再将肉擀出烹制。

传统的做法是先把豆丹放到水里浸泡溺死，然后用一根擀饺子面皮的面杖，垫上一块木板，把溺死的豆丹从头到尾擀出内脏，放到水中清洗，去掉粪便即可。先将大豆油入锅烧热，加入葱、姜、盐、辣椒，再加配菜翻炒，然后把擀出来的肉放进开水锅里稍微煮一下，使肉凝成完整的长条，接着把凝成条状的豆丹肉炒一炒装起来。豆丹烹饪多以丝瓜、青菜、白菜等为配菜。

豆丹制作技艺促进了农业、养殖业、餐饮和旅游业的发展，形成养殖、加工、旅游、餐饮的产业链。灌云县豆丹地理标志保护区域范围总面积 613 公顷，人工养殖面积达到 16000 余亩[1]，年均消费豆丹达 5000 吨，年销售额近 10 亿元，带动数万人就业。灌云也涌现出一批被国家、省、市级相关部门认定的名厨。

"莫笑农家腊酒浑，丰年留客足鸡豚。""绿蚁新醅酒，红泥小火炉。晚来天欲雪，能饮一杯无。""金樽清酒斗十千，玉盘珍羞直万钱。"这些诗句描绘了美食的无穷魅力以及在普通百姓心中的"神圣"地位。"民以食为天"。制作食品，是人类基本的、不可缺少的活动。连云港地区具有制作美食的广阔空间，以上介绍的美食，仅仅是代表。山区、海区、盐场、城镇还有大量美食

---

1. 1 亩 ≈ 0.067 公顷

的制作技艺，因人而异、因地而异、因季节而异、因食材而异。连云港是美食的天堂、美食家的乐园。然而，随着社会生活的不断进步，人们对于美食的要求逐步提高。不仅要吃得可口，还要吃得健康，还要吃得有文化。美食的发展仅仅靠手工制作、凭感觉操作是不够的，还需要科学的借鉴与研究。

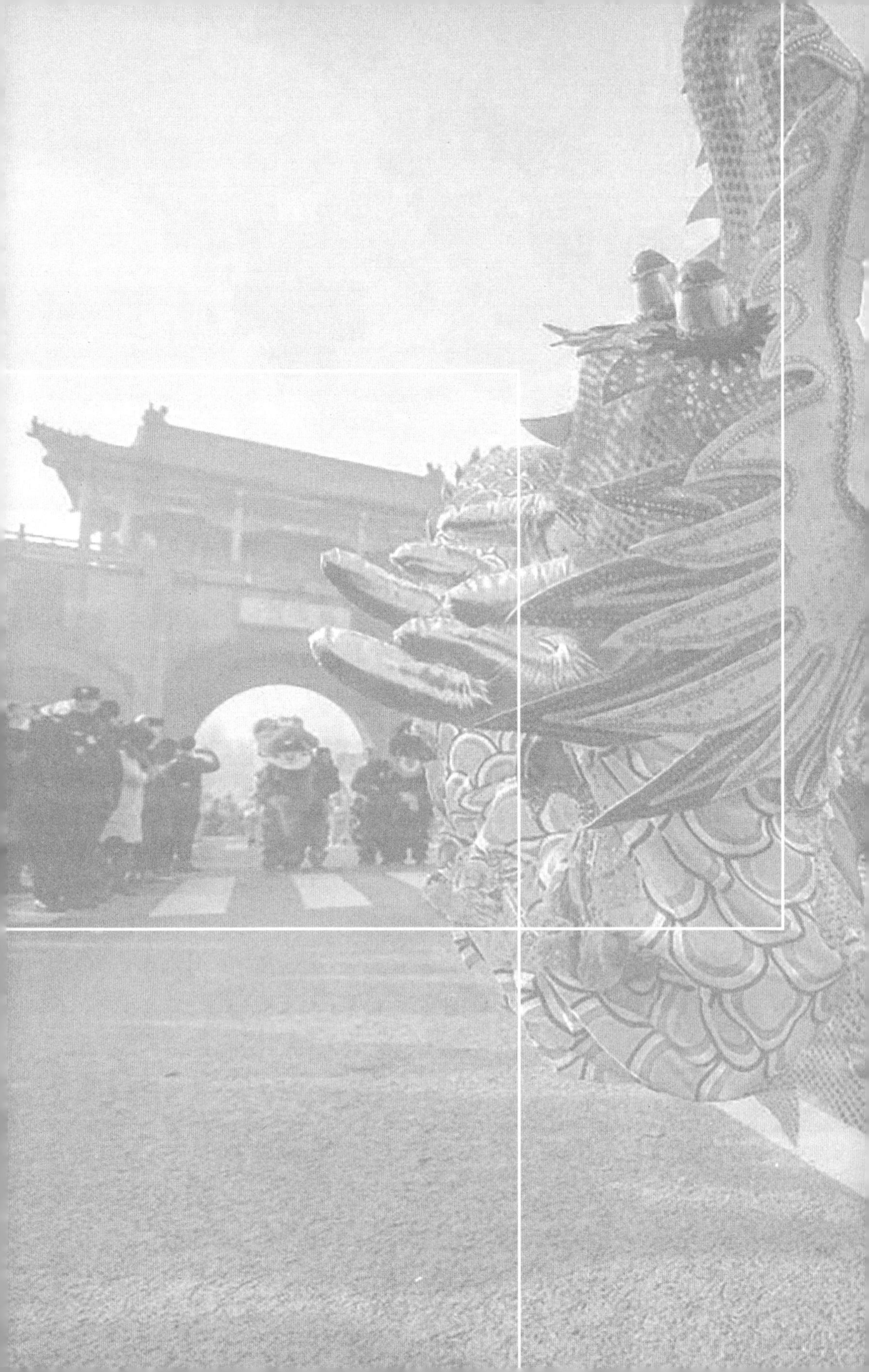

古朐遗姿

　　体育、游艺、杂技、传统戏剧等非遗项目可观性强,是综合性的传统技艺,其构成元素既有"非物质"的,又有物质的。刘氏自然拳多次参加了国际、国内各项武术赛事;形意拳以劈、崩、钻、炮、横五拳为主,且在乡村建立了展示展演基地。淮海戏、童子戏、吕剧等传统艺术形式丰富多彩,深受广大群众的欢迎,艺术魅力经久不衰。

連雲港史話——非遺擷萃·

童子戏

　　海州童子戏属傩（nuó）的一支，它起源甚早，和古代的巫觋（xí）活动有着密切的关系。海州历史上巫风盛行，考古学家在连云港市锦屏山将军崖遗存的原始岩画中，发现许多巫的形象和"皇舞祭天""执干戚舞"的傩舞场面，被称为"原始社会的祝祀乐舞"。这组岩画有两具头像，均戴着五彩之羽冠冕，头像下是日月星辰的刻画，表现了"皇舞祭天"的场面。

　　头上戴有网状、菱形、三角形连环纹组成的图案的头冠，是一种人物面具的原始形态，成为最初傩舞面具的前身。如果说北齐的《兰陵王入阵曲》中兰陵王所戴面具是中国戏曲面具起源的文字记载的话，那么在将军崖岩画中的这组人头像，则以实物形式为我们找到了中国戏曲面具最早的源头。

　　殷商时代，每逢腊月会举行驱逐疫鬼的仪式，为巫的一支，称为"傩"。据《论语·乡党》中记载："乡人傩，朝服而立于阼阶"。海州童子戏的艺人，至今仍自称为"乡人傩"，演出仍保留着许多傩祭的仪式和敬神许愿的传统习俗。汉代以后的傩祭仪式由"侲（zhèn）子"担任，汉书中有"侲子万童"之语，侲子即后来的童子。明代以后，海州童子戏的活动情况在一些地方志中有零星记载。如明代《旧淮安府志》在记述海州的婚丧风俗时写道"然居丧不按家礼，丰酒食、具鼓吹，以待吊客，多妆绢亭，广搬彩戏，以相夸诩"。其中所记"彩戏"，即为童子戏。这说明单纯的巫觋活动已渐为人们所不取，从艺者不得不借用群众喜爱的戏曲形式参与傩祭活动。约清乾隆年间，童子戏逐渐从"娱神"向"娱人"方面发展，逐渐衍变为具有戏曲形态的傩戏。清代《嘉庆海州直隶州志》风俗篇中记载：海州地方"民多愚憨"，"病不医药，多事祈祷"。这种风俗，为童子戏的演出提供了市场，可谓"盛于四乡，极傩逐之盛"。

　　清代中叶，海州童子戏演出日趋盛行。童子戏社班可追溯到十代以上，大致分东西两路。东路沿云台山至海边一带，称"海里童子"，清代咸丰年间云台山下的俞果（人称俞童子）为一代宗师。他参加过白莲教起义，受到清政府

海州童子戏专场表演

的镇压。民间传说他能"呼风唤雨",用童子戏的形式宣扬宗教信仰。他的六代传人王传业,所会剧目甚多,被同行称为"小教主"。西路多流传海州西南一带,称"南乡童子",以民国年间的三个"三"(即曹三曹汝殿、佘三佘之山、陈三陈汝强)称雄一时。海州以西的卸甲坊村,也是有名的"童子窝"。童子戏演出时角色行当、服装道具一应俱全,在海州一带被称为"大戏",班社多达数十个,从艺者近千人。

尽管一度兴盛,但海州童子戏终因其演唱形式单一而发展缓慢。新中国成立后,许多艺人思想觉悟提高,不愿从事带有迷信色彩的祭祀活动,纷纷改演"小戏"(淮海戏)。目前连云港市尚存一个以演出童子戏为主的民间职业剧团。2004年中央电视台来连云港拍摄《山海连云港》系列片,特地为这个团拍摄《曹庄砍柴》的童子戏折子戏。

"童子过冬,肥肉加葱"。冬至前后,是童子戏艺人演出的繁忙季节。

"烧猪"一般有十个关目("烧猪"仪式中,艺人会用一些特殊的道具来模仿猪的叫声和动作,然后点燃舞台上的火焰,将"猪"烧毁。这个仪式寓意着驱赶邪恶和带来好运,同时也表达了人们对美好生活的向往和追求。整个表演过程充满了喜庆和欢乐的气氛,深受当地人们的喜爱和欢迎。)。一曰"开坛"。海州童子演出前先要铺坛,分里坛、腰坛和外坛三道,每道坛都挂满了各类仙符神像,院内竖一高杆,悬挂纸剪的彩幡。二曰"献猪",即将供案上的猪当场开膛并献上猪头。三曰"请亡"。由两名童子边敲打"狗皮鼓"边演唱,大意是恭请天上的各路神仙和"喜主"家的祖宗亡灵,回来接受人间的香火。四曰"踩门八字"。两童子在门前边舞边唱,并作"衔碗"表演,以示将门前的凶煞恶鬼驱尽,让祖宗亡灵们放心回家接受人间的祭典。五曰"安坐"。两童子击鼓演唱劝人孝悌的唱段,从黄昏唱至翌日黎明。六曰"过桥"。即在室外院场上,用三条长凳搭起"品"字形的"桥",由一"领圣"的童子率参加酬愿的人们走圆场,以示人们灾难消除,修成正果。七曰"砍刀"。这是海州童子戏的一种特技,两童子上身赤膊,头戴彩球,二人打斗,蹿上跳下,如走火入魔般。故海州乡间俗语形容人跳跃说"看你像童子跳圣一样",盖出于此。接着一个童子抓过一只活公鸡,一口将鸡头咬下,为"咬鸡";另一个童子用双刀乒乒乓乓地在自己的左上臂猛"砍"一通,顿时"鲜血流淌"(实为鸡血),这就是童子戏的"砍刀",有以红驱邪之意。每位童子戏老艺人的左上臂均伤疤重重,但从不会感染生病。八曰"含铲"。这也是童子戏艺人的绝技之一,童子从炉火中取出烧得通红的铁铲,含在口中,然后咬着铁铲在室内转圆场,以示将漏网的野鬼全部除尽。九曰"升文"。人们跟随童子回到内坛,将各种文书、牒文一一焚烧。十曰"送圣"。意为恭请诸位神灵带上这些文书,再虔诚地将他们一一送回天堂。"烧猪"的整个程序需三天。

  还有一种大型的祭祀活动,叫"牛栏会",需六七日。除和"烧猪"的关目相似外,它的"过桥"更为壮观:在村子场院上搭一座"消灾城",全村的耕牛头披红布,在领圣的童子率领下,人牵着牛,从"城门"依次走进"城内";另一童子手持刻有"神冥照鉴"字样的大印,盖在每头牛的臀部,童子边走边唱,边做"射五色彩线"等表演,并将"四季平安"的红布披给孩子们挂上,这支队伍浩浩荡荡,表示人们送走瘟疫,全村人畜顺利过关,场院里欢欣雀跃,甚为热闹。

在整个祭祀活动中，每天演出什么剧目都有比较严格的规定。如"烧猪"的前一晚上，必须演《天缘配》之类的神戏，既恭敬神灵，又赏心悦目。第三天晚上必演《李迎春出家》之类有关道教内容的剧目。如傩仪进行到第五天，还要在白天上演《唐太宗坐朝》和《九仙姑揭榜》等剧目，这些戏的内容都和童子戏起源的传说有联系。"牛栏会"最后一天要演《洪山捉妖》。海州乡间视童子戏为"大戏"，当地严禁妇女看地方小戏，但童子戏不受此限。

流传的海州童子戏有近百个，大致可分为两类。一类为本剧种独有的，这类剧目源于道教故事和当地民间传说，内容曲折离奇，神话色彩颇浓。如《李迎春出家》搬演李老君进坛的故事，《魏九郎借马》讲唐代魏征三胎生了九个儿子的故事，《洪山捉妖》搬演姚九公揭皇榜扫除群魔的故事，《唐太宗坐朝》《九仙姑揭榜》之类的戏都与童子戏的起源有关。另一类剧目多从徽剧、京剧中移植衍变而来，如《下河东》《刘全进瓜》《举狮观画》《汾河湾》《吴汉三杀》《双富贵》等。

海州童子戏每到一地演出，都要临时搭"车台"。这种舞台将许多牛车轮子竖起来，排列成方形，上面用高粱秆子垫平，然后再用泥土覆盖。童子戏在车台上演出，角色行当、服装道具一应俱全，远非当地"小戏"能比。

海州童子戏为古傩之遗音，演出中徒歌演唱，锣鼓击节伴奏，或一人演唱，众人帮腔。有一种质朴粗犷的艺术风格。

海州童子戏的原始唱腔称【呵嗨调】，高亢悠扬，基本上保留了海州山区农村赶牛号子（俗称"打擂擂"）的风貌。【呵嗨调】旋律起伏跌宕，但演唱形式比较单一，艺人们又逐渐创造了一种类似说唱方式的【童子调】。在演出实践中，唱腔不断丰富，先后发展了【老可调】【十拜调】【请亡调】【安坐调】【过关调】【升文调】等，有"九腔十八调"之称。新中国成立前一段时期的童子戏演出，艺人又编创了【七字调】【满台腔】【小旦调】等，这些腔调中多融合了地方民歌小调的成分。

童子戏演出只用打击乐伴奏，艺人清唱。有一特制的"狗皮鼓"为主要打击乐器。常用的锣鼓经为【鲍老催】【三戏牡丹】【一盆火】【鱼喷嘴】【三锤锣】【悲调锣】等多种。

狗皮鼓，状若北方太平鼓，长约80厘米，由三个大小不同的铁圈用两根铁轴连接而成。上面的铁圈最大，用狗皮蒙上。下面的两个铁圈分别套有九个小铁环，艺人们称之为"三教九流"。演奏时艺人一手持鼓，摇晃起来哗哗有声；另一手用手面拍打鼓面，或持一根长长的鼓条击打鼓面，咚咚作响。

童子刀。艺人称之为"一块肉"，是童子戏表演特用的道具。此刀长约1.5米，宽0.6米，演员表演时一手持刀柄，一手抓住刀背的铁环，在台上舞起来十分壮观。

海州童子戏是一种多功能、多学种的民间艺术形式，和人类学、艺术学、民俗文化学、社会宗教学等都有着密不可分的关系。

花　船

花船又称跑旱船，是连云港地区历史悠久、分布广泛、参与者最多的民间舞蹈。

根据《太平广记》的记载，在唐代就有了这种艺术表演形式。它以舞蹈为主，综合了音乐、说唱、表演等多种民间艺术。其舞蹈主要是模仿船民、渔民水上行船的各种动作，并加以夸张美化。连云港地区海岸线较长，近海河道纵横交错，水上交通及渔业兴旺，拥有产生花船艺术的自然背景与社会土壤。

花船以旦角顶船、丑角撑船，相互配合表演行船、推船、系缆解缆、上船下船、耍跄（qiāng）及与风浪搏斗的各种动作，加上相互对答、唱曲以及丑角的插科打诨和滑稽表演，有极强的娱乐性。

花船一般为二人表演，配以乐队伴奏。角色多为男女二人，男为丑，女为旦。丑角头戴草帽（有扎头巾的）、口戴假须，作船夫、渔民打扮，左手执扇，右手执篙，称"拐子"，又叫"撑船的"。旦角头戴绢花、着红绿彩衣、脚穿绣鞋，打扮俊俏，有的手拿绸绢或执檀板，以便表演时击拍，顶着花船，叫做"柱子"，又叫"船瓢子"。

花船演唱曲调多种多样，多为民间小调，如【小五更】【十劝郎】【探妹】【梳

古朐遗姿 | 連雲港史話
—— 非遗撷华

花船排练

妆台】【摘石榴】等数十种之多。表演时有乐队伴奏，分文武场，文场以二胡、四胡、三弦等弦乐为主；武场有大小锣、鼓和镲，主要用于舞蹈伴奏和开场收场锣鼓。唱本有传统节目和新编节目两类，传统节目有《王妈说媒》《王婆骂鸡》《三怕》等，新编节目有《周法乾杀妻》《浪子回头》等。伴奏者有时坐着伴奏，有时由场上演员以俏皮话将拉胡琴的请到场上，将琴挂在腰间跟船伴奏。舞蹈伴奏多根据演员动作，由打鼓者指挥作即兴伴奏。锣鼓点子变化多端，常用的有"紧急风""鱼咂嘴""幺二三""七字锣"等。

花船在赣榆沿海一带出现较早，时称"旱船"，为沿海渔民模仿海上航行所表演的舞蹈动作的衍变，盛行于庙会、乡会、民俗等节日活动。宋代诗人范成大"旱船遥似泛"的诗句就生动地描绘了宋代花船表演数量之多、流传之广的场景。

花船舞蹈的器具分为制作器具和表演器具，制作器具主要有木材、木工工具，如锯、斧、刨、凿等，以及彩布、铁丝等材料。表演器具有男、女彩衣各一套，花鞋、表演行船用的竹竿、芭蕉扇、手绢、头花、船橹等。

/ 153

花船是该舞蹈的重要道具。先用木条制成60厘米宽、80厘米长的木框，下装50厘米高的四条腿。再将竹片绑在长方形木框两边，两头向里弯，扎紧成尖状的船头、船尾。整个船身长约140厘米，高180厘米，用白布制成的船衣沿船帮围上。

花船表演动作要能充分展现船家的"精气神"，表演中的"手眼身法步"等要素也要运用得恰到好处。撑船者不仅要保持舞蹈、舞姿的优美，或紧或慢，还需要表现出"抑扬顿挫"的舞蹈技巧。

随着传统艺术的发展，花船表演形式也发生了变化。过去乘船者一般是一个人，现在出现了双人、四人甚至七人共同乘用一只船的。乘船者所表现的人物多是姑娘、媳妇，也有扮演其他人物的。连云港花船表演时，演唱曲调多种多样，多为民间小调；唱词大多用本地的方言、地方小调和淮海戏内容等，因

■ 花船表演

而地方性很强，老百姓特别爱看。如一段小丑的道白"乖乖弄里冬，锣鼓打这么凶，累得我老头不归公呢，要不是我老头来得翻（快），小船一头朗（插上）花果山"等。

由于花船舞蹈艺术较为通俗，表演内容紧跟时代，不断创新，健康向上，寓教于娱，社会效果好，所以受到群众的广泛欢迎。

花船表演是连云港地区流布最广的传统舞蹈形式，目前已形成了各级政府组织举办、民间团体表演、家庭班组自发演出等多元展演机制。

苏北琴书

苏北琴书，亦称"琴书""苏北扬琴""丝弦"等，已有300多年的历史，是一种传统的曲艺表演形式，起源于江苏北部，有着悠久的历史和深厚的文化底蕴。它以琴书为道具，以唱为主，兼有说白、表情等表演形式，具有浓郁的地方特色和独特的艺术风格。

苏北琴书在整个连云港地区的长期传播过程中，形成了独特的艺术特色。由于地跨北方方言区和江淮方言区，艺人使用的方言不同，在传播过程中，遂形成了南北两种具有不同演唱风格的流派。

琴书表演形式多样，有一人立唱、两人或多人坐唱和走唱的，有的则分角拆唱。唱词也根据其乐曲有七字句、十字句和长短句之分。有说有唱，一般以唱为主，以说为辅。除扬琴伴奏外，也兼用三弦、二胡、筝、坠胡等。琴书在各地的名称不同，山东叫砸扬琴，泗洪叫打扬琴，宿迁称打蛮琴，湘云叫唱扬琴或唱琴书等，称呼不同，但形式一样。

单挡是一人边唱边拉坠子伴奏。身前放梆子架，脚下踩机关，带动签子敲梆子打节奏。双挡多由两位艺人配合演唱，一人演唱兼敲扬琴、击檀板，另一人则拉坠胡伴奏。

琴书的主调叫【四平调】，按"起承转合"的规律，"四句一转头"。辅助腔有数板的"垛子"及加以点缀的民间小调。在板式上，又分慢板和流水板两种。慢板中,【四句腔】是最基本的结构形式。它一板三眼,四句一番,属于上下结构的板腔体。曲调多为五声调基础上的徵调式。唱词多是七字句和十字句。流水板又叫"紧板""垛子板""快板",节奏明快,行腔潇洒。清末民初以来又进一步发展为以【凤阳歌】和【垛子板】为主要曲调,穿插少量小曲形成说唱音乐体制,节目也以中、长篇书为主,兼唱小段儿。

在连云港地区可以演唱的苏北琴书书目有百余部,分为传统和现代两大类。传统的以中国的古典小说、民间传奇、神话故事、地方传说为主,如《打蛮船》《大同府》《白蛇传》《花棺案》《九头案》《云台中汉》《李旦走国》《孟姜女哭长城》等;而现代的书目大多是自编的新中国成立前后发生的一些人和事,主要有《抗美援朝保家乡》《反对细菌战》等。

演唱琴书最讲究"奏、演、唱、念、简"。奏是伴奏,以琴、坠、板为形式进行伴奏演唱;演是用动作表演剧情;唱是用悲欢离合各种调式衬托剧情;念是抑扬顿挫表现各种道白,表达剧情;简是指道具简易、场地简单,随时随地都可以表演。

■ 苏北琴书参加中国民协展演

琴书演出也有自己特有的习俗。琴书的演出场地主要为街头、庙会的摆场子，靠"拿签子"收钱。农闲时在农村场院包场演出，无固定场所。现多在寿诞、丧事时包场演出，俗中见雅，既有固定唱词，如花园篇、行路篇、厅房篇等，又有艺人即兴演唱，灵活多变，现场互动，趣味横生。演唱琴书时，演唱者经常即兴发挥，演唱内容折射出现代人的生产、生活状况，以及政治、经济、文化各方面的信息。因此，现代琴书对于积极宣传党的方针政策、颂扬新人新事、丰富群众文化生活具有积极作用。

狮　舞

狮舞，又称"狮子舞""舞狮"，是传统的民间舞蹈。狮舞者身穿五彩缤纷的狮舞服装，模仿狮子的动作和神态，展现出狮子的威武形象。狮舞通常在节庆、喜庆场合表演。在表演中，狮舞者还会使用一些道具，如绣球、红绸等，以增加表演的观赏性和娱乐性。

狮子在人民心目中为瑞兽，象征着吉祥如意，因而狮舞活动寄托着民众消灾除害、求吉纳福的美好意愿。关于狮舞的起源说法较多。

相传汉章帝时，西域大月氏国向汉朝进贡了一头金毛雄狮子，使者扬言朝野，若有人能驯服此狮，便继续向汉朝进贡，否则断绝邦交。在大月氏使者走后，汉章帝先后选了三人驯狮，均未成功。后来金毛雄狮野性发作，被宫人乱棒打死，宫人为逃避章帝降罪，于是将狮皮剥下，由宫人兄弟俩装扮成金毛狮子，逗引起舞。

北魏时代，北部匈奴侵扰作乱，特制木雕狮子头多具，用金丝麻缝成狮身，派善舞者到魏进贡，意图在表演狮舞时行刺魏帝，幸被忠臣识破，使他们知难而退。后因魏帝喜爱狮舞，命令仿制，因此，得以流传后世。

也有人说狮舞来源于有关唐明皇梦游月殿的故事。相传唐明皇梦游月殿时，在阶前出现一只五彩缤纷、阔口大鼻的独角兽，且在阶前滚球，姿态威武。唐明皇醒后要重睹这一景象，就要求近臣将他梦境中的瑞兽模仿出来，同时由乐

室外狮舞表演

部配以雄壮的锣鼓编舞娱宾。唐代著名诗人白居易有诗云:"假面胡人假狮子,刻木为头丝作尾。金镀眼睛银贴齿,奋迅毛衣摆双耳。"(《西凉伎》)

  狮舞作为传统的民间活动,历史久远。有关舞狮的记载,最早见于《汉书·礼乐志》,其中提到"象人"。按三国时魏国人孟康的解释,"象人"就是扮演鱼、虾、狮子的艺人。由此可见,至三国时已有舞狮了。南北朝时,民间也流行狮舞。相传,南朝宋名将宗悫讨伐南方林邑国。林邑的士兵以身披铠甲的象群冲阵,宋军抵挡不住,宗悫认为狮子能"威服百兽",便制作了一大批狮子模型。每个狮子模型由两个士兵操纵,配合军队作战,林邑王的大象们看到"狮子"皆有惧色,无心作战,最终大破林邑象军。从此狮舞在军队中流行,后来逐步扩散到民间。

  到了唐朝,舞狮子已发展为上百人集体表演的大型歌舞,还作为燕乐舞蹈在宫廷表演,唐代立部伎中称为"太平乐",又叫"五方狮舞子"。当时的狮舞,还流传到了日本,有一幅《信西古乐图》,就画有古代日本奏乐舞狮的场面,与唐代的相似，只是规模小得多。

长期以来，狮舞一直是连云港市民间的主要文娱活动形式，重要庆典活动中都有狮舞活动。

我国的狮舞分为南狮、北狮两大类。北方的狮舞相传是北魏时期从塞外传入，而南方狮舞则以广东最富特色。南狮具有较多的武功和高难度技巧，神态矫健凶猛；北狮娇憨可爱，多以嬉戏玩耍为表演内容。连云港地区的舞狮兼容南北，特别是在造型方面，既有南方狮子的特点，也有北方狮子的特点，而就舞蹈动作和规则而言，则更接近南狮舞。

狮舞表演是否成功，狮头的制作是关键。制作狮头要先将纸加水泡成纸浆。再由木工刻制出模具，倒入纸浆压制成型。成型后用油漆涂色。狮皮用白布编制成型，多饰牛毛。头、皮成型后，将其合成整体，全狮重量约25～35千克。

狮舞的伴奏乐器主要有锣、鼓、镲等打击乐。

■ 舞狮表演

连云港的狮舞中有文狮、武狮之分。"文狮"动作细腻诙谐，主要表现狮子活泼嬉戏的神态，如抢球、戏球、舔毛、搔痒、打滚、洗耳、打瞌睡等，富有情趣。"武狮"则重技巧和武功，如腾、闪、跃、扑、登高、走梅花桩等高难度动作，表现狮子的威武性格时，要模仿真狮子的看、站、走、跑、跳、滚、睡、抖毛等动作。通过把门、打滚、攀高、跳跃、抢绣球及各种造型，演绎狮子的喜、怒、哀、乐、动、静、惊、疑八态，表现狮子的威猛与刚劲。

通过狮舞的表演，能让更多的人感受和认识中国的传统文化的魅力。

龙 舞

古代人们靠天吃饭，风调雨顺就成为人们的最大愿望。在中国传统文化中，龙被视为吉祥、力量和权威的象征。人们相信龙可以带来风调雨顺、五谷丰登和国泰民安。因此，龙舞表演成为人们表达对龙的敬仰和祈愿的一种方式。

连云港的民间龙舞活动大约始于宋真宗的天禧元年（1017）。据传海州板浦镇景阳河（现空心街）两岸的乡民皆喜热闹，相聚玩龙，挑头的是一个叫赵阿虎的大汉。当时扎制的"威武龙"龙头重48斤。配上五节龙身与龙尾，舞动起来呼啸生风。

到了明朝洪武二十五年（1392），板浦场始设"盐课司大使衙门"，首任大使丁乙上任伊始，板浦一些垣商、大贾联合主办了声势很大的龙灯晚会，因在晚上举行，故从原"水龙"创改为"火龙"。

彩色火龙与焰火、烟花、爆竹、礼炮、龙灯等配合，更为精彩、壮观。因龙舞表演常选择在春节、元宵的晚上演出，并配以焰火爆竹，遂使"火龙"开始流行，并闻名于乡里。

清朝末期，龙舞活动进入鼎盛时期，相传清末中正人士卞赓考取武状元荣归故里时，板浦人将火龙增至9节，从板浦镇经头道桥、二道桥，直到中正。一路舞来，鞭炮齐鸣，焰火照亮夜空，庆祝卞赓考中武状元，场面十分壮观。

此时，连云港市的东海县也出现了第一支由妇女组成的东海县南辰老古墩村女子舞龙队。她们冲破封建藩篱，在一位张氏女子的带领下，于春节前夕成立了老古墩村女子舞龙队，在周围乡间产生了极大影响，并一直传承至今。

女子舞龙

1912年，灌云建县板浦被确定为县治，首位民政长沈臧寿下令全城欢庆3天，指名以火龙为主。当时，由家住国清禅寺外小猪市的樊伏虎担任龙头，连舞3天。1930年，两淮盐务管理局负责人缪秋杰到任后，每年为庆祝盐业丰收，都要举办龙舞活动。

当时的龙头由陈六、葛彤彤担任。参加舞龙的多为社会底层的劳动人民。龙的扎制是用竹瓣、竹篾扎出骨架，用金黄绸布幔起龙头、龙身、龙尾，通过剪裁、彩绘，贴上龙鳞，龙尾，龙头的口、眼、鼻、舌及龙角、龙须。龙身9节，加龙头、龙尾，共长约40米。

头尾及每节龙身安有木柄。作为引导器具的龙珠是以竹扎架，彩绸装饰，有手持、棍挑两种。龙嘴喷出的焰火是用硝磺、松香面制作而成的。舞龙时由龙口喷火，另有人手执火把，往火上洒松香面。

时逢重大节日或喜庆活动，连云港地区就有组织民间艺人开展龙舞的习俗。舞龙队伍沿街行走，边舞边表演。或游龙过江，或盘旋飞舞，或二龙戏珠，或舞龙拿珠、龙戏水，或喷火表演，舞蹈形式多达10多种，异彩纷呈，别具一格，吸引了众多围观的群众，深受乡民喜爱。海州地区"火龙"表演别具特色，火

舞台表演

龙身较长，连头尾共11节，达40米长，适合大型广场及沿街表演。

连云港市的龙舞活动，除街头的活动外，还有迥然不同的表演方式，这是由东海县南辰乡老古墩村女子舞龙队独创的演出，可以分大场和小场。大场的舞龙分为跑龙、龙盘柱、穿龙、龙打滚、龙戏水、金龙狂曲、龙旋风、舞龙、行龙等九个大段，历经多年演出提炼、升华而成，堪称精品。小场内容和形式丰富多彩，有欢庆龙行空赐福的花篮舞、花船舞，有象征除暴安良、护佑一方平安、知难而进的西游舞，有庆丰收的大秧歌舞，还有逗人嬉笑、活泼可爱、富有地域情趣的大头娃娃舞。大场、小场配合起来形成了一个有机的龙舞整体，突出了催人奋进的精神，烘托出保一方安宁、驱除妖风魔气的氛围，给人以精神和艺术上的震撼和享受。

龙舞是一项集体性娱乐活动，其习俗的传承以群体方式为主，也有师传、家传的形式。如今，舞龙已经成为一种国际性的表演艺术，吸引了越来越多的观众和表演者加入到这个行业中来。

吕 剧

　　吕剧是一种传统戏曲形式，以其独特的艺术风格和深刻的人文内涵而广受观众喜爱，它的表演形式优美，语言通俗易懂，内容贴近百姓生活。

　　早在清代中叶，东海就出现了一种名叫"小曲子"的小曲连唱曲艺形式。艺人们在长期的演唱实践中，不断追求新的艺术形式。一些唱功好的艺人，在长期的表演过程中，逐渐形成了自己的唱腔特点。

　　光绪二十六年（1900）冬，以东路琴书艺人时殿元为首的同乐班，尝试着将《王小赶脚》改为化妆演出，用竹、纸、布扎成驴形，加以彩绘，一演员身绑彩驴，做骑驴状，一演员执鞭赶驴，另有艺人操坠琴、扬琴、竹板等乐器伴奏，演员在音乐声中载歌载舞。

　　此种表演形式别开生面、生动活泼，初次演出便获成功。由于《王小赶脚》首次采用驴形道具，群众又称此类戏为"驴戏"。

　　此后，时殿元又陆续将一些琴书篇目改为化妆演出，所到之处，表演深受群众喜爱。在常年的流动演出中，化妆扬琴艺人经常和京剧、五音戏、河北梆子等剧种的班社在同一集镇演出，甚至出现"两合水""三合水"（两个或三个不同剧种同台演出）的情况。

　　这种演出方式对促进化妆扬琴在剧目、表演、唱腔、舞台装扮、音乐等方面与其他剧种的借鉴融合和创新发展起到了重要作用，使其逐渐从简单的化妆演出发展成为比较完整的戏曲形式。演出的剧目从"对子戏""三小戏"扩大到本戏和连台本戏，演出的场所也由盘凳子进入到茶园和剧场。

　　吕剧在化妆扬琴时期表演形式比较简单，多是几个人搭档，演唱一些故事简单、角色又少的剧目。如《王小赶脚》《光棍哭妻》《三打四劝》等。演唱时坐成八字形，扬琴居中，其他乐器分列两旁。演员各持乐器，自拉自唱。演唱者根据其演唱技能和自然条件来划分角色。此时虽已有生、旦、丑等角色的分工，但并无严格的行当区分。

■ 现代吕剧

艺人们将这种状况称之为"有角色，没行当"。吕剧传统的舞台表演中生活动作较多，少有成套的表演程式。吕剧的角色行当体制是按照生、旦、净、丑四大行当划分的。

生行包括小生、老生、娃娃生、武生诸行。小生多扮演剧中年轻公子、儒生，以念唱为主，唱腔讲究情绪变化，行腔自然，注重褶片、水袖、折扇等功夫。如《王定保借当》中的王定保、《借年》中的王汉喜等人物；老生饰演的角色多戴黑三髯，故又称须生、胡生。其所扮角色多为剧中正派人物，表演稳重大方，要求唱腔浑厚，注重褶片、袍带、髯口、帽翅等技功。如《打焦赞》中的杨六郎、《玉清楼》中的宋江。娃娃生为扮演戏中的儿童角色，表演天真，念唱爽朗，另须具备一定的武打功夫。如《穆桂英挂帅》中的杨文广等。武生系扮演剧中的武士、侠客一类的角色，注重腰腿功和刀枪把子套路。

旦行包括青衣、花旦、闺门旦、彩旦、武旦、老旦等类。青衣，扮演成年妇女角色，重唱功，要求行腔委婉流畅、字正腔圆、清亮细腻，并具水袖、圆场功夫，表演时情感充沛，如《小姑贤》中的李荣花、《井台会》中的蓝瑞莲等。

花旦，扮演活泼热情的青年、少年女性角色，要求唱腔甜润，吐字清晰、身段灵活娇俏，如《姊妹易嫁》中的张素花、《王小赶脚》中的二姑娘等。闺门旦，扮演未出阁的大家闺秀或贫苦人家有教养的妙龄少女，道白注重声韵，唱腔委婉缠绵，形体端庄，注重水袖、折扇等功夫，如《逼婚记》中的洪美蓉等。彩旦，又称彩婆子，扮演滑稽、狠毒、搬弄是非的妇女，其表演动作及台词多源于生活，如《小姑贤》中的刁氏、《龙凤面》中的后娘等。武旦，扮演剧中有武艺的女子，要求身段轻捷灵活，如《打瓜招亲》中的陶三春、《打焦赞》中的杨排风等。老旦，扮演剧中老年妇女，表演侧重老态，要求唱做念白稳重大方，如《穆桂英挂帅》中的佘太君等。

吕剧中以花脸行为主要角色的传统剧目较少，仅有《王定保借当》中的李武举、《温凉盏》中的洪彦龙等几个花脸角色，尚未形成该行当独有的成套表演程式。新中国成立后该行当的角色才逐渐增多，如《打焦赞》《打瓜招亲》等剧中的武花脸表演。

丑行包括小丑、老丑、武丑。小丑多扮演剧中不戴髯口的丑行角色。其表演生活气息浓厚，语言丰富通俗，道白多用乡音方言，常扮演剧中诙谐、刁钻或奸猾等不同性格的角色。如《王小赶脚》中的王小等。

老丑主要扮演男性老年角色，其表演生动风趣。如《洗衣记》中的田二洪等角色。武丑角色在吕剧传统剧目中并不多见，只是后来由于移植吸收其他剧种的剧目才逐渐形成该行当。

吕剧具有深刻的人文内涵，通过生动的故事情节和鲜活的人物形象，表现了人民群众的喜怒哀乐和道德观念，反映了社会生活的方方面面，具有很强的社会意义和教育意义。

南辰跑马灯舞

南辰跑马灯属竹马类，又称"活马"或"竹马灯""马灯戏"等，是江苏省传统节日社火表演中常见的一种道具舞蹈形式，主要流布在连云港市东海县南辰乡及连云港周边的徐州、淮安地区以及鲁西南的一些乡镇。

南辰跑马灯，起源于北宋末年杨门女将抗击辽兵入侵中原的故事。当时辽兵大举入侵，杨家一门忠烈为保北宋江山，奋勇抗击外敌入侵，不料受奸臣陷害，杨家男儿战死沙场。辽兵在边关布下天门阵，宋朝若无人能破此阵，他们将一举南下，直捣北宋皇宫。

此时穆桂英率众出击，助宋军大破天门阵。杨门女将大获全胜，班师回朝。宋仁宗特别嘉奖穆桂英，以及她的娘家穆柯寨，并许穆桂英亲自回娘家慰问、探亲一个月。穆桂英回到穆柯寨（穆柯寨现在山东省郯城县境内，离南辰乡45千米）后，穆柯寨周边的老百姓，听说穆桂英从前线得胜归来，纷纷跑来祝贺，并详细询问了战场上的情况。后来，当地老百姓为了纪念穆桂英大破天门阵的英雄事迹，便组织人员演绎穆桂英带领杨门女将大破天门阵的故事。

南辰跑马灯演出分为祭祀、大场、小场三个部分。

祭祀为了保佑出征将士得胜归来，演出前所有演员要在村中长者的引导下

■ 室外跑马灯舞

祭祀祖先，祈求战胜顽敌、国泰民安。祭祀仪式有祈祷、烧纸、放鞭炮三个部分，从一个侧面证实了南辰跑马灯有着悠久的历史。

大场演出时演员分为5组，每组3人，马童、马灯、作战马匹各一，另有传令兵一个、辽兵主帅一人、头灯一个，总人数为17人，俱为男性。南辰跑马灯全场的核心是大场表演的"布阵破阵"。

灯、马、卒都经过训练，演出时按逆时针绕场圆场，由慢渐快，在锣、鼓、钹等打击器乐的配合下，三者有机地结合和变换，跑出各种变幻莫测的阵势。主要有以下阵法：

第一阵：一字长蛇阵。一字长蛇阵演出时以圆形绕场，阵形像两条长蛇弯曲行进，击首则尾顾，击尾则首顾，击中间则首尾相顾。

第二阵：外四门阵。外四门阵按阵式分别在乾、坤、震、巽四个方位设有四个门，马灯表演时按逆时针跑动。

第三阵：里四门阵。里四门阵是在外四门阵的基础上演绎而成。阵中设八门，里、外各四。其里侧的四门，东为青龙（门），西为白虎（门），南为朱雀（门），北为玄武（门）。

第四阵：二龙吐须阵。阵中设有四个门，表演时灯马分离，相互为交叉跃动的队列，状如两条飞舞吐须的龙。

第五阵：破正梅花阵。此阵势中无门，分里外两层，演出时绕外圈进行。绕场前行的马灯至梅花根处，自动分离，交叉跑到场地对面，马在外圈，灯在里圈，状若梅花。若干圈后，灯、马相换位置，作反方向跑，最后汇合成一个大圈。

第六阵：七星阵。此阵势共七个门，外侧四个门，成正方形，里面三个门，成三角形，马灯跑动起来，形如壮观的七星阵势，此阵势攻守兼备，进退自如。

第七阵：别"8"字阵。此阵状如一串8字，环环相扣，又似一条晃动的铁链。表演此阵时，灯、马分离，相互穿绕而行。

第八阵：五星阵。此阵势中有五个门，灯马跑动起来，形成五角图形。此阵势相当稳固，攻守自如，相互援助快捷有力。

第九阵：拧锤阵。此阵共有六个门，状如古时农家纺线时用的纺锤，中间二门，犹如锤眼。此阵势的特点是灯、马跑动起来，动作多变，使人眼花缭乱。

第十阵：剪子股阵。此阵势中共有五个门，状如张开的剪刀。此阵势是以逸待劳，能快速夹击对方，闯入剪口，险象环生，令人惊心动魄。

第十一阵：双龙八卦阵。此阵势中共有二个门，马灯沿中间线前行，然后是灯、马分离开来，各自成队，在两侧表演别8字阵，穿绕前行，状如双龙飞舞，又如两串蜜糖葫芦，颇为壮观。

第十二阵：破反梅花阵。此阵与破正梅花阵相反，马灯在双龙八卦阵的基础上，各自成队，跑成里外两圈，状如梅花。然后又互换里外圈的位置，形成大梅花状。

第十三阵：扇面阵。此阵势中有四个门，其阵势宛如扇面徐徐展开，看似平常，波澜不惊，实则收放自如，能以迅雷不及掩耳之势攻击对方。

小场反映的是群众欢庆胜利的热烈场面，风格轻松而愉悦。表演的内容为：扭秧歌、跑旱船、花挑、花鞭，以及别具风格的抬四老爷、红公嘴大大喜、捕蝴蝶、

■ 晚上跑马灯

担飘儿挑、老媒婆等群众喜闻乐见的多种民间形象。

参加小场演出的人员不分男女老幼，人数也没有严格的限制，一般需要四五十人。小场反映的是辽兵失败退出中原，群众走出家门、欢庆胜利的热烈场面，风格轻松而愉悦。伴奏时用丝竹乐、吹打乐，一般用浓郁欢快的民间小调，如【小放牛】，用唢呐领奏，笛子、二胡、板胡等演奏。

抗战时期，南辰跑马灯多次出现在烽火前线，慰问抗日将士，以其独特的表演形式和生动的内容宣传抗战、鼓舞士气。1942年，抗日战争进入最为艰苦的年头，南辰跑马灯在滨海抗日根据地发挥了"战地轻骑兵"的作用，四处流动宣传，鼓励群众踊跃报名参军。

1949年新中国成立，南辰跑马灯用自己独特的演出形式庆祝这一举国欢腾的胜利。1953年，抗美援朝战争胜利结束，南辰跑马灯的演出，鼓舞着沭河两岸的人们掀起社会主义建设高潮。

连云港传统游艺

连云港传统游艺是广泛流传在民间的各类游戏、娱乐活动方式的统称。它们一般都有固定的娱乐方式和一定的游戏规则，如踢瓦、荡秋千、捣拐、砸杏仁核、打梭、开火车、滚铁环等。

连云港传统游艺的发展与我国其他地方的游艺一样，经过了漫长的演变过程。根据考古发掘材料来看，民间游艺可以追溯到原始社会时期。在至少10万年前的连云港大贤庄旧石器时代中期的文化遗址中，就发现了上千枚大小不等的石球和箭镞，据考证为原始人类狩猎所用的最有力的投掷武器和弓箭的前身投矛器。

连云港赣榆金山历庄一带出土的汉画像石中有"鱼龙百戏"图案，反映了秦汉时期连云港地区的游艺场面。相传秋千起源于汉武帝时期，为汉后宫之戏。其时也出现了专供儿童玩耍的物件，妇女儿童"身佩香囊"玩香袋的习俗也已形成。大约在两汉时期，木鸢的制作材料由木头变为竹、帛、纸等物，名称也相应地改为"纸鸢""风鸢""纸鹞""风鹞"之类。

明代问世的神话小说《西游记》有一些关于游戏的记载。《西游记》第一回就有这样的描写:"东胜神洲海东傲来小国之界,有一座花果山,山上有一仙石,石产一卵,见风化一石猴,……","那猴……一朝天气炎热与群猴避暑,都在松荫之下玩耍。你看他一个个:跳树攀枝、采花觅果;跑沙窝、砌宝塔;赶蜻蜓,扑蚍蜡;参老天,拜菩萨……"。

这实际就把花果山所在地海州一带很多儿童游戏"借"给了花果山上的群猴。特别是这当中的"抛弹子""赶蜻蜓""扑蚍蜡",就是我们今天说的"打弹子""逮蜻蜓""捉蚂蚱"等儿童们喜欢玩的游戏。

从目前保存的连云港传统游艺来看,传承至今的连云港传统游艺活动在其发生之初,往往与人类早期的原始宗教信仰、生产活动、军事斗争和繁衍教育有关,而且源于生活,高于生活。

如荡秋千来源于原始巫术,至今民间还流传着"秋千打得高,庄稼长得好"的谚语。捣拐是在顺势巫术的基础上形成的。《说苑·辨物》中记载:"春秋时齐国儿童有一种模仿足鸟商羊跳跃祈雨的顺势巫术仪式。"后演变为捣拐的儿童游戏。

再如斗百草游戏中的"劈豆腐块",是先民们预测妇女生男生女的占卜巫术的遗风。如放风筝,最初是为了驱除身上的晦气或病灾,这与将药渣倒在路上让人踩的民间习俗有着同样的寓意。

对某些历史传说和军事斗争的追忆和模仿,也是儿童游艺活动发生的源头之一,如掼跌、占山头、大哥带兵等,均产生于古代军事训练或军事斗争,

■ 跳格子

后流行于民间。后代教育、传授知识技能也是许多儿童游艺活动发生的另一源头，如模拟教育、玩小弓箭、打弹弓、小推车就是这种教育的影子。有些游艺旨在在活动中传授知识，像过家家、抬花轿、翻单被、折纸、猜谜语、指鼻指眼等。

一些民间游艺活动又往往与民间节日和民间习俗相结合，如元宵节赏灯、照蚰虫、清明节踏青、放风筝、端午节打露水等。游艺活动对于集体荣誉感的形成与延续也起到了不容忽视的作用。以下介绍几种常见的游艺活动。

拐磨拐。过去人们加工粮食，要使用碾、磨或碓。在家庭日常生活中则主要靠磨，家家几乎是天天要动磨。磨有两种，一种是推磨，磨身较大；另一种是拐磨，磨身较小。做拐磨拐游戏是模拟推拐磨动作，一般由一个大人带一个小孩玩。大人坐小板凳或床上，将两腿伸直并拢，让小孩坐在自己的小腿上，两手拉着孩子的双手，一拉一推地玩。同时，伴随着推拉动作，有节奏地唱着儿歌。

砸纸牌子。玩纸牌子，又叫"玩花牌"。所谓"花牌"就是香烟盒中放置的印有《水浒传》《三国演义》等书中人物画像的画片。游戏之前，双方"将军宝"，谁赢了谁先砸牌，并事先说好砸多少把。开始时"将军宝"输了的一方先拿出一张纸牌，放于地面，让对方砸。对方以自己的一张纸牌去砸地上纸牌，一下把地面纸牌砸翻过来了，就赢了这张。输方要再放一张让赢方砸。砸的人如果没能把纸牌砸翻，则自己的牌要留在地上，让对家来砸。同样，砸翻了就赢了纸牌，没砸翻就把自己的牌留下给人家砸。20世纪中期，曾有集齐《水浒传》中108将画片可以换一辆自行车的说法，用今天的话来说，这明显是烟商的一种促销手段。但儿童们只是把它当作一种玩具，并由此玩出多种花样。

砸杏核子。砸杏核子又叫"捞杏核子"。这种游戏对场地的要求不高，只要几平方米范围的平地就可。游戏人数一般3～5人为宜，多的7～8人，两人也能玩。砸杏核子游戏的玩具就是杏子的核。先在地上挖一个口径7～8厘米、深3～4厘米的小圆坑。参加游戏的人多了，小圆坑就挖大点、深点。而后商定比赛几把，每把各人出多少个杏核子比赛，再以"将军宝"办法确定第一把谁先砸。游戏开始，每人按约定数将杏核子放在地上的小圆坑内。由第一个人开始用自己的一个杏核（俗称"母核子"），用力向小圆坑里的杏核子砸去，被砸出圆坑的杏核子，就被赢为己有了，并且可以继续砸坑内的杏核子。如果没能把坑内的杏核子砸到坑外，便不能再砸。而由其他人挨着砸。谁砸出的归谁所有。如此轮番地砸，直到坑内的杏核子全部被砸出，游戏便结束。爱玩这种游戏的儿童，特别喜欢大人买杏子吃，吃过就把杏核子一个个聚起来，或者到处去拾，用水洗洗，晒干备用。

玩竹蜻蜓。竹蜻蜓，即竹蜻蜒。因连云港方言叫蜻蜒为"蜻蜻"而称竹蜻蜓。竹蜻蜓的制作一般选用一长15～16厘米、宽2厘米的薄竹片和一根长11～12厘米的细圆竹签。首先在竹片中心点两边各0.8厘米处画一道杠，而后从这杠开始，将竹片底面两头的右左侧，削成斜面。再在竹片中心处钻一小孔，小孔大小要与竹签粗细相配。将竹签插进竹片时，一要注意将削有斜面的一面朝下，二要将竹签插牢。

这时，竹蜻蜓便做成了。玩竹蜻蜓有"搓"与"抽"两种玩法。"搓"的玩法，即将竹蜻蜓下边的竹签，放到两手掌心中心间，两手一前一后，使劲一搓，同时松手，竹蜻蜓便"飞"上天空，直往天上钻，直到没劲转动，飘飘荡荡落下来。搓的时候要注意，竹片底面斜坡在右侧的，右手向前搓；左侧削成斜坡的，左手向前搓。这种玩法最为普遍。"抽"的玩法比"搓"要费点事。首先，要另外置备一个配套的细竹筒子和一根结实耐磨的线。竹筒长度稍短于竹蜻蜓下边的竹签，底部最好为竹节，不通透。在竹筒中部的一侧钻一小孔。玩时，先将线从孔中穿到竹筒内，而后，将线头拉出竹筒，紧绕到竹蜻蜓的竹签中部后，放进竹筒内。玩时，猛一抽线，竹蜻蜓便会自动"飞"向天空。绕线时要注意竹蜻蜓竹片底部右侧削成斜面的，线向左绕，反之向右绕；同时，线不宜绕得太多，这样，抽线时竹蜻蜓旋转灵活。

翻跟头。翻跟头是孩子们从幼儿时期就喜欢玩的一种游戏。从孩子会走路时起，大人就会教他翻跟头，通过玩翻跟头来锻炼孩子的胆量、灵活性。起初，这种游戏都在床上玩。大人让孩子趴在床上，手脚撑起，头抵到床上，撅起屁股，随手将孩子的屁股往上一搬，向前一送，便翻了个跟头。如此几次一送，调起了孩子的兴趣，便自己学着翻，越翻瘾越大。

抬花轿。抬花轿是儿童们根据民间用花轿抬新娘子到婆家成亲的习俗，而

古朐遗姿 | 連雲港史話
—— 非遗撷华

■ 民间游艺——打陀螺

创造出的一种游戏。参考游戏的都是同院或邻近5～6岁的男女儿童，人数一般为3～5个人，有时10多个人都能玩。玩时，让一位小女孩当"新娘子"，选两个有劲的（男孩、女孩都行）抬"花轿"。两个小孩面对面，两只手互相抓紧就行，"新娘子"脸朝前往两人手上一坐就算坐"花轿"了。这种抬法比较简便，但由于抬轿人两只手的距离很难保持不变，抬累了，手稍微动一下，"新娘子"就坐不稳，甚至会掉下"轿"来。因此，在长期的游戏中又产生了另一种比较稳定的抬"花轿"办法，即抬"轿"的两个孩子，面对面，先以自己的右手抓住自己的左手脖子（手腕），而后各人用左手抓住对方的右手脖子。这样，四只手互相抓住，便形成一个比较固定的方形座位。"新娘子"坐上稳当，抬轿的走起来也稳当。

　　拉大车。拉大车为4～5岁男女儿童爱玩的一种游戏。游戏完全是模仿城镇、乡村大人赶大车的做法。玩具很简单：一根结实的苘绳或麻绳，一根小树条。游戏场所要求不高，街巷、院内，甚至室内也能玩。参加游戏的人数一般在3～5

/173

人，最少也得3个人。玩之前，先商量谁先做"赶车人"，谁先"拉大车"，谁先"坐大车"，如何轮换位置。然后将长绳两头结起，成圆圈。而后"拉大车""坐大车"的进入绳圈内，"拉大车"的站在前头，"坐大车"的站到后头，将绳圈拉成长形，表示是"大车"。如参加游戏的小朋友多，可以有2～3人做"拉大车"的，站到前头，各人双手抓住绳，其他小朋友站中间当"坐车"的。"赶大车"的小朋友站到"大车"一侧，一手抓住象征车架的绳，一手摇动象征赶车大鞭子的小树条，并不断高声喊"驾！""吁！"等。"赶车人"扬"鞭"喊"驾"时，"拉大车"的人便开始"拉大车"向前走。"赶车人"拽拽绳，喊"吁"时，"大车"就停下，并且，不时按照"赶车人"的动作转动方向。如"赶车人"将绳向自己一侧拉，"拉大车"的就向"赶车人"这边转弯，反之则向另一侧拐弯。

打梭。这是海州地区男孩喜欢玩的一种游戏，因为活动量较大，多在冬季和初春进行。在场地一端画个圆圈，作为打梭场地，俗称"城"。由于打的方法不同，"城"的画法也不同。一种就是画一个直径约1.5米的圆圈，另一种玩法比较复杂，圆圈内还要画两个同心圆，圆圈内外分成十二棍、九驴子、六棍子和外三子四个层次。发梭人将"梭"放在"城"中心，以梭板从上向下打击梭尖，使其跳起，紧接着用梭板平面，将蹦起的梭打向远方。待梭落定后，对方将梭拾起，站在梭落定的地方，将梭投向"城"内。如果，梭落到了"城"内，就夺取了发梭权。如果梭落在"城"外，则由发梭人继续将梭打向远方。待梭落定后，发梭人根据"梭"与"城"之间的距离，向对方"要步子"。"要步子"时都加上了一定难度。如估计两下有10大步远，可以要8步。先问对方"要不要"。对方认为8步跨不到，宣布"不要"，就输了8步。发梭人继续打梭。如果对方宣布"要"，而且确实以8步跳入了"城"（踩到圆线为算），双方就打了平手，但对方取得了发梭权。如果对方没能用8步跨进"城"，则也输8步给发梭人。如此反复进行，直到一方赢到约定的每局步数为一局结束。发梭时，如果发梭人将梭打起，却没能将梭打远，梭仍落在圈内，或者压在圆线上，就"烧死了"，让对方发梭。如果梭弹起后，没有打到，梭落在圆圈外不远处，无法要步子，也算"海台"（失败），让对方发梭。

捣拐。捣拐是男童、男青年喜爱玩的一种游戏。捣拐可以锻炼青少年的平衡能力、耐力和机智。比赛时无须大场地，室内也可进行。春、秋、冬季都可比赛。捣拐时，各人将一腿曲起，用手抱住，一脚独立，以抱起一腿的膝部互相捣斗，可以用碰撞、上掀、下压等办法进攻对方。碰撞，即互以膝部碰撞，谁被碰撞得立足不稳、跌倒，或双脚落地，或移动到了圈外，都是输了一次。上掀，即设法将自己的膝盖，伸到对方膝盖下，猛使劲往上掀，使对方失去平衡而失败。下压就是在进攻时趁势将腿扳起，从上压住对方的腿，使对方支持不住，失去平衡而失败。捣拐比赛，除以正面主动攻击对方取胜外，还可以采用让、闪等方法，让对方失去平衡，从而巧取胜利。

　　连云港传统游艺的器具很多，主要是根据各类不同的游艺方式和内容来配备，因地制宜，简单便携，随做随用。常用的器具有瓦片、薄石片、烂泥、竹竿、树棍、手帕、小木头、竹签、骰子、游戏图、小牌子、桌子、板凳、纸、小铁球、盆、盒子、砂、纸牌、长线、杏核子、薄竹片、细圆竹签、小圆球等。这些东西本身就是日常用品，信手拈来，随时可取可用。比如捣拐，确定规则后，随时可以开展；"开火车"时拿几个凳子，一坐下即可开展游戏；"砸杏核子"时用吃过的杏仁核作器具，随吃随用，易于儿童或游戏者操作。

　　游戏的具体规则、玩法各有不同。传统游戏经历了一个不断新陈代谢、推陈出新的发展过程，许多规则和玩法随着人们生产劳动、社会生活和各种新生事物的发展而不断产生。经过一代一代人的传承、创新、完善，游戏的时代印记越来越明显，其娱乐、竞技、强身、育智功能也越来越得到更好的体现。

打莲湘

　　打莲湘，又称打年象，或打莲厢，是千百年来连云港市人民群众在劳动过程中，逐步发展和创造出来的一种民间舞蹈艺术形式。表演者手拿一根串着金钱的棒子，在地上及手、肩、脚、背等身体各部位敲打，发出悦耳的响铃声，这就是"打莲湘"。

　　秦朝时，秦始皇东巡至赣榆，曾登吴山看日出，当地人民为迎接秦始皇，举行了盛大的民间曲艺表演活动，并自创了喜庆丰收、歌颂太平盛世的"打莲湘"民间说唱形式。也有人认为打莲湘是从乞丐乞讨而唱逐步演变而来，盛于清代，有千年以上的历史。

打莲湘从简单的打击发展成为传统舞蹈曲艺活动，经历了漫长的阶段。清代毛奇龄的《西河词话》和康熙年间李声振的《百戏竹枝词》中都有对打莲湘的记载。根据连云港历史文献《嘉庆海州直隶州志》中的记载，可以将连云港打莲湘舞蹈的历史追溯到500多年前。起初人们把它作为一种健身活动，用一根二尺来长的竹竿击打身体的肩、背、腰、腹、臀和四肢的各个穴位，以达到舒筋活血之功效。后来请乐师重新编谱创作新的乐谱，还配上唱词边打边唱。既锻炼了身体，又愉悦了身心，一举两得。

打莲湘于明末清初最为鼎盛。每逢盛大节日，如春秋庙会、商家庆典、春节踩街等，莲湘舞就成了不可缺少的表演项目。早年每年冬闲，特别是正月里，几个连片村庄的"玩友"互相比试，捉弄生趣，最后愚者不愚，智者洋相百出，令人捧腹。打莲湘演出时，由全套锣鼓和管弦乐伴奏，具有浓郁的乡土气息；因为年年如此，代代相传，各地均形成了稳定的"会头"和"班底"，活动起来甚为方便。

打莲湘的道具比较简单，常用的有花棒、演出服装等。花棒是打莲湘表演的最主要道具。它的制作材料最早是一根1.5米左右的光竹竿，后经历代艺人的改进，在简单的竹子两端刻上槽，装上铜钱；进而从两槽发展到四槽、六槽，并在竹竿两端系上红丝、彩纸、铃铛等装饰。竹竿也根据需要包装成各种颜色，逐步演变成现在的形式。

打莲湘动作灵活多变，调子轻松明快，唱词通俗易懂。其表演形式一般为边唱边舞，一问一答，或说或唱。演出时，一般配有5～6个人的伴奏乐队，配有全套锣鼓和管弦乐伴奏。在海州地区的老式《统荷包》中唱道："姐家门前一棵椿，来来去去好乘荫，烧茶度水多累姐，十样东西谢姐恩，一买一包红绿线，二买二包绣花针，三买三尺桃红布，四买四尺缎花青，五买胭脂姐搽脸，六买银环吊耳根，七买上身红绸袄，八买下身紫罗裙，九买大红鸳鸯枕，十买被子盖姐身。郎的情意我尽领，不必花费许多银，只要情哥不嫌我，绣个荷包

打莲湘比赛

谢郎君；一绣文官来朝拜，二绣武官守边廷，三绣黄龙来戏水，四绣鲤鱼跳龙门，五绣五月端阳景，六绣荷花笑盈盈，七绣银船鼓风浪，八绣海马游江心，九绣蛾眉十绣月，我把情哥绣当中。"这些歌词贴近生活，贴近实际，很受欢迎。

表演打莲湘时，舞者手握莲湘中部位置，扭动腰身在手、臂、肘、背、腰、腿、脚等多个部位有节奏地敲打，使之发出"嚓、嚓、嚓"的声响，以达到整齐划一、动作协调的表演目的，同时也能起到舒筋活血之功效。

打莲湘自古代以来就代代传承，有着深厚的群众基础和浓郁的风情。民间舞蹈打莲湘在打击方式和舞蹈动作方面不断发展变化，添加了现代舞蹈的元素。表演方式由原来的单莲湘，发展到双莲湘和群体莲湘。打法也更加变化，出现了杂打、单打、双打、挑打、蹲打、跳打等。表现形式由古老传统的打莲湘说唱发展到现今的配乐打。在其编排上加入新式舞蹈动作，更趋向舞台化，使得打莲湘这一民间舞蹈技艺更具时代感，并在一些文艺比赛中获奖。

玩麒麟

麒麟，被尊为"瑞兽""圣兽"，是传说中的吉祥动物。古代传说中的麒麟性格温顺，头上有角，角上生肉，是"设武备而不用"的有德行的"仁兽"。孔子出生时，遇到麟吐玉书，于是麒麟又被称作"圣兽"。《春秋》中有个"西狩获麟"的故事，讲的是鲁哀公十四年春天，在西部狩猎，捕获麒麟。孔子知道此事后十分哀伤，由此中断了《春秋》写作，由他的弟子续成。因此后人称《春秋》为《麟经》，也称《麟史》。

在民间，麒麟给人间送子，成为世代相传的吉祥如意的象征。汉代武帝曾下令铸造了"麟趾金"，还建造了一座麒麟阁，阁内挂上霍光、杜延年等功臣图像。唐代武则天在她母亲的墓前，用石头雕刻了一头高大威武的麒麟，作为守陵之兽。"麟现"被颂为圣王的"嘉瑞呈祥"，是太平盛世的象征，麒麟送子更是最为普遍的民间习俗，这一主题被广泛使用在年画上，并流传于民间节庆活动中。

玩麒麟是连云港当地居民祈求新年吉祥、人寿年丰、人口兴旺美好愿望的民间文娱活动。它始于何时，已无法考证。据连云港当地老人回忆，至少清代就有这一娱乐活动。玩麒麟的唱词也是经过一代一代人的创作、润色，流传到今天。玩麒麟的时间一般是从正月初一直至正月十五，一个村庄每天都有好几个班子演唱，真是"你方唱罢我登场"，十分热闹。它以灌云县和海州地区为主要流布区域。

玩麒麟所用的器具分为两类。一类是扎动作，十分逗人。一个玩麒麟的班子一般由5人组成，1人收钱，4人敲锣打鼓。上门要钱的人被称作"抵笆门子的"。敲镲的人扛着麒麟，打大锣的人做演唱的起头人。唱的曲调是专门的麒麟调，用微调式，起承转合四句，夹一句锣鼓，再重复最后一句。

每唱一段，敲一阵锣鼓，长短视情况而定。每到一庄，挨门挨户唱，内容也五花八门，古今中外，无所不包。有时根据观众情绪、农户情况即兴发挥。

如到一般人家，就唱"锣鼓一打响当当，麒麟报春到门上，麒麟不来无宝地，五财神紧跟上"，前4人各唱一句，最后1人重复最后一句。

也常唱"锣鼓一打响铮铮，麒麟来到幸福门。幸福门前摇钱树，幸福家后聚宝盆。摇钱树来天天摇，摇下钱来尺把深。聚宝盆天天聚，聚起金银像座城"。到了军属人家，就唱"锣鼓打得咯排排，光荣匾上放光彩，人民先锋四个字，人人看见人人赞"。看到新瓦房、新楼房，艺人又编写了新词："锣鼓越打声越高，这个村子真不孬，瓦房楼房连成片，银行存款节节高。"看到这家贴着挂廊，就唱"锣鼓打得咯排排，五彩挂廊挂起来。朝里刮刮生贵子，朝外刮刮要发财"。

唱大路

看到人家门上挂吊搭子，就唱"锣鼓一打咯排排，这家吊搭挂起来，虽然不是无价宝，挡住寒风不进来"。各类唱词见景生情，诙谐有趣。而经常的固定唱词有《麒麟出世》《十二月花风》《十八岁古人》。若两班相遇，轮番比赛，看谁唱的段子多，就唱《杨家将》《唐王游街》《王三姐挑菜》等，从盘古开天辟地，能一直唱到当代。

麒麟唱词也是不断创新发展的过程。传统的段子有《岳飞》《瓦岗寨》《杨家将》《四大京》《麒麟出世》《八仙过海》《十八岁古人》《梁山伯与祝英台》

《十二月花风》《薛仁贵征东》《王三姐挑菜》等。

如《四大京》唱词："锣鼓一打咯尖尖，来人要听四大京。南京改作江宁府，北京名为顺天城。东京改作汴梁地，西京名为长安城。四大京城咱表过，四大皇位表你听。东京坐下赵匡胤，西京坐下李世民。南京坐下朱洪武，北京坐下清乾隆。四大皇位咱表过，四家丞相表你听。东京丞相名赵普，西京丞相房玄龄。南京丞相李善长，北京丞相叫刘墉。四家丞相咱表过，四家元帅表你听。东京元帅名杨景，西京元帅名秦琼，南京元帅名徐达，北京元帅赖巴过。四家元帅咱表过，十二家保朝将英雄。东京一班保朝将，一个一个都有名。高怀德，呼延赞，还有金刀老令公。东京保朝咱表过，西京保朝表你听，西京一班保朝将，一个一个都有名。有魏征、程咬金，还有八弟小罗成，南京保朝表你听……"

如《梁山伯与祝英台》唱词："锣鼓一打响排排，山伯思念祝英台，门从草桥来结拜，朝夕相处分不开，白天同桌夜同住，不知英台女裙钗，早知英台裙钗女，早已生下宝宝来，恨人不恨旁一个，恨死那个马文才。抢走我的英台妹，让我孤单落悲哀。"

现今也时有创作新词，宣传党的方针政策、新的思想观念，内容丰富多彩。如"锣鼓一打响咚咚，家家户户过新春。翻身不忘共产党，幸福不忘毛泽东"。还有即兴演唱的灵活唱词。

玩麒麟简单易学，不同于其他戏曲、曲艺，一般没有师承关系、家传系统。玩麒麟唱腔简单，只有四句，一般第四句后面加上锣鼓点"冬冬压"。锣鼓打法简单，多用三字锣、五字锣。因此人人会唱，人人会打节奏。新段子随时编唱，只要顺口上韵即可。

刘氏自然拳

刘氏自然拳是一门古老的武术流派，强调的是内在的力量和自然的节奏，旨在通过锻炼来达到身体和心灵的和谐。兼内外所长，刚柔并蓄，练则不着"相"，以意导气，以气为本，只操功夫，不问打法，意到手随，自然而然，故称"自然门"。

刘氏自然拳的特点在于它的动作流畅自然，没有太多的花哨和繁琐的招式。这种拳法注重身体的协调性和平衡性，通过练习可以提高身体的灵敏度和反应能力。自然拳入门之初以舒筋法练习腰腿柔韧度、关节灵活度。以内圈手练习手、眼、身、法、步，要求"身似弯弓手似箭，眼似流星腿似磨"，此后则习推手（即鬼推手），然后再加入踢法练习。

自然拳的功夫包括：以"子母球"练抓、斩、切、刺、抛、刷、点、拿等劲；以"沙包"练抓扣劲；以"捏纠木棒"练虎口劲；以"三角桩"练蹬踢法等。

自然门打法分十九字，有歌云："生、擒、捉、拿、闪、躲、圆、滑、吞、吐、浮、沉、绵、软、巧、脆、化、妙、神至于上乘。"自然门技法要诀为："吞身如鹤缩，吐手如蛇奔。活泼似猿猴，两足如磨心。若问真消息，气穴寻原因。"武当自然门习武与修身并重，要求打法自然，处事自然，归根自然。自然门无固定拳套，不讲着，不着相，以气为归，以不失自然为本旨。

所谓"自然"，是通过循规蹈矩的苦练求得。所用手法不出以下四种：一为大圈手，即大花圈手，又名鸳鸯手与外圈手。用手练，式需拉开，持双械练，式需护胁。二为小圈手，即小花圈手，亦称内圈手、套环手与扦缘手。三为冲锋连还手，拨开奔打者。四为金圈逼命手，即大花手之不拉上来者，出去之手需用劲，抵身拧。手法一变，既系掌法。掌法既是手之打法，也是手上破法，动静无穷，变化无端，虚虚实实，自然而然。基本内容有武当十二式、武当二十四式、旱地拳、阴阳拳、地躺拳、乌龙通背拳、青龙拳、阴阳靠、锁羊拳、豹子拳、打虎捶、大行捶、还阳除雾靠、七路神拳、迷魂拳、八段锦、八极拳等。

自然拳是中华文化的宝贵遗产，有技击、养生

■ 传承人教授刘氏自然拳

/181

双重效能。其技击分为6个部分，即放胆、审势、辨伪、善变、实发、浑圆。动作朴实无华，简单实用，灵活多变，以长击短，以巧破拙，手腿并重，奇正圆滑。它讲究身上无不是手，身上任何部位均可作为制敌武器，手眼身法步，肩肘腕胯膝，顶项胸腰背，更有其独特的步法和身法，如"步法丁丁，脚走七星，摇身晃膀，鬼头探脑"。其特点概括为"手手打伸，腿腿踢伸"；"见招不打，见式不打"和"打法自然，不露打相"。

除了锻炼身体，刘氏自然拳还注重内在的修养。这种拳法认为，人的身体和心灵是相互关联的，只有身心合一才能达到真正的健康和和谐。因此，刘氏自然拳的练习者在学习拳法的同时，也会通过冥想、内观等方式来提高自己的内在修养。

养身功能可以归纳为五调、八相、八要。五调是调身、调心、调息、调饮食、调起居睡眠。八相，即沉相、浮相、急相、宽相、风相、喘相、气相、息相。八要，即要心定、要神宁、要心安、要清净、要无物、要气行、要绝相、要觉明。简单地说，"八要"就是调心为依归，心调则八定，心中津液涌生，任督接通而百脉俱通，内气充盈，生机横溢。

刘氏自然拳不仅仅是一种武术流派，更是一种生活态度。这种拳法教导人们要顺应自然，不要强行违背自然的规律，要通过调整自己的行为和心态来与自然和谐共处。

这种思想不仅在武术中有着重要的意义，对于我们的日常生活也有着很大的启示作用。

形意拳

形意拳，与太极、八卦、少林并称为中国四大名拳，为中国的三大内家拳（形意拳、太极拳、八卦掌）之一。形意拳尊宋朝岳武穆王——岳飞为始祖。形意拳起始于宋代，完善于明清，盛行于民国。迄今已有800多年历史。

灌云武术文化积淀深厚，为形意拳的练习与传承提供了得天独厚的自然和人文环境。西楚霸王项羽麾下大将钟离昧为灌云伊芦人。明朝永乐年间，灌云人厉达被封为征西将军。清光绪年间被"钦定一甲第二名"榜眼、授振威将军、诰封三代为武显将军的张大宗，诰封武显将军、授武翼都尉正五品的张大标，晚清时期镇江清军统领董开基，清末武状元、担任两广参将、率师负责镇守广州的卞赓等都是灌云武术名家。

形意拳在实践中不断充实完善，拳法内容越来越丰富，经过历代传人不断钻研、实践、总结、提高，逐渐形成较为完整的理论和实践体系。形意拳基本拳法以三体式、五行拳、十二形拳为主；单练套路有五行连环、杂式捶、四把拳、十二洪捶、出入洞、五行相生；对练套路有五行相克、安身炮；器械练习以刀、枪、剑、棍等为主。

其核心要领是心与意合、意与气合、气与力合（为内三合），手与足合、肘与膝合、肩与胯合（为外三合），统称"六合"；人弃我取要，即"顶、扣、圆、敏、抱、垂、曲、挺"这八字中，每个字都包含了三项具体的要求，体现了形意拳技法的基本特点。

■ 形意拳传承人在传徒授艺

形意拳的基本内容：以形意五行拳（劈、崩、钻、炮、横）和十二形拳（龙、虎、猴、马、鸡、鹞、燕、蛇、鼍、骀、鹰、熊）；五行连环、杂式捶、出入洞、五行相生等。对练套路有五行相克、三手炮、五花炮、安身炮。

器械有五行刀、五行枪、五行剑、五行棍，十二形刀、十二形枪、十二形棍、连环刀、连环枪、连环剑、连环棍、六合刀、六合枪、六合剑、六合棍等。

形意拳注重内外功夫修炼，通过功法锻炼，达到内壮外坚，"筑其基，壮基内，使骨体坚如铁石"，为技术提高打下良好基础。主要功法有站桩功、抖大竿、丹田功、内壮外坚功等。

形意拳拳势舒展，拳法勇猛，硬打硬进，简洁朴实，其动作大多直来直往，一屈一伸，节奏鲜明，朴实无华，富于自然之美，要求宽胸实腹，气沉丹田，刚而不僵，柔而不软，劲力舒展沉实。提倡近打快攻，抢占有利位置。"身如弩弓，拳如箭，三尖要对，四梢齐"，沉着稳健，身正，步稳，"迈步如行犁，落脚如生根"，"磨经磨胫，意气响连声"，动作强调上法上身，手脚齐到，

■ 形意拳群体演练

一发即至，一寸为先。"远了便上手，近了便加肘；远了用脚踢，近了便加膝"，拳谚有"起如风，落如箭，打倒还嫌慢"之说。发拳时，拧裹钻翻，与身法、步法紧密相合，周身上下好像拧绳一样，毫不松懈，快速完整，保证身体各部姿势的正确舒展。

形意拳汲取了易经学与气功学的精华，以"阴阳五行学说"与"中医经络学说"为理论基础，内外兼修，讲究以意领气，以气导力，通过形与意的相互调节、内与外的相互作用来达到体用兼修的功效。

形意拳健身与技击并重，不仅有强身健体、修身养性、祛病延年之功效，而且具有富于实战的技击效果。形意拳动作简单、易学、适用，具有很强的技击性，其神奇的攻防效果，历来被许多武术家所推崇。

抬　阁

连云港的民间抬阁活动纯系民间自发举办，代代相传。起初抬阁只是海州南城镇的城隍庙中城隍老爷出坛时（行坛）的一个表演节目，后来转变为春天时节的一种助兴游戏，成为深受当地居民喜爱的一种民俗活动。在海州地区的南城、新浦等地，每年春节、清明，抬阁表演都能吸引大量观众。

抬阁，作为民俗活动由来已久。关于抬阁的渊源有不同的版本。有人认为抬阁是祭祀土神与火神的一种活动。在人类还未能认识和控制大自然的上古时代，人们常常借某种自然物为符号，以表示一个团体、一个民族的血统，尊为神圣而崇拜，叫作拜"图腾"。

祭祀时，大伙儿抬着"土神"与"火神"偶像的活动就叫"社火"。据传，尧舜时期，祭祀活动就有了固定形式和特定日期，到夏、商、周时期，祭祀活动更为频繁，仪式更为复杂，被人们视为至尊的土、木偶像图腾，也不时地转移，因而"社火"就伴随祭祀活动得到了发展，后来演变成抬着坐有偶像的亭台楼阁或人扮神游走，所以就叫作"抬阁"。

抬阁始于春秋时期，鼎盛于明清。2000多年前的春秋、战国时期，战乱频繁。有一年，孔子周游列国，传播儒家文化，广结善缘。当他离开一地时，村民们击鼓相送，并选择唱歌好的男童、女童，由众人将其抬到高桌上，边行边唱，让远去的孔子能回望到高桌上的歌舞。

后来，村民们在喜庆自娱时，仍沿用了这种歌舞形式。因为是抬着歌舞，故名"抬歌"。经过不断的传承演变，后来，艺人们将高桌装饰成亭台楼阁的样式，给人以空中楼阁、云里雾里的感觉，故更名为"抬阁"。又因在高台上演出，也称"台阁"。

抬阁的来历还有一种传说。隋唐时期，隋炀帝极尽声色之乐，在宫廷内建筑了不少亭台楼阁，驱使歌伎舞女在台上、阁前为他表演取乐，久而成习。但他又不安于宫廷生活，常常出外游山玩水，凡一出门，必须携带歌伎舞女。为适应流动的需要，逼迫劳动人民为他创造了流动舞台，就是今日的抬阁。那时，只是抬阁而不抬人，歌伎舞女表演时登台，演毕后下台。

还有人说抬阁的起源是在唐玄宗时期，当时百戏杂耍有了进一步的发展，民间效仿宫廷，于农闲之时演百戏于村、社。因民间少有亭台楼阁，就搬来几张桌案临时拼成舞台，让扮演者在桌案上表演，这就是"台"。但只有"台"没有"阁"，难以遮风避雨，人们又在"台"上设置了简单的遮盖物"阁"，就成了"台阁"。后来又因为不时由人抬着移动，人们就习惯地称之为抬阁。

据海州地区的老人介绍，1942年以后新浦、海州各街道仍有抬阁表演，当地的"殷葛沈杨谢"五大家族都积极出资支持，各街道之间形成竞赛。海州鼓楼街的抬阁叫"锁麟"，南中街的叫"水泊梁山"。据说居住在海州砚池街的殷大爹支持厉洪贵大爹搞抬阁表演，但当时砚池街的抬阁表演水平比较落后。后来厉大爹一夜之间带领木工、铁匠制成了新的抬阁，叫"白玉板"。当地很快就流传出"厉洪贵好大胆，一夜制成白玉板"的歌谣，至今仍留在当地百姓的记忆中。

抬阁艺术发展至今已成为集戏剧与杂技为一体，集木艺、铁艺、画艺、扎艺、布艺等于一身的成熟的高台表演艺术形式。

在抬阁的周围，还经常可以看到有手持长叉者，这也是抬阁活动的特色之一。一些商户还借助这些长叉，挑起放有点心水果的竹篮子供架子上的孩子们选吃，有的还给钱。除了为表演者传递道具等物品外，由于抬阁较高，行走过程中难免遇到树枝等障碍，长叉也是少不了的避险工具。

抬阁上的表演者由儿童担任，一般为7～9岁、体重不超过50斤，长相好看的小孩。一是因为儿童体重较轻；二来民间有儿童可以受到神灵保佑之说。能上阁表演者，自然受到众人宠爱。参加演出前，演员都必须穿戴相应的服装，裁缝要为孩子和领头人、跑龙套的人制作彩衣，化妆师为他们化妆。一般一个抬阁由3～6名儿童组成。

抬阁的表演内容随时代逐步变化、发展，与一般戏剧不同，每台抬阁只反映一个内容。开始时，由于阁比较小，所以表演一些简单的传统故事，如《白蛇传》《九老图》《钟馗嫁妹》《八仙庆寿》《嫦娥奔月》《麻姑献寿》《天女散花》。后来，抬阁的人数增加了，表演内容也逐渐丰富，故事情节也变得复杂起来。主要故事有《三国演义》《水浒传》《红楼梦》《西游记》《仙人上寿》《平安吉庆》《龙凤呈祥》《替天行道》《脱过轮回》《忠孝节义》等内容。新中国成立以后，抬阁表演增加了一些新的内容，民间艺人创造了许多反映现实生活的艺术典型，如《五业兴旺》《工农联盟》《保卫祖国》《军民鱼水情》《各族人民大团结》及一些现代戏，使这一民间艺术得到了新的发展。

为了安全起见，小孩都需要固定在铁插件内，腰间用布绳扎好。固定的铁杆全部隐蔽在衣服里面，外表看不出来。每个孩子脚下固定一块平整的铁板，让其站稳。他（她）们在架子上或站或仰或卧，身着戏装，依据扮演的戏剧人物特点，随着抬阁行进的频率而随意摇摆，显得非常可爱。

有一定表演经验的孩子，还可以根据不同剧情，利用道具做出一些造型来，如小演员身骑白马，把《西游记》中的唐僧扮演得活灵活现。"抬阁"的表演内容都是群众耳熟能详的民间人物和喜闻乐见的戏剧故事，如潘金莲、武大郎、孙悟空、猪八戒以及花木兰参军、白蛇传、穆桂英下山等。

抬阁活动的巧妙之处在于能够集中、概括、典型、形象地反映主题。一般戏曲情节要在舞台上演出，需要若干人物，几十个场面，1～2个小时，道具、乐队、演员非常繁琐。而抬阁只需要通过彩制景物的巧妙衬托、布景道具的艺术布局，就构成了一幅富有诗意、别有风趣的图画，达到与在舞台唱、做、念、打同样传神的效果。

如《唐僧取经》一戏，在抬阁表演中只选了《三打白骨精》这个典型情节。孙大圣手持金箍棒，从云端俯冲下来，照白骨精头上狠狠砸去；唐僧却合掌闭目，于心不忍；八戒嘴贴唐僧耳朵说大圣的坏话，两眼直勾勾贪婪地盯着妖精美人儿；白骨精走投无路……这种布局，意味深长地体现了戏中人物不同的性格。再加抬阁行止间的不停闪动，金箍棒就在妖精头上一点一点地打起来、白骨精显出浑身颤抖、欲逃不能的狼狈相。这样就将主题思想表现得淋漓尽致、耐人寻味。

抬阁如同一个活舞台，由数人抬着，沿街表演。活动过程中还要安排一个人做总指挥，指导架子上的孩子做一些简单的动作。抬阁表演时，往往配以狮舞、龙舞、高跷、花船、秧歌队等民间社火，尽情歌舞；旁边还有锣鼓乐队随行开道、引导。而抬阁多至数十台，少至几台，陈列成行。铿锵的锣鼓、欢快的秧歌簇拥着庞大的抬阁，场面十分壮观。小演员衣裙飘拂，不断变换造型，看上去既像演戏，又似杂技，十分扣人心弦、引人注目。

由此可见，尽管抬阁的渊源各自不同，但是，其形式、用途都非常类似，即都是先从抬桌子开始逐步衍变，主要用于民间演出活动。顾名思义，抬阁就是人们在一个用竹木或铁质材料扎制成类似"阁"的架子上进行表演的一种形式。随着科学技术的发展，抬阁艺人们的制"阁"手法不断创新，"阁"也逐渐向高峭、奇、险、舞、凌空兀立之美感不断发展，这是其他民间艺术形式所无法比拟的。

乡 棋

乡棋不苛求棋枰、棋子等棋具，不苛求对弈场所。随便在地上用树枝、瓦片刻划成棋盘，顺手捏个泥蛋，捡个田螺，掐个草棒都可作棋子。田头、路边、夏日树荫下，均可对弈。劳作间的小憩时光，随时可下。有二人对弈，有三人、四人同下，有时多人观战，各为支持方出谋划策，趣味十足。

这些乡棋，被刻在大伊山东端的山石上，还留下了"石盘棋"的地名。现保存完好的有十个棋盘，故又称"十盘棋"，已作为地名标志加以保护。在伊芦山六神台江苏省文物保护单位唐佛教造像的峰顶上，还留有传说中陆凌霄遇神仙下棋的石刻棋盘"六路州"，与佛教造像一起作为整体被保护。

《镜花缘》作者李汝珍在《受子谱》的书后语中记载："乾隆乙卯岁，同人偶于朐阳对局。"书中记录了一次"公弈"，参加选手达10人之多。清代海州名士吴振勃《游东芦山六首》之五"邂逅仙缘未可期，幽岩曲径藓花滋。不知阅尽人间世，消得山中几局棋"。自注"石棋枰在落神台"。

■ 传统棋艺

乡棋种类形式多样，规则大同小异，有"六路州""四路顶""五路担夹""憋死茅""老窠猪"等，流传最多的是六路州、四路顶和五路担夹等，其中六路州最为复杂。

六路州又叫六州，棋盘由纵横六条等距离直线构成，每线交叉处为棋眼，下棋双方各占十八眼，即十八块棋子。每条直线都是路，棋子需沿路行走，每次只准走一格，相邻四眼为同一方的棋子所占，叫一方，俗叫上方。一旦走成方，就可以吃掉对方一子。如同一条直线上的六个棋眼为同一方的棋子所占，叫州，俗叫上州，亦可吃掉对方一子。方和州可随开随上，方或州中任一子离开一步就不成其方或州了。叫开方或开州。这一棋子再回来，叫上方或上州，还可以吃掉对方一棋子。吃棋子只能吃对方不成方或不成州的棋子，亦可吃对方开了方或州的棋子。

/ 189

下棋双方各有十八块棋子，先后轮流向棋眼丢棋。这中间如对方相邻的三块棋子在一起，你就要补方，否则，对方就上方吃你一子，州亦如此，在对方州还少子时，你要补州，如不补，对方上州吃你一子。全部三十六眼丢满后，先丢棋者后吃棋，后丢棋者先吃棋，吃棋就是起步走子。开始吃棋时有两种吃法，一般是根据棋势而定。一种吃法是先吃对方一子，上方或上州后再吃对方一子，另一种吃法是先吃取对方一子后再走一步，俗称"捺一块走一步"。一方的棋子被吃得所剩无几，无法组成方或州了就算输，或看棋势无法挽回也可以计输。双方都没有方或州时，或有方、州又开不了时，即为下走棋。走棋就是沿路来回行走，如被对方逼得无路可走，那就算输了，走棋一般情况下以和棋为多，每输赢一次叫一盘。

四路顶又叫"四股顶"，下棋时随时在地上画横竖线各4道，组成正方形棋盘。下四路顶的棋盘虽和下四路州一样，但具体玩法截然不同。一是双方只各执4个棋子，二是不靠上方、成龙来吃对方的棋子，而是靠将自己的两个棋子紧靠着对方一个棋子，并同在一条棋盘线上，形成"两顶一"之势，这样对方被顶住的棋子就算被吃掉了。如一方棋子被对方吃得无法去顶对方棋子时，便算输了一盘。

憋死茅是儿童接触最早的简易地方棋类。憋死茅棋盘是在一边敞口的正方形上将对角连成线而成的。棋盘中的敞口部分，为茅道，即厕所；茅道的敞口为禁区，如己方的棋子被对方逼到了茅道口的一侧，无路可走了，就是被茅道憋死了，就算输了一盘。憋死茅也因此得名。下憋死茅棋，场地不讲究，室内室外都行，在地面上画个棋盘，双方各执两个棋子就能玩了。下棋时，双方各据茅道两边的棋眼。开始谁先走子，都为谦让而定，而后，谁赢谁先走棋。但是，不管谁先走棋子，都不准第一步就把对方憋死。

五路担夹。该棋盘由横竖五条线，组成横竖16个方格，再画上对角线，形成四联方的四个"米"字格。二人对弈，各在己方边线的横竖线交点上摆5个子，轮番走子，可横行、直行和斜行，在空白交叉点上停子。停子的点，位于对方两个子中间，可将对方的这两个子"担"去，增摆上己方的棋子。如停子的点与己方已有的子，正好夹住对方的一个子，便可将对方的这个子"夹"去，摆上自己的子。直到一方被"担"或"夹"尽了，才可分出胜负。

  武术可以健身，花船增添喜庆，游艺可以娱乐。人类要生存，离不开健康体魄；人类要接受教育，便需要寓教于乐。以上介绍的项目可谓琳琅满目，花样百出，反映了连云港地区人民群众的创造力、包容性、连续性。人具有无限的创造能力，这是人类最本质的特征。同时，这些项目又具有深刻的文化内涵，如强调群体的协作互助、融入了礼仪习俗、主张以艺会友等。文化是抽象的，又是具体的。以文化人，以活动教育人，是非遗的价值所在。

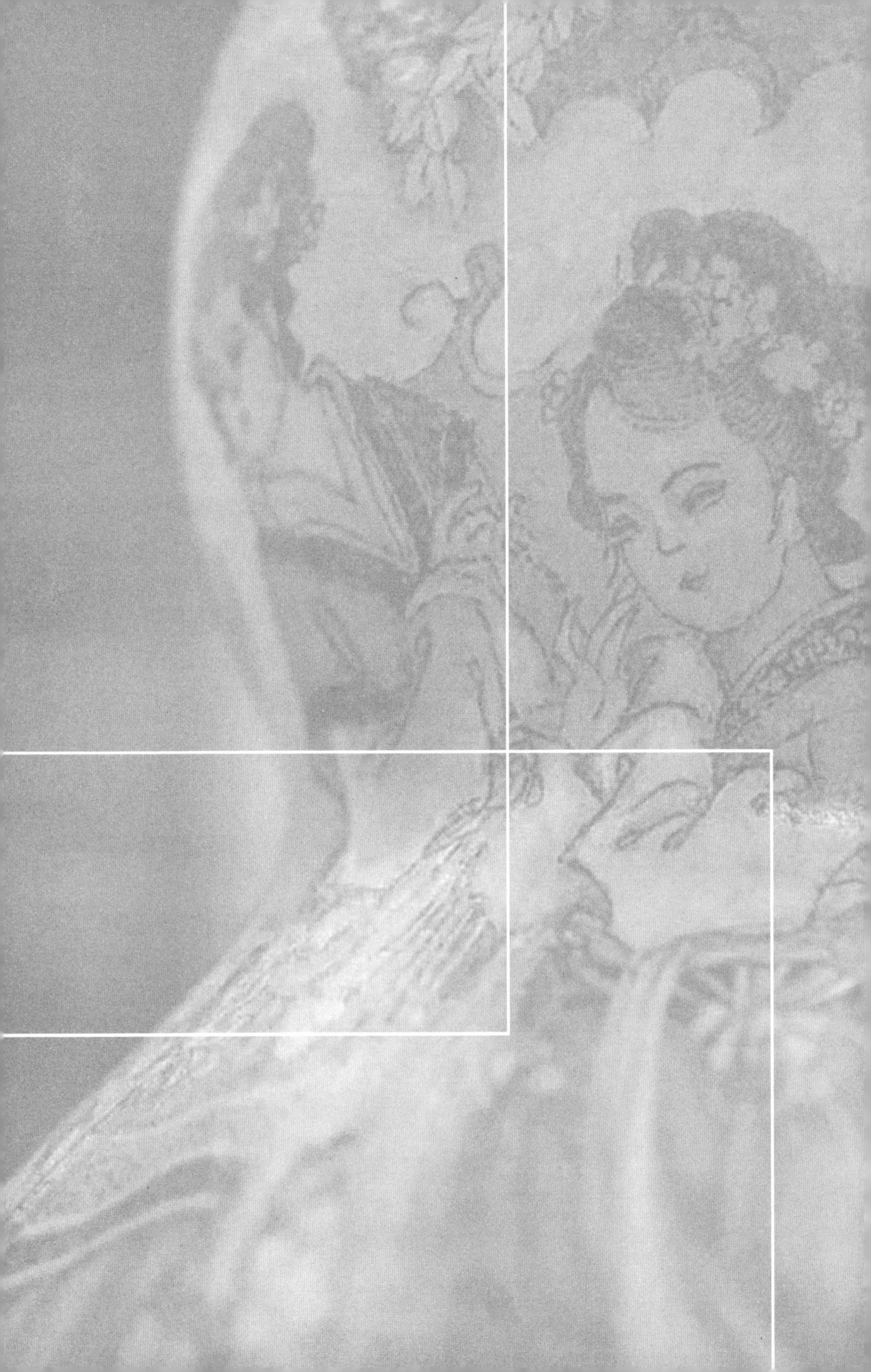

苍梧遗技

连云港地区非物质文化遗产的产生是以手工生产方式为现实基础的。传统美术是人民群众的创造，在日常生活中应用、流行；水晶雕刻技艺，作品具有神秘、高贵、典雅的艺术效果；锻铜技艺，能在铜板上雕刻出凹凸起伏的各种图案；黑陶制作技艺，作品可以达到黑如墨、亮如漆、硬如瓷的境地；贝雕，可贴可雕，五彩斑斓，"慢工出细活"，"巧手绘新图"。这些手工生产方式及其传统技艺需要得到保护、继承和振兴。

连云港史话——非遗撷翠·

黑陶制作技艺

连云港是中国黑陶工艺品的主要产区之一，黑陶工艺品的发展历史源远流长。独特的"压光工艺"和"雕刻技法"，使黑陶工艺品达到了黑如墨、亮如漆、硬如瓷、声如磬、蛋壳样薄、鸿毛样轻的境界，突出了古朴、神秘、高贵、典雅的艺术效果，使其成为文物收藏、厅堂摆放、旅游纪念、馈赠友人的艺术珍品。

1959年在连云港市海州区锦屏镇二涧遗址出土的"黄褐夹砂陶器"经鉴定距今已有约7000年以上历史。该地也成为我国新石器时代早期著名的遗址之一。

代表新石器时代制陶技术最高水平的"蛋壳黑陶"，胎如蛋壳，厚度在0.1～0.2厘米，光亮似漆。

在滕花落出土的黑陶展品，是母系社会的代表作，被誉为2000年"中国考古十大新发现"之一。连云港黑陶工艺品使用的原料，是特殊的黏土。据《连云港地方史稿》记载："1988年从新石器时代华盖山遗址出土的陶鼎、黑陶片等遗物，从地层剖面看，出土器物的灰色土层下面是黄土层，再下面是土质细腻、灰黑色的海淤层，海淤层下为黄土层。当时黑陶胎坯用土大多采用天然的黑土或河谷中的沉积土，有的选用高岭土坯坯。"制作黑陶所需要的土，是亿年前海水把海中精华的黏土席卷到岸边，被山涧巨石拦挡下来的一种特殊黏土。通常取土几米以下，黏土层一般不超过50厘米。

黑陶的制作工艺有平雕工艺、模光工艺和高浮雕工艺等多种工艺。

平雕工艺，就是将陶品表面打磨光滑后，绘图直接进行雕刻，将图案周边泥土铲出、挑点、压平的一种工艺形式。平雕工艺，又包含了线雕、影雕、浅浮雕三种工艺技术。线雕，就是将陶器表面处理光亮，以线条形式刻出图案的一种工艺形式，其图案面是光滑平整的。影雕技艺，是根据绘画的光学原理，利用光的明暗调子进行雕刻的一种工艺形式，类似绘画中的素描技法。浅浮雕，是在平雕的基础上将平面图案塑成立体画面，以达到浮雕的效果，是平雕工艺技术的延伸。之所以称为浅浮雕，是因为雕刻深度浅、是雕刻面略超过瓶体表面的一种工艺形式。

模光工艺，就是将所要产品主体雕塑成模具后，进行注浆或贴坯，再经过细致修整，用毛毯抛光。模光技艺，包含了立体雕塑和制作模具两种工艺技术。立体雕塑技艺，就是将人物、动物形象用雕塑手法使之立体化。制作模具，是将立体化的雕塑合理分割后，翻制成模具。整个模光生产技术必须统一协调，环环相扣。要设计合理，不能出现卡模现象。

高浮雕工艺，通过雕刻、磨削、烧制等多道工序，将图案、文字等元素融入陶器之中，呈现出高浮雕般的艺术效果。这种技艺不仅需要精湛的手工技巧，还需要对材料和火候有深入的了解和掌握。黑陶传承人不断探索和创新，将新的元素融入作品中，使黑陶高浮雕技艺焕发出新的生命力，也得到了很好的传承和发展。

■ 黑陶制作中的平雕工艺

漆陶技艺，是在坯胎制作成工艺半成品上，用大漆粘贴蛋壳粉，经打磨光滑后，用漆画工艺进行绘画的一种工艺形式。它介于黑陶、灰陶、红陶之间，具有过渡性，并兼容了平雕、高浮雕等制作方法。产品达到黑如墨、亮如漆、硬如瓷、声如磬、蛋壳样薄、鸿毛样轻的境界，突出了古朴、神秘、高贵、典雅的艺术效果。

烧窑技艺，是指将坯胎制作成型的工艺半成品，装入窑内，用木火烧制并经熏闷。用于烧制黑陶的木头，通常用山前（南）松木烧制。因山前（南）松木含盐性较高，烧出的产品乌黑发亮；而山后（北）松木碱性较大，烧出的产品发白、发乌、不发亮。另外，在闷熏时，用松毛将炉膛填满，不能有明火，只有浓烟，使产品渐渐变黑。

黑陶工艺品的包装是产品出厂前的最后一道工序。

烙　画

烙画，又称"烫画""火烙画""火笔画""烙花"。

用烙铁在纸上作画要把握火候热度，不能把纸烫坏；若太温，又无法烫出烙印。用烙铁烙的画，板可以装框美化，纸可以装裱。创作时，对烙铁力度和角度的选择十分严格，创作出的作品整体给人有极强的凹凸感与立体感。

烙绘技法也从原来简单烙烫，发展出润色、烫刻、细描、烘晕、渲染等多种形式。烙画作品一般呈深或浅褐色，古朴典雅，清晰秀丽，特有的高低不平的肌理变化具有浮雕效果，经渲染、着色后，可产生强烈的艺术感染力。

烙画的基本技法与中国画有相似之处，如构图，烙画有许多符合自身审美要求的构图法则，在构图上有"五字法"的形象性概括："之"字是左推右让；"甲"字是上重下轻，"由"字是上轻下重，"则"字是左实右虚，"须"字是左虚右实。画面构思好了以后，还要考虑画面的主宾、取舍、疏密、虚实、开合、空白、对比、均衡等，使得整个烙画主题鲜明、布局合理、疏密得当。还有一些特殊技巧需要把握，如色彩、背景等。原来的烙画一般为单色，后来加入一些色彩，起到了画龙点睛的作用。烙画大的背景原来大多保持其材料的原色，现在可以根据主题需要，添加一些其他色彩。

传统的烙画材料是白色木板、树皮、竹节、葫芦等，后来逐步发展为厚纸、三合板、五合板等材料。烙画的形式和载体也已从在传统家具上烫图形转变为房屋装饰、制作整幅画面。

很早以前，我国劳动人民就会用灼热的铁条在木器上烫出各种各样的花鸟作为装饰。由于早期生产水平较低，主要局限在筷子、尺子、木梳等小件日用品上。从宋代开始流行在家具和木器上烙画，这一工艺深受达官贵人喜爱。

后经历代传承，至明清时期，连云港当地就有民间艺人运用普通的烙画工艺开始在木质建筑物上烫画，后来发展到用于房屋装饰、工艺品装饰等，并延续至今。当时新浦地区有一位高姓烙画艺人，工艺较出名，他还将技艺传授给当地的叶开科等人。

烙画的艺术表现空间可大可小。小至直径不足一厘米的佛珠，大到几米乃至几十米的长卷或是大型厅堂壁画，如《清明上河图》《大观园图卷》《万里长城》等，均能表现。技艺上，可以表现写意、工笔，以及人物肖像、年画、书法、油画、抽象画等。

作为传统工艺美术形式之一，烙画在不断发展和完善。最初，烙画艺人以铁针、铁钩为工具，在油灯或煤炉炭火上炙烤再进行烙绘。后来，制作工艺和工具不断改革，由"油灯烙"改为"电烙铁"乃至"激光烙铁"。先进的烙笔可以随意调温，并配有多种特制笔头，使这一古老的创作方式具备了更强的表现力。

木质渔船制作技艺

赣榆的造船历史可以追溯到秦代。《史记》中"秦始皇本纪"和"淮南衡山列传"记载，秦始皇希望长生不老，命徐福率领船队和童男童女数千人入海求仙。徐福在赣榆造船，并率领庞大船队，两次泛海东渡，成功抵达日本列岛。至今赣榆仍留有其造船的遗址、遗迹。

在柘汪镇大小王坊村通往荻水口的古河道里发现两处已碳化的木头，规整地排列在古河道地下两米深的海沙之中，多为柞木和桑木，有少量檀木，遗存堆积成三层、四层或八层，数量很多，有些可看出有锯、斧或锛加工的痕迹。研究徐福的专家提出观点认为大王坊村就是当年徐福造船的大本营。

秦代造船"圬工"的住地遗址位于柘汪镇（原马站乡）吴公村。相传该村是秦时为了徐福渡海求仙造船而召集来的各地"圬工"（造船工）的住地，后同音演变为"吴公村"。

"圬工"，俗称"造匠"，即造船的工匠，专为新造的船进行造缝、抹灰、涂饰、粉刷等工作。该庄现有30余家世代为"造匠"，手艺精巧，远近闻名。

连云港海滨木质渔船船坞

造船是一个神秘的制作过程，船工为了养家糊口，技艺"传男不传女，传内不传外"，现在由于待遇不高，濒临失传。赣榆鸿福船厂挖掘整理了木质渔船传统制作技艺，具体流程如下。

首先把要制作的渔船画出图样，一般由拥有多年制作渔船经验的老船工来画，再按照一定的比例放大样，出样板。根据画好的样板，选择较硬的木头来做。

渔船的主要部位用木质坚硬的槐木（杨槐树）来做，如船的肋骨、大拉等重要部位，其他地方可用东北产的红松木来完成。另外要准备一些用纯油籽制作的桐油和咸油泥子，并配有麻絮等，同时还要准备一定数量的铁钉、扒锯、木工钉等材料。

选好制作地址，在每月涨潮的时候将可以浮船的地方四边用泥土围好，并把材料运进去，用石块铺垫若干个硬墩，放上主龙骨。再用很薄的木条制成船各个部位的肋骨模型若干个，按模型尺寸要求制作真正的肋骨和站柱。

全部制作好后，开始将肋骨和站柱用螺丝和铁钉固定在设计好的主龙骨上，校正、成型。然后将浸泡了两至三天的红松木板用火烤，随着船体的弯曲度一块一块用螺丝固定成型。待外板上完后，第一道工序就完成了。

捻船，在木质渔船制作过程中是一项十分重要的工序，也是一项精巧的手工技艺。在每一条船整体组装结构完成后，捻工要把船上的每条缝、每一个钉眼包括内外都要捻上用桐油浸泡过的麻丝，再用桐油与石灰制成的油灰封牢。

晾晒5～6天后再用桐油涂刷2～3次，最后在船面上竖起三根桅杆（20米长左右的船需3根桅杆），用白布涂上桐油做桅篷，这样一条船就全部制作完成了，待涨大潮时把泥迁挖开，船就可出海了。

■ 连云港木质渔船制作技艺

柳 编

连云港编织工艺源远流长。唐开成三年（838），海州港既是繁华的商港，又是海上补给粮饷的军港。经商贸易、海外商旅，络绎不绝。对外商贸的发展，促进了海州柳编业的发展。

清光绪三十一年（1905）两江总督周馥，奏准海州"自开商埠"，海州成为全国32个"自开商埠"之一，迅速促进了海州经济的发展。据《苏北商埠调查组的实地考察报告》，海州有 13 个行业发展迅速，柳编业是其中之一。当时主要品种有洗衣筐、提筐、果盘、花盆套等。

民国初期，连云港柳编工艺品在国际上享有盛誉，也受国内市场欢迎。据《赣榆区续志》载：1915 年，赣榆区"麦秸团扇""柳笸箩"在巴拿马赛会江苏省地方物品展览会上获四等奖；1916 年，在北京国货展览会上亦获四等奖。

连云港柳编工艺品，以其款式新颖、技术精湛、适用美观而著称于世；编工精良、品种丰富、适用范围广；色泽艳丽、轻巧玲珑、风格各异，独树一帜。柳编工艺流程有设计、选料、湿料、编织造型、剪修、洗熏、晾晒、检验、包装等。这种工艺要求制作者有较高的造型能力。

柳编制品的编织结构，分为经纬编织结构和骨架编织结构两大类。经纬编织结构，是指柳编制品全部用柳条和其他辅助材料，按照一定的经纬编织方法编织而成。骨架编织结构，是指柳编制品用柳条、木条、藤条、竹片等为原料，先制成制品骨架，然后在骨架上用柳条、柳皮及其他辅助编织材料编织而成。

经柳编织，又称布经编织，简称布经。根据编织的需要，按照一定的样式、方法，将经柳分布于编织面中。布经编织依照编织顺序分为底部布经和整体布经两部分。纬柳（皮）编织，即用柳条（皮）在编织面上与经柳交织呈横向（包括斜向）编进。主要用于纬编柳制品的底、帮、盖等。纬柳（皮）编织工艺，在编织工艺中占有很大比例，编织方法很多。

结合工艺，是指以柳制品的成品或半成品，与其他不同类型的工艺品的成品或半成品结合，组合成一种新的产品工艺形式，如柳编与贝雕相结合。

柳编与其他配件相结合是用柳制品与金属条片、陶瓷、木头、树脂等材料制成的把、耳以及相关配件相结合，重新组合成一种新的产品工艺形式。

柳的混编工艺是指以柳条为主骨筋，结合其他不同种类的编织材料混合编织产品的一种工艺形式。以柳条为编织原料的柳编工艺，由于受其自身性能的影响，能编织的产品有相当的局限性，如柳条耐"折"而不耐"弯"，而竹则是耐"弯"而不耐"折"；柳条"刚"而不"柔"，而草则是"柔"而不"刚"，如此等等。将上述具有各自不同性能的自然植物原料，根据产品需要，取长补短，相互混编，能取得单纯柳编而不能取代的效果。

柳制品的洗熏与包装，是产品出厂前的最后两道工序，质量的好坏对产品的色泽、运销费用有很大的影响，是柳制品生产值得重视的环节。

锻　铜

铜雕是以铜料为胚，运用雕刻、铸塑等手法制作雕塑作品的一种艺术形式，在我国广大地区均有流布。连云港市也是我国铜雕工艺品的主要产区之一，其历史源远流长。据连云港历史考古佐证，大村遗址出土的铜鼎是迄今为止江苏境内发现的最大铜鼎，由此也可将连云港铜雕制作技艺的历史追溯到5000年以前。

唐代，海州饮马池出土的双鸾铜镜（又称葵花镜），采用银、锡、青铜合金制作，镜面光洁可鉴，镜背铸制图案绮丽繁复，用料和工艺显示出盛唐时期雍容华贵的风貌。

宋代，海州"西市界"居住的谢咏开铜器作坊，制作的鎏金铜佛像、铜兽等，造型生动，工艺精湛，反映了当时金属工艺的面貌。这个时期海州地区还出土了方形、圆形和葵花形的铜镜，其中有一部分是海州地区民间工匠所制，图案有双鱼、双凤、花卉等。

清末民初，连云港地区出现了从事铜器生产的作坊，铜制技艺日益普及，制品也从宫廷、富人家庭的华贵用品走向平民，如铜勺、铜汤壶、铜热水煲、铜手炉、铜火锅等。民国中期，海州的胡佃林制作的铜器在苏北鲁南地区小有名气。

■ 锻铜作品——吉祥玉女

手工锻铜技艺

连云港铜雕工艺品除了具有欣赏和艺术价值外，也具有实用价值，已经成为连云港市常用的旅游纪念和馈赠国内外友人的艺术珍品。

锻铜使用的材料，一般是紫铜板材和黄铜板材。火、锤子和錾子是锻铜的三个重要元素。

手工锻铜工艺包含了锻和錾两种工艺技术，其流程一般为方案选定、选材、烧烤、走线、起大型、深入敲錾、细部调整、表层效果处理。小型锻铜工艺作品可以采取氧气加乙炔产生的高温加热，大型作品就需要生炉火鼓风加热，加热后的铜板要用皮锤敲打平整。锤子和錾子的运用是整个锻铜工艺的关键。

每个锻铜师傅手中都有形式各样的錾子，在铜板上用这些錾子勾勒出高低起伏的线条叫"走线"，快速准确地按图纸走线是需要下功夫的。尤其是一些关键部分，比如人物的面部特征等。锻铜师傅们以特制的工具和技法，在铜板上加工出千变万化的浮雕图案。

大型锻铜作品创作需要多名锻铜工匠的配合，比如有时需要将铜板悬挂起来，锻铜师傅们在铜板的两侧同时作业，使每一个高低错落的线条达到完美，再经过组装、打磨抛光或做旧上色处理，一件匠心独运的锻铜作品就完成了。

标本制作技艺

连云港市目前分布有野生动物 300 多种，尤以云台山地区、前三岛乡最具代表性。云台山因其独特的区位特点，动物种类相当丰富，共有 14 门，2242 个动物物种。其中，海洋与淡水动物资源、鸟类资源等最为丰富。云台山地区的鸟类有 20 目 58 科 302 种，包括 8 种国家一级保护鸟类，34 种国家二级保护鸟类，属《中日候鸟保护协定》的鸟类就有122种。前三岛乡地处我市东北部，位于亚洲东部候鸟迁徙的主要路径上，是大批候鸟的迁徙驿站和多种海鸟的栖息场所，被誉为海州湾中的"鸟岛"。

港城的动物标本主要有海洋生物和陆地动物类，包括各种鱼类、贝类、海洋爬行动物、两栖动物、各种鸟类、山区哺乳动物类等，基本涵盖了动物的各个门类。

传统的制作材料为天然的草、木丝、木块、木屑、棉花及其他辅料（如榆树皮粉、磁泥等）；皮张的处理以盐、矾的水溶液或酒精溶液为主；制作工具也相对简单，如解剖刀、剪子和镊子等。

制作方法有假体法和填充法两种。按制作材料的性质不同，又可将假体法划分为缠绕假体法和雕塑法。缠绕假体法即将天然的草或木丝等用绳子缠制出动物主体模型，然后将动物皮披在模型上缝制；填充法是将天然的草、木丝、木屑等材料直接填入动物皮内，然后缝合。

以天然材料制作标本过程中，假体法和填充法没有根本的界限，经常是两种方法结合使用。比如：在以假体法制作兽类标本时，由于受工艺的限制，动物体的许多部位（指凹凸部）很难缠制出来，此时，就要用填充的方法表现。在用填充法制作鸟类标本时，标本的颈部、腿部通常采用缠绕假体法缠制；而身体的其他部位则用填充法。雕塑法主要指用人造材料雕塑动物模型，然后将皮张用胶水与模型粘合。

假体法和填充法与雕塑法有明显的不同：前者皮张与填充材料是相对分离的，雕塑法用胶水使皮张与模型黏合，皮张与模型是不可分离的整体。目前，在我国的剥制工艺中，由于受假体模型材料、皮张鞣制工艺及胶水（假体与皮张黏合剂）等限制，雕塑法的应用目前仅限于形态起伏不突出的标本制作。

每一件动物标本都是一个载体，承载着丰富的动物个体、群体及其系统发生和发展的信息，这些信息为动物学研究提供了不可或缺的、最为直接的实物依据。在为动物学服务方面，标本制作是新的物种发现和新分布区记述最简捷、最直接的证据。

目前，动物剥制标本被广泛使用于自然博物馆、学校、动物标本馆及动物科普展览中。值得一提的是，动物剥制标本不仅可以作为生物教具，也可以让学生参与到标本制作过程中，培养学生动手、动脑能力。

贝 雕

贝雕是我国传统工艺美术中的重要种类，其主要创作材料便是各种贝壳。连云港的海岸线较长，盛产70多种贝类，因此，连云港曾是我国四大贝雕画生产基地之一，其雕刻技艺流布区域集中在市内的赣榆、连云和东海等地。

连云港是我国传统贝雕艺术的诞生地之一，贝雕艺术历史非常悠久。从宋元至明清时期开始，这里的螺钿镶嵌和贝贴工艺就十分流行，家具、家庭饰品等均有生产。从沿海各乡镇的贝串、贝堆到连云区、青口镇规模化生产的贝雕画，经过数百年的发展，连云港贝雕艺术成为中国民间工艺的一朵奇葩。

新中国成立后，随着人们审美情趣的变化和工艺美术技艺的成熟，20世纪60年代起，贝雕艺人们开始使用砂轮机雕磨贝壳，使造型更加逼真。20世纪70年代中期，连云港贝雕厂成立了，从设计到制作形成了特定的流水作业工序，产品生产技艺进步很快，原来作坊式的生产方式被工业化取代。但由于贝雕生产全部纯手工操作，主要技艺仍靠师傅的口传心授和个人感悟。

20世纪80年代，连云港贝雕发展进入鼎盛时期，仅规模化生产工厂就有6家，再加上家庭作坊，从业人员达400多人，许多作品在全国工艺美术展示中获大奖。

"花果山牌"贝雕画

■ 传承人制作贝雕

享誉全国。然而 20 世纪 90 年代后期，由于工厂改制，再加上贝雕画的模式没能跟上人们的审美需求，逐步衰退。如今贝雕大多流布坊间，依然有民间艺人坚持从事贝雕生产创作，如纪效芳、张西月等，并获得非遗代表性传承人称号。

贝雕的产生源于人类对美的追求。山顶洞人时期，漂亮的贝壳被简单地做成串链作为装饰品；汉代以后，人们利用贝壳的色泽，雕成各种图案，镶嵌在铜器、镜子、屏风和桌椅上作为装饰，贝雕艺术应运而生。

连云港贝雕经过这么多年的传承发展，可以细分为贝贴画、贝雕画和螺钿镶嵌画等几种，其生产工艺因产品不同而各有不同。贝贴工艺品是最传统的，制作起来相对简单，即将所选贝壳洗净晾干，再根据创作者的构思和创作思想将贝壳贴敷在成型的胎体容器上，构成不同的图案画面，再放在阴凉处晾干，即可展示使用。

贝雕是利用传统国画原理，选择适当的贝壳并将其打磨好，再在三合板或纸板上粘贴成画的过程。其主要程序是：设计图纸—拆图—选料—贴图—砂轮分割—打磨粗坯—粗雕—精雕—抛光—组装—上色—上漆—装框—包装—入库等。

螺钿是传统贝雕工艺中最为精致、复杂的，主要流程包括：设计图纸—泥塑形体—大漆与布粘贴—漆器形体—打磨—镶螺钿—嵌丝—刮漆—打磨—上亮漆—抛光—包装—入库等一系列繁复的过程。

连云港贝雕产品众多，工艺复杂，构思设计图案、白描组合图案、贴料分解图案、贝壳原料选定等环节都要求手艺人必须胸有成竹、一气呵成。然后再经砂轮机打磨粗坯，面块粗雕，继之以线刻、点刻、劈刻等多种技法精雕，还需经过水磨才能进入抛光（也可酸洗）上色等工序，最后配上木框玻璃。每道流程都是手工操作，细致入微，核心技艺全凭口传心授，人心感悟。

贝雕艺术品主要用贝壳构成画面，画面设计、构思、主题不一，所用贝壳亦不同。比如有斑纹的贝壳可锯成树干，螺丝旋纹的贝壳可切成仕女发髻，利用江瑶贝制成树叶，用海螺、鸡心螺制成枫叶等，因材施用，十分讲究。

连云港贝雕具有很高的艺术价值，其表现内容多取材中国传统文化，经艺术夸张或变形，或表现幸福的追求，或反映情爱的感悟，或祈祷吉祥祝愿；运用贝壳表现人物、花鸟，造型生动，立体感强，意境幽深，作品极为精美。此外，连云港贝雕始于新旧石器时代，是我国传统工艺美术中的瑰宝，至今仍然在民间流行，是地方居民审美习俗的一种传承，对于研究连云港以及周边沿海区域居民社会习性和审美情趣均有历史参考价值。使用贝壳及贝雕装点市民生活，富有深厚的历史和民俗文化寓意。从简单的手工贝壳项链或手链装饰品，到制作精美的贝雕工艺品，展现了历史演进过程中乡民文化进化的历史。

面　塑

　　面塑是一种流传于民间的传统手工技艺，俗称面花、礼馍、花糕、捏面人儿。其特点是颜色丰富、造型优美，体积较小、便于携带，材料便宜，制作成本低廉，是珍贵的非物质文化遗产。

　　面塑在连云港地区可谓历史悠久，距今已有一千多年的历史了。中国的面塑艺术早在汉代就已有文字记载，经过上千年的传承和创新，可谓源远流长，早已是民间艺术的一部分，也是研究历史、考古、民俗、雕塑、美学不可忽视的实物资料。就捏制风格来说，面塑古朴、粗犷、豪放、深厚，也不失细致、优美、精巧。

　　宋《东京梦华录》中对捏面人的记载是："以油面糖蜜造如笑靥儿。"那时的面人都是能吃的，谓之为"果食"。事实上，面塑是以面粉为主料，调成不同色彩，艺人用双手和简单的工具，塑造出各种栩栩如生形象的传统艺术。面塑上手快，只需掌握"一印、二捏、三镶、四滚"等技法。

　　面塑在造型艺术上风格独特，显示出民间艺术家纯真的审美情趣和高超的创造才能。面塑与泥塑、竹木雕以及石雕等有着密切联系，同属于民间美术中的立体造型。

　　可食用品根据需要选用面粉，发酵后蒸熟，趁热着色或不着色。这种面塑"发胖"后圆浑、朴拙，瞧着好看，吃着可口。非食用品要选用精麦粉和细糯米粉，加入少量的盐，用凉水和面，发酵后蒸熟。放入适量的蜂蜜、香油，糅合均匀，再揉进颜料，配成面色。再用剪刀、塑刀、塑棒、梳子等捏塑成人物、动物、瓜果。这样捏塑的形体不变形、不变质、不褪色。

创作单个人偶、动物造型，只需要用面粉或糯米粉调色制作；制作大型主体面塑，需要用到骨架、钢丝、铁丝、特种纸，经过反复调试，才能制作出作品的雏形。

有些作品融入了场景制作，人物和场景的完美结合可以更好地表达作品的完整性和观赏性，也形成了独特的风格。作品有

■ 传承人制作面塑

多种类型，其中有圆雕、浅浮雕、高浮雕等。运用的技法有写实、夸张、抽象、卡通等，作品题材相当广泛，形象生动地表现了社会生活的正能量，起到了较好的宣传教育效果，得到了面塑爱好者的喜爱。

有的面塑可以作为礼品，如面鱼、神虫、枣花馒头、彩供、面灯、寿星、寿桃、寿糕、驹驹（满族食品）等，过去常在集市、庙会、戏台出售，生意兴隆。

由于面塑制作过程非常复杂，不少作品需要创作者巧妙的构思，复杂的作品要做一个月甚至更长的时间。在这样的努力下，传承人的面塑技艺日益精湛，见什么就能捏什么，制作出的作品不计其数。

葫芦画

葫芦画工艺又叫"葫艺",是一种在葫芦上雕刻作画的技艺。葫芦在连云港地区的社会认知程度很高。《朐阳纪略》中记载着一位名叫孙景韶的人,他曾任绿营统兵官,书中写着"年老,挂彤漆葫芦游市,人望若神仙"。而老海州也曾有一位名流叫常阜基,他在一首诗中写道:"自笑年来一病躯,床前丹鼎药葫芦。"

葫芦画在葫芦选材上非常讲究,在葫芦落架刮皮晾干一年后,选择"龙头天地"匀称、脐正、木质密度高的葫芦。并且要选择无结疤、无阴皮、无异味的葫芦。这样的葫芦形态大气古朴、审美度极佳,质地光滑细润似瓷如玉,托在掌中沉甸,摇动有葫芦籽撞击葫芦内壁发出清脆的"哗哗"声。葫芦开始呈淡黄色,随着时间的流逝,颜色逐渐成暗黄色、栗褐色,加上收藏者长期用手把玩,葫芦表面会有一层自然包浆,更显古雅华贵。

根据葫芦的大小和外形特征进行布局构思,确定葫芦器的整体外观与葫芦件数量;在核心位置上用笔勾图,勾勒完毕后,以针刀凿位,待结构框架布好以后,择木刀随葫芦体势刻画,线条必须齐整流利,将书法、花草、鱼类、人物等传统主题跃然"葫"上。主体葫芦图案经过一番雕琢、精刻之后,再用中国画颜料、调色、上色,阴干后反复上色,直至达到预期色效。

之后按照各自的造型特点,将不同的葫芦件自由组

■ 学生欣赏葫芦画

合，制作葫芦器，再配以根雕等其他材料加以衬托。

砑花工艺又称押花葫芦，是以玛瑙为刀的一种技艺。先将葫芦用砂纸打去绒皮，没有任何刺手感后，用铅笔起图案草稿，然后用细玛瑙刀画出浅浅的图案，用橡皮擦去铅笔痕，再用玛瑙刀，挤、砑、赶、平、醒、圆，使原来平面图案形成凹凸形成浮雕感觉。砑的过程严禁裂纹破皮，一旦出现此类问题，作品无论大小全部报废。烙花工艺则是先将葫芦打去绒皮，同样起草图案，再用大小不一的烙铁头根据图案的需要描绘。采用书法国画的白描勾勒，线条变化流畅，烙迹参差有度，带有明显的国画墨分五色的效果。

如今，连云港的百姓还保留着在房前屋后种葫芦的习惯。秋后葫芦成熟后，摘下来作为摆设，悬挂在门庭、书房、卧室、船上、汽车上，作为消灾纳福之用。

东海版画

版画就是用刀子或化学药品等在铜版、锌版、木版等版面上雕刻或蚀刻后印出来的图画。有木板、石版、铜版、锌版、麻胶版等版画品种。

东海文化底蕴深厚，据境内尹湾汉墓出土的简牍档案史料记载，汉代的东海郡经济文化就颇为发达。远古时期锦屏山将军崖岩画、孔望山摩崖石刻、昌梨古墓汉画像石，均已早早载入美术史册，亦为后来的版画创作提供了厚重的艺术积淀与宝贵借鉴。

从类型上分，版画有凸版、凹版、平版和孔版版画。从材料上分，凸版版画中有木刻、麻胶刻、石刻、砖刻、纸刻、石膏刻等。凹版版画中有金属

■ 传承人举办东海版画骨干培训班

老师指导学生制作版画

（主要是铜和锌）版画、赛璐珞版画、纸版画等。平版版画中有石版画、独幅版画等。孔版版画中有丝网版画、纸孔版画等。由于所用材料不同，刻版工具和方法也各异，遂产生各种类型版画的特色。由于各个版画家发挥其创造性及刻制、印刷（主要是手印）的技巧，版画艺术的形式更是丰富多彩。

凸版版画是在版平面上，用刀刻去画稿的空白部分，留下有形象的部分；版面留下（即未被刻去）的部分凸起，故称凸版。凸版版画主要是木刻，用其他材料刻的，亦称凸版版画。可作为凸版刻的材料很多，有木、石、砖、麻胶（或塑料）等。刻木刻用的木材因地而异，一般以软硬适度，纹理细致者为宜。中国古今的木刻版画都刻木材的纵切面，称作木面木刻。

凹版版画与凸版相反，是在版平面上刻出凹线，滚上油墨时，即可印出黑底白线的图像。磨光的金属版面不吸收油墨。铜版版画的油墨可用布轻轻擦光，但如果版面有被刻破的痕迹，油墨便会留在那里。现代凹版版画的版材，主要是铜和锌，有时亦用铁或钢。

平版版画制作方法简单。在玻璃（或石）版面上用稀油彩或水粉色作画，未干时即覆上纸，用手掌在纸背压印即成。只能印出一张，故称独幅版画。

孔版版画在纸版或铁皮上将一个号码刻透，压在货箱面上，再在背面刷颜色，号码即能被印上去。这便是孔版。现在通用的誊写版印刷机也是孔版。版画上的孔版主要是丝网版画。丝网版画的材料主要是尼龙网纱。

版画，是中国美术的一个重要门类。独特的刀味与木味使它在文化艺术史上具有独特的艺术价值与地位。

海州中药炮制技艺

　　海州中药炮制技艺，即指在古海州地区流传的传统中药炮制技艺。海州处于暖温带与亚热带过渡地带，气候类型为湿润季风气候，略有海洋性气候特征，冬季寒冷干燥，夏季高温多雨。地处鲁中南丘陵与淮北平原的结合部，境内平原、大海、高山齐全，河湖、丘陵、滩涂、湿地、海岛具备。地势由西北向东南倾斜。地貌基本分布为西部岗岭区、中部平原区、东部沿海区和云台山区四大部分。

　　东部沿海主要是盐田和滩涂。云台山脉属于沂蒙山的余脉，丰富的自然资源为海州中药炮制技艺提供品种众多的原材料。中药炮制起源可追溯到原始社会，伴随着中药的产生而产生。远古人类采集食物时，发现有的动植物可导致中毒，甚至死亡；有的可使疾病好转，逐渐积累，形成最初的中药知识，但很多药毒副作用大，不易掌握。为了降低毒性，人类用加工食物的方法对中药加工，便产生了中药"炮制"。其发展可分为三个时期，即：春秋战国至宋代为炮制的起始形成时期；金至清代是炮制理论形成时期；现代是炮制技术规范与原理探索时期。

　　历史上，伊尹于境内隐居著《汤液经法》，为海州中药炮制的起源。南宋时期，海州籍莎衣道人用莎草济世，衍生出后世七制、九制香附等炮制品。从宋《证类本草》到明《本草纲目》论述十三味以海州命名的道地药材。清代以来，"陶同德""吴松寿"等医药世家卜居境内，

■ 阿胶熬制

精研中药炮制与临床应用，逐渐形成海州中药炮制流派。

海州中药炮制技艺的特征主要体现在工艺、辅料、技艺方法与品种四个方面。就炮制工具而言，南北兼取，辅料上多就地取材；炮制方法与品种上，既有对古法的传承，又吸纳临床过程成创新品种，对海洋药、地方道地药材的炮制积累了丰富的经验。

炮制工具方面，既有小巧精致的樟刀，又有大而实用的鲁刀、祁州刀，在炮制过程中随所制药材特征而选用。

炮制辅料方面，多就地取材，如地产汪醋、淮盐等，对河砂、麸皮、山羊血、鳖血等辅料的使用，都属就地取材。

炮制技艺与品种方面，燀法、复制法、制霜法具有浓厚的地区特色。对于地产海洋药物的炮制，多采用煅、烘焙等法；在地方道地药材"十三海药"的炮制方面也积累了丰富经验，如对毒性的海州山踯躅、海州豨莶用醋制，海州山茱萸、海州栾荆用酒制，海州卷柏用炒炭法，海州骨碎补用砂烫或酒制等。黄瓜霜、地黄为国内仅有；百药煎、豆豉等炮制，具有浓厚的地域特征。

箍　桶

■ 传承人展示箍桶工具

木桶自古就是家庭常用物，在中国使用的历史已经达到了数千年。它用木板与竹钉围拼而成，用于盛水、洗身或盛放各种物品，也曾是最早的农业生产工具（如盛粪尿的便桶等）、祭祀器具和战争器械之一，至今仍有许多人把它作为家用物。

以前，农村没有压水井时，吃水、洗衣、洗澡、做饭等几乎都要用到木桶。全市各地箍桶匠遍布。以赣榆青口为例，有姓许、徐、姜、董、李等箍桶人家，手艺均为许家所传。许家为祖传木工，到许继中已是九辈木工。其祖父曾做过青口河渡河用的木桶。许家在青口很有名气，其箍桶的作品被收藏于赣榆各个纪念馆、展览馆。连云区宿城街道的金荣培箍桶技术也非常高，曾为田湾核电站、连云港碱厂等单位箍制过数千个盛饭、盛汤、盛水等各种类型的木桶，现在有些木桶仍在使用。

箍桶技艺并不简单，可不是一般的木工都能做的，其奥妙在于用土法计算圆周，还要加上经验，灵活操作，才能箍得牢、不漏水。尤其是箍马桶、提桶等中间呈圆鼓形的桶，更需精确用料，精心计算。制作工具除了木工正常所用的工具以外，还特别需要一些专业工具，如大刨子、推里子刨子、锯子、线锯、扳钳等。生产的产品依据用途一般有饭桶、挑水桶、洗脸桶、洗衣桶、洗澡桶、泡脚桶、酱油桶、酒桶、马桶（金桶）、杀猪桶等。

制作木桶的人被称为"箍桶匠"或"箍桶师傅"。箍桶，就是用竹篾圈或铅丝圈将破漏或爆散的木桶重新束紧修复，其技艺主要在于"箍"而不在于"制"，曾在我国古代广泛流布。据说这个手艺传承至今也已有几千年历史了。箍，是箍桶匠的手艺精髓。箍，实则"捆"也。章炳麟《新方言·释器》云"今人以绳束物曰捆，以金束物曰锅（俗称箍），箍桶亦其一矣"。

现今，还有许多箍桶匠挑着工具担，走村串户为需要者制作或修理木桶。如果遇上女儿将出嫁的人家，想要制作如脚桶、马桶、果桶、茶桶（盆）、水桶等一整套桶作为嫁妆，那箍桶匠就可能要整

■ 半成品和成品

月甚至整年地驻户制作。

木桶种类很多，还可按要求制成多种形状，最常见和最难做的是圆形的木桶。其制作工艺程序是先按需要形状与尺寸锯板取料；再用斧头斩好已选取的料，上刨口光滑内板，起槽推缝；制作圆形底板时，先环绕底脚拼扳，再用竹钉或胶水固定好；上箍口可以用竹箍，或铁丝、铁皮、铜皮的箍，待箍上好后，用器具紧箍；再锯齐桶底，做好桶边，刨光桶身；桶底桶帮结合处塞紧麻丝油灰；避免曝晒，再紧箍、上桐油；最后上漆、涂金或绘画。

也有一些家庭将木桶作为艺术品珍藏。我市计划建立箍桶传承人资料，并整理其技艺精髓，建立数字化档案，使得箍桶这门传统技艺保存下来，逐步发扬光大。

"技多不压身"，"多一门手艺，多一条道路"。连云港的先辈们为我们作出了榜样。技艺是生产的基础，是人生存的必备条件，技艺可以装点生活，技艺也是人的全面发展的重要内容。技艺是在生产实践、艺术实践中形成和发展的。从上面介绍中可以看出，许多技艺都是口口相传、师徒相授，这是技艺传承的民间渠道，是社会教育延续了技艺的生命。这是不同于学校教育的重要的教育，它弥补了学校教育的不足，具有实用性、传承性，将传授与生产实践结合起来，这是值得鼓励的教育形式。当然，这样的社会教育需要与时俱进，开放包容。学校教育也应学习借鉴，改进课程体系，倡导教育与社会实践、生产实际的结合。

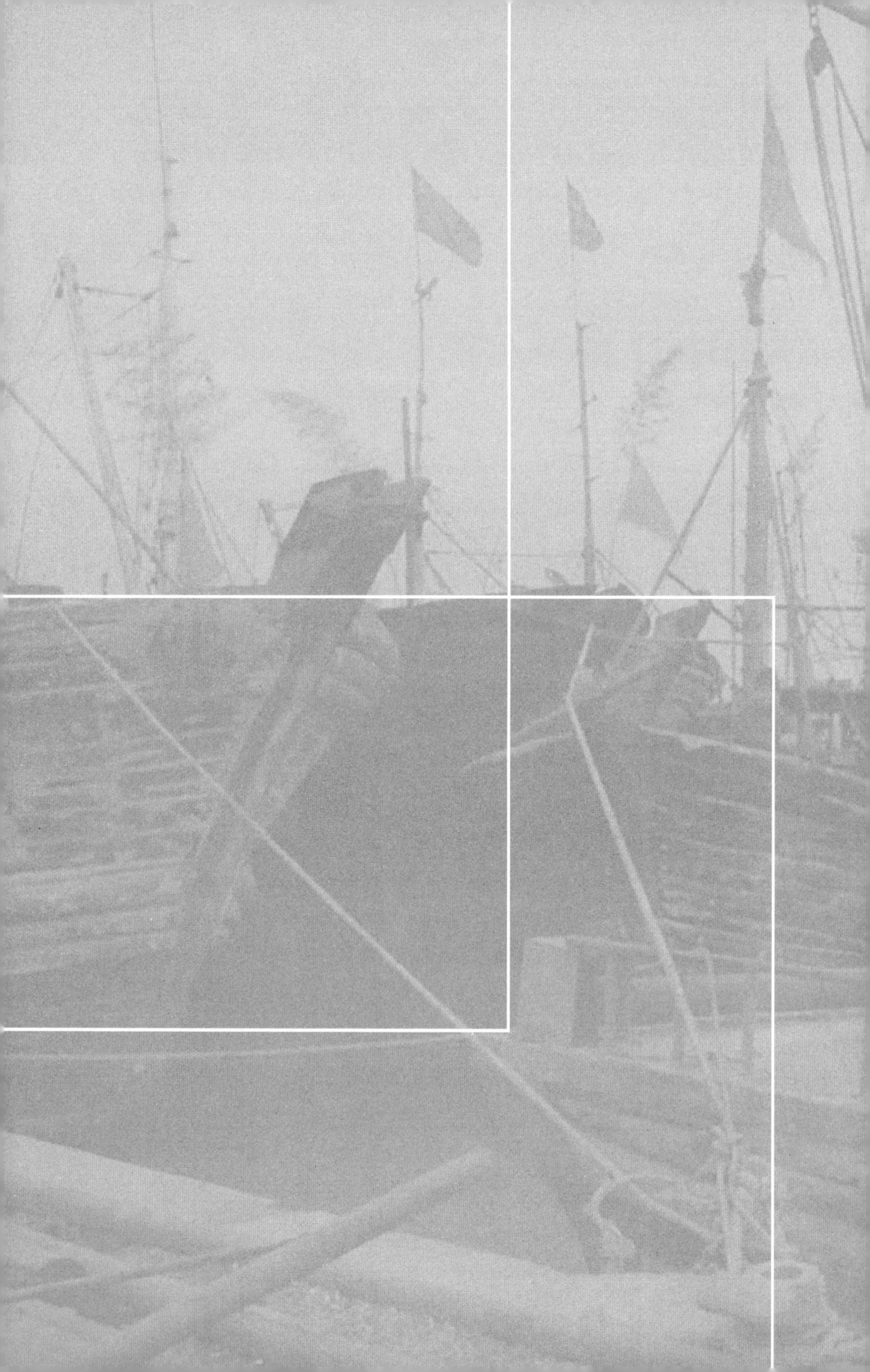

港城遗俗

连云港的每一寸土地上都有时间的痕迹，每一块石头、每一堵墙都在讲述着属于自己的故事，久之便形成了习俗。它们看似平常，却蕴含着深深的祝福和期望。可分为生产习俗、社会习俗、生活习俗和信仰习俗四类的海州湾渔民风俗，有着四百多年历史的新安灯会，有夏"接天水"、冬"储爽冻"之说的淮北盐民习俗……它们筑就了连云港区域内的文化特质。我们应该珍视这些习俗，传承和发扬它们所蕴含的文化价值和精神内涵。只有这样，我们才能更好地理解自己的历史和文化，更好地走向未来。

連雲港史話——兆道擷翠·

海州湾渔俗

　　连云港市海州湾地区渔民的习俗丰富多彩，别具一格。旧时，海州湾渔民有"靠海吃海"的说法，他们把大海视为衣食父母，对大海有着极其虔诚的信仰。这种习俗是地方传统民俗文化中的一颗璀璨明珠，它反映了渔民们的生活和信仰，也体现了他们对大自然的敬畏和感恩之情。

　　连云港市海洋渔业历史久远。《南齐书·州郡志》记载："郁洲（今云台山，包括东西连岛）在海中，周围数百里，岛出白鹿，土有田畴鱼盐之利"。有鱼盐之利的当然不只是郁洲，古海州附近沿海同样也有鱼盐之利。

　　古海州城东二里的网疃村，明末清初尚临海，是晾晒渔网的渔村。清代康熙年间后，随着海岸线东移，云台山与大陆连成一片，古海州及云台山周围渔民随海岸线的东移而东迁，如来自云台山西南古凤凰城（今连云港市新浦区南城镇）的九姓渔民："大姓江杨武，中姓胡顾李，小姓谭皮古"，部分居东连岛。海州湾170多千米的海岸线有13个渔区，成为全国八大渔场之一。自古形成的渔民风俗也逐代形成并传承了下来。

　　自古形成的、仍然广泛流传的海州湾渔民风俗，主要有生产风俗、社会风俗、生活风俗和信仰风俗。

　　（1）生产风俗

　　渔民们的生产工具（船等），从制造到使用的全过程，处处讨吉利，时时避晦气，事事讲究平安如意。造船俗称"钉船"，开工选双吉日，铺置、上大肋、上金头、冠戴是关键性工序，都要办酒席招待全体木工。

　　船的金头上要雕一双"龙眼"，龙眼上涂颜色叫"开光"，龙眼中心要涂一点红色，叫"点眼"，点眼必须用公鸡冠子的血，被取过血的公鸡不能立即杀掉，要放在船后梢喂养，待船出海返回后才能杀掉，与第一网捕的鱼一起敬龙王和天后娘娘。新船下水的当天，要做一番大的庆贺叫"冠戴"。船在海上经八九个月的风吹浪打，每年冬季要入埠整修。

有的船头"龙眼"褪了色，要待深秋或冬季风大水冷少鱼时，选个吉日或双日请原造船的木匠大师傅重新"开光"涂色。在"点眼"时一般不再用鸡血，而用银朱代替。

每年一次的测天风俗。每年农历正月二十五这天，半夜后，渔民就起床观测天气的好坏，卜测一年的天气。

驱除邪气的烤网风俗。春暖花开时，渔民把整修了一个冬天的渔网抬到海边，用谷草烤网驱邪气，称"财财网"，然后放鞭炮，烧香纸。渔民抬着渔网，喊着号子登上渔船，把网盘在仓里。

出海之前的礼俗。出海是渔民生活中的一件大事，出海之前，宰猪一头，带皮烫剥，把整猪供奉于船头，在锣鼓、鞭炮声中，升起彩旗。祭祀毕，将猪开膛、剔骨、切为大块，炖成"丰盛肉"，渔民饱餐畅饮。

外人遇上船员会餐，不需谦让，自斟自食。日夜有人住在船上压船。船主择"黄道吉日"，在船头设供品、点蜡烛、焚高香、烧黄表、敲锣鼓、鸣鞭炮、行大礼。出海要选取黄道吉日，"八不出，七不归"，并且祖孙不能同船。每年春季第一次出海，无论远近，都要举行一次严肃的"照财神"活动，照船照网，叫照财神路，还要用猪头三牲祭龙王。

船主执朱砂为新船点睛、开光。船头披彩，桅悬红旗，抬船人喊着"百事大吉、波静风顺"号子，送船入海。

在海上死了人，归来后要请"童子"烧猪唱戏（即以杀猪作为祭品），同时要用纸做一小船放入海中任其漂流，意为原出事的船重新成为清洁、吉祥的船。否则，这条船第二年就不能出海作业了。

（2）社会风俗

特别尊重船老大。船主对船老大特别尊重，必须亲自登门拜请，出海前要办酒席宴请，过年时要写好春联贴到船老大家门上。远海捕鱼，数十条船一同出海，要推选出一位经验丰富、技术高强的老大为总老大，称为"旗民"，旗民所在的船为旗船，桅杆上有特殊旗号，大家都看旗船行事。

渔船上的各个部位，都有一定的讲究，不能随便起坐，也不得随处大小便。出海坐在船上时，不许坐在船帮并将脚伸进海里，据说这样会对龙王和海神不敬，要受到报应的。在船上，忌把衣服脱光。换衣服要在八尺舱内，否则，传说认为天后娘娘见了男子赤身露体会生气，会造成人船灾难。渔民在海上捕鱼期间不许剃头，头发长了必须在出海前或者回岸后剃，渔民忌讳"剃"字。

家庭观念相对薄弱。渔民的家庭观念比较薄弱，亲属移动频繁，无族谱之类的文字记载，谱系不清。渔户只有连家船，而无祖宗祠堂。

"半夜带新娘"。渔民一般不与陆上人通婚，常常是"半夜带新娘"，是东夷文化的传承，是本地特有的一个渔民风俗。

海上劳动喊号子。"船是三块板，行动就要喊"，海上劳动时，为了自娱自乐，增加劳动情绪，起篷、起锚、拔缆、点水、抛锚、打桩、张网、拿鱼等，都要喊号子。有摇缆号子、开网号子、打桩号子、拔锚号子、推关号子、起锚号子、拔篷号子、撑船号子等。多为一人领唱，众人和唱。

张贴春联有定式。每逢春节，船上也和陆上人家一样张贴春联。船头贴"斗方"，上书"招财进宝""日进斗金"等；斗方两边贴"江河湖海清波浪，通达逍遥远近游"或"日进黄海三千里，风送长江第一舟"之类对联，横联为"一本万利""大吉大利"之类。后梢对联为"顺风相送，满载而归"，横联为"一路福星"等。船舵对联为"九曲三湾随风转，五湖四海任舟行"，横联为"一家之主"等。大桅上贴"大将军八面威风"，二桅上贴"二将军起步先行"，三桅上贴"三将军日行千里"等。

（3）生活风俗

渔民生活中，不说忌讳话。

■ 渔船上的对联

平时忌说"沉、翻、倒"一类字眼。"调头"谐音"掉头",凡要翻个过或调头的事,要说"调一戗"。"翻"是最忌讳的,帆篷只准说篷,不准说帆,因"帆"谐音"翻"。把站着或竖的东西放倒,不能说"拉"或"放",要说"小",称"小下来"。把低处的东西拉到高处,称"起""拔",如"起篷""拔缆"。太平斧、刀等称"快家伙",扫帚称"周公";绳疙瘩称"顺序",把物体顶住或垫高称"点起来",鱼死了称"鱼条子",睡觉改称"歇觉"。在船上拿东西不小心掉下来,不得说"喔嚯嚯";二人对接东西不能叫对方"撒手",要称"放手",因"喔嚯嚯"和"撒手",是人落水无救的表现。

吃饭规矩多。在船上忌坐着吃饭,只能蹲着。在船上吃顿鱼,要先把生鱼拿到船头祭龙王海神,而后不去鳞,不破肚,整鱼下锅。最大的鱼头由船老大吃,以示对船老大的尊敬。鱼盘放好位置以后不准挪动,每顿鱼不准吃光,留着投在下顿鱼锅内。在船上把粮食说成"官帐"或"米面"。忌说"饼",称饼为"瓦屋垄子"。向碗里盛饭忌说"盛饭",要说"装饭"或"起饭",因"盛"谐音"沉"。忌说"筷子",称筷子为"篙子"。忌伸筷子攥别人面前的鱼菜,否则叫"过河",船老大会把"过河"的筷子夺下投入海里,因人随便过河是危险的,必须让筷子做人的替身,才能化险为夷。忌把筷子放在碗口中,否则船要搁浅,横着不动。忌把吃剩的饭菜、鱼骨、涮锅水倒进大海,要集中放在缸里带回陆地倒掉。在一个航次中,吃第一顿饭时蹲在某处,以后每顿饭都得蹲在此处,忌随便移动位置,否则叫"离了窝"。

举止讨吉利。船在海面上航行时,与别的船打招呼或求其帮忙,只准拿物件平举打转或摇晃,忌招手呼叫,也可在第二桅杆上打起信号。对方发现,立即放下手中的活,向其靠拢,帮助解决困难。如见求助而不往,会受到社会强烈谴责。晾晒家具、鱼筐,只能口朝上,忌翻底朝上。忌在船帮子上小便;在后梢,忌两人同时大小便。忌人坐在舱口把腿耷拉下来,认为腿耷拉下来是死尸的特征。忌趴着睡觉,意味着生意不好而"清等"。

逢年过节放海灯。为祈求来年的鱼虾满仓、全家平安,祭奠在海上遭遇不幸的亲人,渔民们逢年过节放海灯。

渔民出海捕鱼

（4）信仰风俗

渔船在海上遇到大风大浪大雾天气，在极端危险的情况下，便在船头上烧香许愿。渔船回岸后，渔民便到娘娘庙进香还愿。

敬龙王。每年第一次出海，多在清明前后，必须选吉日逢双的日子，逢二、六为最好，逢四（谐音"死"）这一天绝对不能出海。出海日，人们到岸边送行，船老大带领全体船员捧着猪头，在鞭炮锣鼓声中祭船敬龙王。通常是用椭圆形木桶装着猪头，猪嘴里衔着猪尾巴，先到龙王庙烧香磕头，然后把猪头摆在船头，向船头烧香磕头。祭船后，全体船员一起吃猪头，猪尾巴一定要给船老二吃，因猪尾巴象征测验水深的点水杆，或说是"邀鱼鞭子"。

在祭船后，由船老大点燃用花皮（桦树皮）与芦苇系成的火把，俗称"财神把子"，将渔具、食物照一遍，边照边说喜话，照完后将火把抛入海中，将火把有火的一头朝上，燃烧着漂向远方的最为吉利。传说农历六月初三是龙王生日[1]，当天渔船都要回岸休息，即使在远海作业回不来的，也要就地休息，不进行捕鱼作业，意为让龙王安安静静地过寿，如取鱼会引起龙王发怒，造成人船危险。

敬天后娘娘。出海的船供有娘娘龛，龛前放香炉和指南针，用烧香计时，用指南针定方向。在海上遇有风险，要烧香磕头，祈祷娘娘保佑，渔民把娘娘作为保护神，称之为"圣母"。

---

1. 龙王生日各地有多种版本，如正月初二、初七、六月初三、初六、十三等，均为民间传说，不足为凭。

敬"大老爷"。渔民称鲨鱼和鲸鱼为"大老爷",并把它们当成神。船在海上如遇鲨鱼或鲸鱼,轻则网破,重则船翻人亡。凡遇"大老爷"时,百步之前均有各种鱼儿跃出水面,这时船上要烧香、磕头、祷告,祈求"保佑小民平安"。

拜石干大、石干妈。渔船回岸后,渔民便到石干大、石干妈进香还愿,送去小船、纸灯等,感谢救命之恩。如果没有送灯,渔船平安脱离险境,则到龙王庙烧香还愿,感谢龙王爷的恩典。

海 祭

连云港地区的海祭,是一种古老而神秘的仪式。这个仪式是为了纪念那些在大海上失去生命的勇士,同时也是为了祈求海洋的恩赐和保护。

早在春秋战国时代,齐国在立国之初就把发展渔业生产当作基本国策,后来的齐相管仲也在其治国方略中强调"鱼盐之利"的重要性,渔业生产成为齐国重要的经济支柱。其时连云港属齐国,渔业已是连云港的支柱产业。至秦代,秦始皇东巡,命齐人徐福造船入海寻求仙药,在连云港境内至今还留有造船遗址和许多传说。连云港海祭即起源于徐福东渡。徐福东渡出海前曾举行了隆重的祭海仪式。

汉代以后,佛教传入连云港,佛经中对龙王的崇信逐渐风行,渔民始尊龙王为海神,建龙王庙于海边。出海、返港或节日,拜祭龙王逐渐盛行。或团祭或私祭,团祭中四乡渔民齐聚,摆香案、猪头三牲及糕果做祭品,并伴有鼓乐。宋代之后,天后(海神娘娘)信仰传至连云港,渔民同尊龙王和天后,海祭仪式更为壮观。明代,连云港渔民祭海活动引起地方官员重视,参与了祭海活动,并确定祭日,请戏班唱戏三天,使祭海活动愈加隆重。清初禁海,连云港渔业受创严重。

直至清中末时期,连云港渔业发展才再次迎来了海祭活动的繁盛,并广建寺、庙、宫。其时,境内龙王庙就有7座,天后(天妃)宫有3座,仅青口就有天

天亮之前祭海

后宫2座。一城有两座天后宫在全国沿海城市极为少见。当时，连云港海祭主要表现在以下三个方面：一是春季祭海；二是各种庙会和节日中的祭祀；三是渔业生产中的祭祀。

由于渔业生产的季节性很强，所以春季祭海最为隆重。每当春季来临的时候，新的生产年度就要开始了，这时所举行的祭祀仪式是各种祭祀活动中最隆重的一次。对于沿海渔民来讲，他们对于春季祭海的重视程度已经远超春节。主要内容为：选三牲、蒸面馒、写太平文疏、写对联、装饰龙王庙、扎松柏门、搭戏台、列船、摆供、祭奠、唱戏、聚餐。

三牲为猪、鸡、鱼。一般以一只猪头代替整猪，鸡要选个头大的红公鸡，鱼要用大个的鲈鱼。

蒸面馒。面馒是连云港地区逢年过节蒸制的面塑工艺。祭海用的面馒其造型有仙桃馒、盘龙馒，饰有面花，盘龙馒的头、眼、身、尾皆造型生动，有的尾部做成鱼尾状，含"鱼龙变化"用意。

写太平文疏。祭祀前要用黄裱纸写"太平文疏"，格式如下：

具疏人×××，系×××庄人。今逢上网吉日，特备信香一炷，三牲、馒头等祭品，敬献于×××位下。

公历　　年　月　日

太平文疏要由德高望重的人来写，写时为表示虔诚，要点上一炉香。写好后仔细叠好，以备祭祀时使用。

写对联。民间一般在过春节时才贴对联。但连云港渔民在祭海时也写对联、贴对联，由此可见渔民对祭海的重视程度。

装饰龙王庙。每年春季祭海前，连云港渔民们都要把海边的龙王庙打扫装饰一番，在龙王庙悬挂新制作的大红灯笼。

扎松柏门。为了渲染节日气氛，每年祭海前，都要在龙王庙前扎松柏门，宽约10米，高约8米。

搭戏台。祭海时演戏用的戏台，祭海过后便拆除。

列船。祭海日的早晨，渔船都开到渔港内，依次排列，船头面向大海，各船彩旗飘扬，渔具、网具整齐地摆在船上，一派整装待发的气势。

摆供。上午约八点前摆好祭品，把对联贴上。

祭奠。祭海的时间一般在上午八点多钟，时间一到，鞭炮齐鸣，焚烧香纸，边烧太平文疏，边念祈祷词，以求海事平安，渔业丰收。

■ 在海上祭祀龙王

唱戏。祭海时一般要唱戏三天，初时，只能看一些小戏，京剧传入连云港后，连云港人喜欢听京剧，一般演出时都请京剧班。

聚餐。祭海仪式结束后，以船为单位，在各自的船上聚餐，祭祀时用的三牲、酒、面馒等成为聚餐食品。

清末民初，海头镇一带，农历六月十五日龙王庙会，僧道诵经，人流如潮，进香者数以千计。

青口镇的镇海寺供四海龙王，每年农历二月十五日，殿内设法台。三更后，渔民们备祭品、持火把，由僧人主持祭龙王仪式，日出前结束。船家出资，唱戏三天。每当出海、节日，渔民聚集在天后前拜祭，祈求保佑。

民国初年，每年农历三月二十三日青口娘娘庙逢会，船主们出资筹办，唱三天大戏。渔家备好祭品，船员们扶老携幼到天后宫祭祀。僧道诵经，奏鼓乐，与会者数以万计，深夜不散。连云港一带渔民，每当渔船遇到风浪，放桅抛锚后，船老大要率领全船人员祭拜海神娘娘，平安返航时，有人家在龙王庙唱大戏，以酬谢神灵。

近几十年间，连云港地区渔业生产方式和生活水平都发生了非常大的变化。但是，渔业生产的风险性仍然存在，渔民海神信仰和祭祀仪式没有发生变化，连云港渔民的海神信仰和相关的祭祀仪式依然存在。

海祭，体现了人类对大海的敬畏和感激之情。这个仪式不仅是一种信仰的表达，更是一种人与自然和谐相处的体现。在今天，我们可以通过海祭这种传统文化来更好地理解人类与自然的关系。

淮北盐民风俗

淮北盐场，是一片广袤的海滨平原，自古以来便是重要的产盐区。这里的盐民们辛勤劳作，形成了独特的风俗习惯，承载着这片土地上悠久的历史和人民的精神追求。淮北盐场盐民风俗主要有生产习俗、社会习俗、生活习俗、信仰习俗。

(1) 生产习俗

在淮北盐场，盐民们以"煎、晒、扒、淋、结晶"等技艺生产盐。他们的劳动节奏紧扣潮汐规律，日出而作，日落而息。盐民们通常会聚在一起，共同劳作，互相帮助。在晒盐的过程中，他们需要时刻留意天气的变化，尤其是阳光和风力的影响，因为这直接关系到盐的质量和产量。

古代淮北盐是熬的，明代便开始铺盐池晒盐。先是砖池，后为泥池。结晶池又称晒格，大小以长8寸宽4寸的薄砖300块的面积为一引，后改为1平方丈为一引。滩地从八卦滩发展到后来的对口滩、塑料苫盖结晶池。早期每建一份滩，由一户盐民认领使用，叫领滩，后来一份滩的领头技术工人称"领滩手"。

淮北盐民每年年五更要观天象，认为刮西南风，天空无云，全年产盐多，盐的花色好；刮东北风则雨水多，对盐业生产不利。领滩手每天早上观天，决定是否盘卤、灌格子；下午观天，对第二天的天气作出判断。盐业生产喜长晴天、喜大风。淮北盐场晒盐、扫盐，"一年捆两季"：上半年从农历三月三至夏至，小满前后18天是最好的产盐季节；下半年从七月半至十月初一，认为十月盐归土。传说六月初六是龙王生日，这天晒的盐称"龙盐"。"龙盐"腌鱼不臭，腌菜不苦，做汤味鲜，盐民都要珍藏一些作为送亲友的礼品。

(2) 社会习俗

因古代盐是熬的，盐具子是放在灶上的，故从事煮盐的盐民被称作"灶民"，又叫"灶户"，吃的粮食叫"灶粮"。盐的计量单位为"引"。清末明初的盐业资本家，称"桓商"，管理生产的代理人称"掌管"，每一条圩子又有一个叫"帮虏"的，协助"掌管"管理本圩的生产。

(3) 生活习俗

淮北盐场盐民的生活习俗也与众不同。他们习惯食用海产，如海鱼、海虾等，这些食物不仅口感鲜美，而且富含矿物质，对身体大有裨益。此外，他们还喜欢在闲暇之余聚在一起，唱歌跳舞，欢庆丰收或者祈求来年风调雨顺。

每年农历二月二早上，盐民和农民一样在住宅前后用草木灰"打仓囤"，意在仓囤越多越大，发的灶粮会越多。盐民吃的是"灶粮"，住的是圩子（为防海潮侵袭，以土垣将住处围起来）。盐场缺淡水，除用小木船装淡水外，夏

晒盐

天要"接天水"，冬季积雪，"爽冻"储存淡水。新中国成立前，盐民生活十分贫穷，曾有人形容盐区生活："一去二三里，烟村四五家，楼台无一座，四季不开花"。

(4) 信仰习俗

盐民们信奉"盐宗"，认为"盐宗"是他们的守护神，能保佑他们产出的盐分五色，品质优良。每逢农历三月二十日，"盐宗"生日之际，他们会在盐宗庙举行盛大的庆祝活动，祈求神灵保佑。

盐民们对"盐婆婆"的崇拜和信仰，源于他们对盐的依赖和对生活的期望。在盐民的生活中，"盐婆婆"扮演着重要的角色，她代表着盐的美好品质和力量，每年农历正月初六要为"盐婆婆"过生日。盐民们相信，"盐婆婆"能够保佑他们平安、健康和幸福。她可以满足他们的愿望，帮助他们解决生活中的困难。盐民们会举行各种仪式来祈求"盐婆婆"的庇护，例如供奉、祈祷、献祭等。除了信仰和精神寄托外，盐民们还把"盐婆婆"作为生活的重要指导。他们会向"盐婆婆"请教关于盐的生产、加工和使用等方面的知识，以获得更好的生活体验。

盐民崇拜龙王，是因为他们认为龙王能够掌控雨水，保护盐田和盐民的生活。在盐民的心中，龙王是一位伟大的神祇，能够带给人们幸福和安宁。因此，盐民们会前往龙王庙祭祀，祈求龙王保佑他们的盐田丰收，家庭平安，正月十五要烧"龙王纸"。

在祭祀活动中，盐民们会献上供品，如鸡、猪、鱼等，还会献上盐田里的盐。这些供品不仅仅是向龙王表达敬意，更是希望能够通过这些祭品与龙王建立更紧密的联系。在祭祀仪式中，盐民们还会跳起舞蹈，唱起歌曲，以表达他们对龙王的崇敬和感激之情。

除了祭祀活动外，盐民们还会在日常生活中遵守一些习俗，以示对龙王的尊重和敬畏。例如，在盐田里工作时，盐民们会避免使用与龙王相关的词汇，以免冒犯龙王。在盐民的信仰中，龙王不仅能够保佑盐田丰收，更能保佑整个村庄的繁荣和安定。因此，盐民们对龙王的崇拜不仅仅是一种信仰，更是一种文化传统和生活方式。

在盐民中，于定国（西汉时期的一位官员，字曼倩，东海郡郯县人，颇有法治的才能。朝廷称赞他说："张释之为廷尉，天下无冤民；于定国为廷尉，民自以不冤"。）被尊称为"于公"。他的正直和廉洁，赢得了盐民们的尊敬和信任。他不仅是一位出色的官员，更是一位仁慈的长者。盐民们对于定国的尊敬和信任，源于他的公正无私和清廉自守。

于定国在处理盐民事务时，始终秉持公正无私的原则。他深知盐民的生活艰辛，因此在处理盐民问题时，总是尽可能地维护盐民的利益。他不仅严惩贪官污吏，还积极为盐民争取福利。在他的努力下，盐民们的生活得到了很大的改善，他们对他的尊敬和信任也日益加深。

除了公正无私之外，于定国还以清廉自守著称。他从不接受他人的贿赂，也不参与任何不正当的交易。他的清廉自守，让盐民们对他更加信任和尊敬。在于定国的治理下，盐民们过上了安稳的生活。他们对于定国的尊敬和信任，也随着时间的推移而越来越深。在于定国的努力下，盐民们逐渐摆脱了贫困和艰苦的生活。

山民习俗

　　这里说的山民习俗是指连云港地区山区居民的传统习俗和习惯。这些习俗和习惯是在长期的生产、生活中形成的，具有浓厚的地域特色。

　　男人着衣色泽多深色，少浅色。衬衣由白布经植物浆汁染色后制作，起到着色、离汗、耐用的效果。如柿汁染衬衣，土黄连染包皮布。甚至有人开染坊，如刘友渠家。洗衣服无肥皂，将山马菜根捣碎代替肥皂洗衣服，或用无患子种皮当香皂洗澡。

　　住宅建造多为顺山向，或东南向，或西南向。穷人家为丁头屋，建造简单。打个地基，山梁着地，成等腰三角形，架上桁条，打上芦柴巴，盖上屋草，一山头开门，另一山头用草封住，即可住人，因此叫丁头屋，由古人住的地下丁头屋演变而来。现在有的帐篷与丁头屋类似。中等人家，一般建三合头或四合头的院子。主要多为堂屋，其间数多为三间屋两头房。桁条多为七路或五路。前门过道为一间，为三路桁条。房屋的门枕、门窝、门闩、门板制作都很有讲究，非常坚固。以前的富户人家除建有三合头或四合头的院子外，在院子的前方一角上建有全石结构的两至三层的炮楼，用于防贼防匪，楼垛上设枪眼，效果很好。

　　山民的建房地基通过去高垫洼使之平坦，垫洼全部用石头码墙，高的可达1—20米。盖房开始要举行定堑仪式，先进行踢脚石定位，用罗盘定方位，这是最重要的。上过门石时要放鞭炮。上房屋正梁仪式更隆重，一般在中午12点上中梁，以示这家如日中天。中脊梁上贴上"福、禄、寿、喜、财"五个大红字，人字梁通天柱上首贴"上梁正遇紫微星"，下首贴"竖柱喜逢黄道日"，梁脖上贴"上梁大吉""百无禁忌""黄道吉日""万事如意"等吉祥语。

　　上梁时，工头大师父站在架好的梁架上，拎着鞭炮，一边放鞭炮，一边说喜话，一边撒喜糖、喜烟、馒头、糕果之类，引来妇女、小孩哄抢，显得非常热闹。以前还有有钱人家上梁撒钱币的，一般是一分、二分、五分的。有的人家上"五更梁""雨浇梁"等。

新屋落成那天晚上要喝落成酒、吃落成饭，有落成一顿饭的习俗。这是供盖房匠人的，免费供烟、酒、菜、饭。菜是八碟八碗，八冷八热，鸡、鱼、肉、蛋、膘领头。亲戚、朋友、邻居也来凑热闹，有拎米的、有拿酒的、有的干脆拿钱来吃落成饭、喝落成酒，终成习俗。落成当晚，新屋就要住人，一般是当家人来住。

盖屋的石头墙有干渣墙、碎石墙（小石墙）、拿型墙（又分粗拿型、细拿型、前面拿型、四面拿型），以四面细拿型档次最高。室内装修、装饰以"满堂福柜""板壁尖山""水砖铺地"最为豪华。东西房间的长度为7尺6寸，当间长度为1丈6寸，或1丈1尺6寸或1丈2尺6寸（最大），而当间宽与其长一样大，成正方形。数字上六六大顺，形状上方方正正。主屋的上首房间为家庭最长者卧室，下首房或新建主屋上首房为家庭新婚用房。

家用锅灶有土筋锅、低灶锅、高灶锅、两灶锅、三灶锅等，锅门朝哪都有讲究。

■ 大竹园村

两灶指有两口锅，三灶指有三口锅，低灶指锅台矮，高灶指锅台高，锅的多少，锅台的高矮要根据人口多少、经济条件确定，都有讲究，不是随便定的。至于锅的大小，也要根据锅灶大小、人口多少来确定，要求不多不少，不大不小，正好才好。

床长为6尺6寸，宽为6尺零6分。均取六六大顺之意。床有巴框床、面子床、帐架床、柜子床、儿童用小凉床、竹床等。夏日夜里，山民可用自己搓晒的艾绳点着烟驱蚊，效果好。

山民出行均以步行为主。上山干活、赶集贸易均取步行。外出远行打裹腿步行，条件好的人家骑毛驴或乘轿子。

苗木播种、移栽、嫁接、修剪、果品采摘、茶叶采制、砍山草、修松毛、修杂树、伐树、采药草、摘橡子、刨药草、刨葛根、刨瓜蒌根、刨蕨根、摘柿子等都由季节来决定。立秋前各种草籽未熟时，不准上山砍草、砍柴、加工。

卖草是山民常年进行的一项生产活动。在没有钟表和报时器的条件下，山民每天要按月亮运行的位置确定时间，安排林业生产活动。他们总结了看月起早的林谚：十八九，坐定守；二十二三，月上东山；二十五六，月照正南；三十初一，黑月头；没有月亮，等鸡吼。

一天中最早开始的生产是卖草，这里指的卖草是卖劈柴、树枝、松毛、松麟子、山草、扒搂草。这样，山民每天五更头就要挑着沉重的草挑子或林副产品，到附近的集市上去赶"露水集"。等太阳露红时把货出售，或货物交换后，回家吃早饭。饭后上山砍柴并挑回家。

根据"寒露无青草，霜降一起刨"的林谚，每年从霜降开始，家家户户，男男女女，都会进山刨葛根做葛粉，刨瓜蒌根做天花粉，刨蕨菜根做蕨根粉，拾橡子做橡子粉。这四种粉有各自的加工工艺，这些工艺祖辈相传，秘不示人。

山上野菜资源十分丰富，达百种以上。山民常采的主要品种有黄花、藤花、洋槐花、山马菜、蕨菜、竹笋、麦嫩头、野芽椿、刺龙芽、黄楤头、香椿芽、地卷皮、山葱等；野果子有山毛桃、山杏、山李、樱桃、野枣、栗子、柿子、沙果、山楂、山里红、树莓、郁李、石榴、甜茶果等。食用、送人、出售或换货皆可。

挖药材的药谚：正月夜明砂，二月首乌挖。三月北沙参，四月木香花。五月金银花，六月摘山楂。七月刨桔梗，八月金疙拉（土茯苓）。九月采灵芝，十月摘菊花。十一月路路通，十二月葛粉扒。

采集中草药：山民虽信巫不信医，但也知道有些中草药可治病。便按时采集中草药备用，或临时需用时采集。

养蜜蜂：许多山民会在山上收养几窝野蜜蜂，取蜜供自用。

生育习俗：过去小孩成活率低。为了养活孩子，男孩要拜石干大，女孩拜石干妈。长期不孕的妇女，要拜石祖。石祖崇拜即父氏社会时期的男性生殖器崇拜，连云港越古老的山区，石祖崇拜越盛行。习俗认为不孕的妇女按古法接触石祖易受孕。此习俗过去多，现在少，慢慢失传了。

崇老敬老：老人在世时子女不分家，一般家庭规模很大。即使分家，老人也随小儿子生活，几个儿子分担老人的一切费用。老人去世前有打"喜材"的习俗。

治病习俗：以往山民多信巫、神，不信医。生病请仙爹仙奶看，跳大神、用筷子占卜吉凶。有些病根据迷信传说自行救治。如打疟疾，把病人送到山里去躲，叫"躲半天子"。得了肝炎等，将病人背朝下面向上，一早放在有露水的草地上来回拖，认为能拖去疾病。大人小孩受到惊吓，采取"叫魂"的方法，相信鬼神。所谓的"病"治好了，要请童子（唱童子戏的人）唱大戏还愿。

山民自己也有一定的医药常识，可自治或预防一些病。防病方法有"五月端"喝雄黄酒，吃黄瓜矾，煮百草头水洗澡等。治感冒喝"生姜茶"，小孩积食不消化喝"山里红虫屎茶"。山民还会"挑疗""挑七朝疯""浸胙腮""治蛇蛋疮""治蛇咬伤"。

婚俗也不少。结婚要明媒正娶，门当户对，笆门对笆门，板门对板门。结婚前，男家要上祖坟，告知各祖先添新人，请老祖保佑，早生胖小子。结婚前一天是女方亮嫁之日，要办酒席，招待女方的亲友。这是女方的习俗。这天女方要过嫁妆，嫁妆进了男家新房以后，就不准他人进新房了。结婚前一天的晚上，安排小男孩陪新郎睡觉，叫压床。这压床男孩可以摸出被子里和马桶里的枣、栗、桂圆、花生、喜糖，吃或拿走皆可，寓意祝新郎新娘早生贵子、合家团圆。

结婚这天，女方有送亲的一批人，男方有迎亲的一批人。男方的迎亲人要带活公鸡一只，红鱼两条，双刀肉一块（上等肋条猪肉二斤，中间划一刀，但不划透，叫双刀肉），习俗叫"鸡鱼两头跑，死肉换活肉"。女家只留下双刀肉，男方娶回新娘子。这叫正娶，也叫"大来"。头一天刚亮过嫁的晚上，新娘来男家叫"小来"。

女到男家，一般不过正午十二点。还有拦房门口、闹房、送房等环节，应有尽有。除了结婚当天的习俗以外，还有新娘二朝上锅、吃团圆饭、三朝娘家来人瞧、四朝双回门、满月回娘家过十八天、六月六回娘家度夏，等等。

白虎山庙会

白虎山庙会是连云港海州地区以白虎山及山下的碧霞宫为中心的传统庙会，现存于海州碧霞宫后殿西山墙上清顺治七年（1650）三月所立的《灯油田记》碑记载了庙会的活动盛况，在《海州民俗志》《海州区志》《海州文史资料》《朐阳纪略》等著作中多有记载。

传说农历四月初八是传统的浴佛节，即释迦牟尼诞生日。白虎山庙会由朝山拜佛、"浴佛节"宗教活动演变而来。最早是在农历四月初八佛祖诞生之日乡民们所进行的佛事活动，后不断扩大，庙会由单纯的祛灾祈福活动而演变为商品贸易和文化娱乐的民间大型风俗活动。

在这传统的佛教节日里，香客云集名山古刹，在祝贺释迦牟尼诞辰的同时，经营集市贸易，形成了传统的四月初八庙会。白虎山下东南的碧霞宫供奉释迦牟尼造像，香火极盛。清光绪二十二年（1896）海州相才编修的《朐阳纪略》中说"城南碧霞宫，香火胜地，浴佛进香如归市"，由此可见白虎山庙会的历史和规模。

白虎山庙会与我国的其他庙会类似，在三百多年的时间里，历经了由祭祀活动向以祭祀为主、商贸交易集市为辅的过程，进而渐变成文商并举的民俗活动。

白虎山庙会人山人海

庙会会期最初为三天，四月初七为头会，初八正会，初九末会；后来由于集市购物的需要逐步延长，发展成 5～7 天。当天，来参会的人数多达十多万。

20 世纪 50 年代，当地居民利用四月八庙会增加物资交流活动的内容，引入各类文化娱乐项目，如苏北大鼓、鼓锣、淮海戏、魔术、秧歌、高跷等，更名为"海州白虎山物资交流大会"。近年来，为了适应民众新的生活需求，又在庙会中加入了文化旅游元素，更名为"海州白虎山文化旅游庙会"，每年盛况空前，广受社会关注。

经过数百年的发展，现在的白虎山庙会在形式、内容上也发生了变化。庙会形成了各种区域，如民俗表演区域、美食小吃区域、佛事活动区域、特色商品区域。四大区域各有侧重，又融为一体。庙会活动的主要内容有逛海州古城、观民俗表演、购特色商品、沐佛教文化。群众逛庙会可以观赏富有地方特色的

庙会上海州小戏表演

文化节目，如海州五大宫调、淮海戏、工鼓锣、京剧、魔术、杂技、小品、歌舞等。

人们也可以选择购买、交换众多的文化纪念品、工艺美术品、地方土特产以及文物收藏品等。各座寺庙依据自身的特点举办佛事活动，其中包括供天法会、放生法会、念佛七法会、放功德焰法会等。香客、客商来自连云港本市，以及浙江、上海、山东、河南等十几个省市，每次赶会人数达百万人次，成交额达数亿元。

近几年，随着海州城市化进程的加快、现代物流业的兴起，当地建起了小商品批发市场、明清仿古购物一条街、海州宝利商业街、海州非物质文化遗产展示街区等商贸市场，为传统的海州白虎山庙会增添了新的经济和文化元素，促进了海州旅游业的发展。海州白虎山庙会以鲜明的淮海地方文化特色在苏北、鲁南地区独树一帜。

渔民号子

《南齐书·州郡志》记载:"郁洲在海中,周围数百里,岛出白鹿,土有田畴鱼盐之利"。在北起赣榆柘汪乡绣针河口、南至灌南县灌河口的沿海一带170多千米长的海岸线上,渔民祖祖辈辈在"无风三尺浪,有风浪滔天"的大海上作业,风险很大,抵御自然灾害的能力也很低。

在长期海上作业的实践中,形成了无时不有、无事不在、较为稳定的渔民号子。《淮南子》记载:"今夫举大木者,前呼'邪许',后亦应之,此举重劝力之歌也。"这是关于号子最早的文字记录。在木帆船时代,船上一切工序全靠手工操作,集体劳动异常繁重。各种工序都要喊号子以统一行动、调节情绪,为此形成了丰富的号子,以渔民、船工为主要传唱者。

扯起篷那么喂呀来,

喂呀喂呀,

扬起帆那么喂呀来,

喂呀喂呀……

俗话说"船是三块板,行动就要喊",船上许多劳动,无论是起篷、起锚、拔缆,还是点水和收网等,都要唱号子。号子多为一唱众和,激发情绪,自娱自乐,形成渔民海上作业的一道独特的文化风俗。一队健壮的渔民,扯起了船上的绳

■ 渔业生产中喊号子

子，在船老大的带领下，唱起了浑厚、激越的号子。号子声在大海边回荡，经久不息……

海州湾渔民号子按作业时用力的部位，可分为手拔类号子、手摇类号子、手扳类号子、测量类号子、牵拉类号子、抬物类号子、敲打类号子、肩挑类号子、吊货类号子、抛甩类号子等二十多种，按作业的工序又可分为拔篷号子、起锚号子、拔网号子、拔船号子、摇橹号子、打绳索号子、打水篙号子、打桩号子、起舱号子、涤网号子等。

船在航行途中，船老大对航道内水的深浅必须心中有数。聪明的先辈们就用定制的竹竿或水砣来测量海水的深度。点水号子节奏缓慢，较为自由，同时声音必须洪亮，因为这点水号子是唱给舱内的船老大听的："四十五节哟——四十七节哟——四十九节哟……"船老大从点水号子中知道船到了什么洋面，水深多少，从而确定下一步前进方向。

在捕捞作业中，最关键、最艰苦也最让人兴奋的莫过于起网。丰收在即，快乐在即，所有的情感都融化在那激动人心的起网号子里：（领）"喔，喂喂咿哟——"（和）"喂喂咿哟！"（领）"喂喂上喂——"（和）"哟喂上喂咿呀……"。还有网绷号子，一人领唱，众口响应，雄壮有力，气势宏伟，穿透力极强，在夜深人静之时，站在十余里外的渔村都能听得很真切。网起出海面，渔民们从船上把事先扎好的竹排放到海里，这个工序非常危险，动作稍有不协调便会排毁人亡，他们把排推到船头，上好排，便唱起上排号子：（领）"小头朝前接接拢咯！"（合）"嗨嗨！"（领）"要到头拦户哎！"（合）"哼，吭！"（领）"一同朝前一步咯！"（合）"嗨嗨！"（领）"众兄弟们那得点力咯！"（合）"嗨，吭！"。说时迟，那时快，船老大看准风势浪头，舵一扳，把船头对准浪尖，船头冲上去，海浪立时把渔船推向半空，当渔船顺势落下来时，便将竹排一颠，连人带排扑向大海，稳稳地站在海面上。上排号子短促、壮胆、生力，气势十分壮观。

号子的实质是劳动过程中指挥与被指挥、命令与服从的关系的体现，是统一步调、统一意志的手段。渔民号子不是有副好嗓子就可以领唱的，它是由经验丰富，富有权威性的船老大或者负责此项劳作（如拉网）的领头人领唱的。

领唱就是指挥，就是命令，来不得半点马虎。这也体现了海洋渔家号子的首要功能——实用功能。

海州湾渔民号子是传统海洋渔业作业的产物，是原始手工化生产的文化载体，它不仅受劳动强度的约束，同时也受生产技术水平的限制。随着海洋渔业劳动方式的逐渐现代化和高科技化，一些需众多渔民合力参与的繁重体力劳动逐渐减少，许多流传千百年的传统海洋渔民号子的存在价值也愈来愈小。

渔民号子是在传统渔业、海运业时代背景下产生、发展、兴盛起来的，在现代科技的冲击下，遂趋于濒危状态，所以它成了区分传统与现代渔业、海运业的分界线。作为一种古老的海洋独特民间艺术形式，作为海州湾及岱山传统渔业兴旺史的佐证，渔民号子具有不可多得的历史价值。

"蚂蚁哎，快快来，蓑衣凉帽穿勒来，砧板薄刀带勒来，前门后门关勒来。"

"对对虫，虫虫飞，大麻将（麻雀）啄食去，小麻将（麻雀）管家里。"

"咯咯嗡，小鸡肚皮痛，大鸡嫁老公。老公长，会打枪，老公矮，会捉蟹。"

"一粒星，格伦登，两粒星，挂油瓶；油瓶漏，炒倭豆，倭豆香，加辣酱；辣酱辣，捉水獭，水獭乌，捉鹁鸪。"

"笃笃笃，卖粮粥，三斤胡桃四斤壳。吃我肉，还我壳，婆婆看了眼泪出。"

"叽咕嘎，叽咕嘎，阿毛老婆牵沙蟹。牵勒半夜过，还没半淘箩；牵勒五更头，还没三碗头；牵到天亮，还没好卖。"

"囡囡哎，侬要啥人抱？我要阿娘抱，阿娘腰骨伛勿倒。囡囡哎，侬要啥人抱？我要阿爷抱，阿爷胡须拮拮囡晏觉。囡囡哎，侬要啥人抱？我要阿姆抱，阿姆给囡囡做袄袄。囡囡哎，侬要啥人抱？我要阿爹抱，阿爹出门赚元宝。囡囡哎，侬要啥人抱？我要阿姊抱，阿姊三根头发梳梳好。囡囡哎，侬要啥人抱？我要阿哥抱，阿哥看牛割青草。阿拉囡囡呒人抱，摇篮里面去困觉。"

"正月放鹞子，二月剥瓜子，三月清明抬轿子，四月种田插秧子，五月吃粽子，六月热天扇扇子，七月小鬼拿银子，八月月饼嵌馅子，九月重阳做团子，十月芙蓉勿结子，十一月落雪子，十二月抛色子。"

"正月大错过，二月芥菜大，三月拔茅针，四月拗芦笋，五月吃蒲羹，六月乘风凉，七月七秋凉，八月桂花香，九月九重阳，十月芋艿煮鸡羹，十一月黄脚差人投钱粮，十二月乒乒乓乓放炮仗。"

"笃笃笃，碰墙角，姊姊抬去娘要哭。阿姆哎，勿哭喽，轿到堂前喽。大阿哥抱上轿，小阿哥送过桥，送到乌漆墙门好人家。窗门开开地板房，白骨嵌银大眠床，金漆夜桶放叠床。新花棉被捂新郎，生出囡来老酒甏，生出儿子状元郎。"

"高高山，低低山，鲤鱼跳过白沙滩，琳琳琅琅货郎担。买支描花笔，描花描蝴蝶，蝴蝶嘟嘟飞，飞到杭州扯大旗。大姊眠床花绿绿，小姊地上种六谷。今年六谷嫩艾艾，丈夫出门到上海，胭脂花粉带眼来，姊姊妹妹分搭开。"

"啥鱼头上两根须，啥鱼走路扑通扑通会摇橹，啥鱼头上七颗星，啥鱼背脊画麒麟？雄鱼头上两根须，弹涂鱼走路扑通扑通会摇橹，乌鳢鱼头上七颗星，鲟鳇鱼背脊画麒麟。"

"啥鱼眠床在娘肚，啥鱼阿娘当老婆，啥鱼捉牢眼泪流，啥鱼嘴巴生在脚夹缝？鲨鱼眠床在娘肚，鲎鱼阿娘当老婆，海龟捉牢眼泪流，望潮嘴巴生在脚夹缝。"

海州湾渔民号子，是海州湾民间千百年来由特定地域和特定作业而形成的一种民俗文化现象，是渔民船工与渔和船紧密相依的产物。它既含有渔业民俗文化，又有船文化内涵。哪里有船，哪里就有号子；哪里需要有力，哪里就有号子。在许多号子的内容中，也包含了渔民生活的风俗习惯。海州湾渔民号子与沿海其他地区的渔民号子相比较，品种相对较全，曲调较优美，尤其是起篷号子，一领众和、刚柔相济，富有艺术感染力，有着鲜明的海洋文化特征。

同时，它还具有娱乐价值，通过各种不同种类号子的歌唱来振作精神，统一节奏，大大减轻劳动者的体力消耗，焕发起劳动热情。尤其是舒缓号子和娱情号子，其娱乐功能更为明显。

由于现代机械捕捞方式替代了传统的渔业手工捕捞作业，经济建设的发展改变了原生态渔业生产环境等因素，海州湾渔民号子已处于"皮之不存，毛将焉附"的局面。越来越多的现代渔民更喜欢具有时代特征的新的文化元素，对传统渔民号子认识不足，传承观念较为淡薄，兴趣淡化。

新安镇元宵灯会

新安镇的元宵灯会是一个充满欢乐的民俗活动。它不仅展示了我们的传统文化，也丰富了人们的文化生活。从中可以看到新安镇及周边地区人民的热情好客和勤劳智慧。

元宵节实际上是个关于情感的节日。所以，欧阳修的"花市灯如昼"和"人约黄昏后"才有大量的读者。

新安镇元宵灯会（又称元宵灯节）非常出名，已有400多年的历史。据灌南县地方史料记载，安徽商人程鹏于明朝隆庆年间建新安镇，有五庄八排、九庵十八庙，道路宽敞，交通便利，规模之大，周边少有。建镇后，逐渐商贸云集，经济繁荣，百姓安居乐业。某一年庆祝建镇，适逢元宵节。于是家家扎灯，挂于门前，引四面八方的百姓来镇上观看花灯，热闹非凡。后来逐渐演变成为如今的新安镇元宵灯会。

新安灯会

新安镇元宵灯会有验灯、试灯、玩灯三个环节，即第一晚验灯，第二晚试灯，第三晚玩灯，连续三晚。前两晚从验灯和试灯中找出不足，不断改进，完善后在第三晚上玩灯。

每当新安镇元宵灯会时，八佛庵三声炮响过后，全镇灯火便依次游龙般环城而行，走在前面的是锣鼓蓬、旋花伞，接着是亭阁灯、花挑，在一串花灯辉映下，花鸟鱼虫、人物、五谷应有尽有，让人目不暇接，非常热闹。

以前灯笼都是纸质的，里面点着蜡烛，用一根打磨得极光滑的小竹竿提着。在朦胧的夜色里，影影绰绰的烛光照着青石板的路，也映着每个人的脸。人们都偏爱红灯笼，因为那样映出的脸色最美。花灯不点亮也是精美的工艺品，等到点亮之后，在灯光的照映下就仿佛一下子鲜活起来，粉粉的花瓣上似乎氤氲着水汽，花蕊中的烛光一闪一闪，美不胜收。

广受欢迎的花灯，那就是猴灯，每年的灯会上总是会有千姿百态的猴灯。

■ 元宵灯会灯谜竞猜活动

还有荷花灯、水果灯、龙灯、麒麟灯、兔灯,可谓争奇斗艳、巧夺天工。

有一种用皱纹纸做的圆筒状灯笼,灯笼壁由皱纹纸折叠成弹簧状,不点的时候压成平平的,准备点亮的时候,就把蜡烛固定在灯笼的底部点燃,然后小心翼翼地把折叠着的灯笼拉成一个圆筒。灯笼壁上有艺人手绘的各种图案,如兰花等花草图案。

也有根据神话传说、民间故事如唐僧取经、桃园结义、八仙贺寿、嫦娥奔月、窦娥孝婆、百花仙子等制作的彩灯,可谓千姿百媚、五彩缤纷。

新安镇元宵灯会属于民众自娱自乐的民俗活动,自然由大家一起来捧场。一般由镇上有头脸的人物出面,筹集资金,每家每户都要出钱,所以有"新安镇灯会牌牌贴钱"的说法。灯会按照街道、牌坊划分,家家户户都要扎花灯,群众性特别强。灯的花样也是千奇百怪,绚丽多彩,各有特色,并伴有美食、戏剧、书场、锣鼓、龙狮表演等。

元宵夜的灯映衬着港城的非遗,元宵夜欢闹是被允许被期待的,最佳状态应该是这样的:"玉漏银壶且莫催,铁关金锁彻夜开;谁家见月能闲坐,何处闻灯不看来。"

"百里不通风,千里不同俗""治天下,以正风俗得贤才为本"。这两句名言体现了民俗的普遍性、重要性。"约定俗成""入乡随俗",体现了民俗的统一性、地方性;"风俗和习惯反映着前辈关于有用或有害事物的经验""习俗是人类生活的主要向导"则揭示了民俗的成因和价值。民俗是人类生活的客观存在,是人类思想认知的外在表现。历史上的民俗有其积极的一面,也有其消极的一面。我们要逐步地弘扬积极的民俗,使之成为民族精神和地方主流文化,改进或摒弃消极甚至是错误的民俗成分。

附录

连云港市非物质文化遗产代表性项目表

序号	级别及项目名称	类别	批次（年份）	申报单位、保护单位
一	国家级（6个）			
1	海州五大宫调	传统音乐	国一批（2006）	连云港市
2	淮海戏	传统戏剧	国二批（2008）	连云港市
3	徐福传说	民间文学	国三批（2011）	赣榆区
4	东海孝妇传说	民间文学	国四批（2014）	连云港市
5	淮盐制作技艺	传统技艺	国四批（2014）	连云港市
6	东海水晶雕刻	传统美术	国五批（2021）	连云港市
二	省级（33个）			
1	童子戏	传统戏剧	省一批（2007）	海州区
2	工鼓锣	曲艺		灌云县
3	汤沟酒酿造技艺	传统技艺		灌南县
4	花果山传说	民间文学	省二批（2009）	连云港市
5	姐儿溜（歌谣）	民间文学		东海县
6	鼓吹乐（海州鼓吹乐）	传统音乐		连云港市
7	花船舞（灌云花船）	传统舞蹈		灌云县
8	柳编技艺	传统技艺		赣榆区
9	绿茶制作技艺（连云港云雾茶制作技艺）	传统技艺		连云区
10	五妙水仙膏制作技艺	传统医药		灌南县
11	海州湾渔俗	民俗		连云港市
12	竹马（南辰跑马灯舞）	传统舞蹈	省一批扩展（2009）	东海县
13	苏北大鼓	曲艺		赣榆区

续表

序号	级别及项目名称	类别	批次（年份）	申报单位、保护单位
14	酿醋技艺（汪恕有滴醋酿制技艺）	传统技艺	省一批扩展（2009）	连云港市
15	海州智慧人物传说	民间文学	省三批（2011）	海州区
16	二郎神传说	民间文学	省三批（2011）	灌南县
17	吕剧	传统戏剧	省三批（2011）	东海县
18	连云港锻铜技艺	传统美术	省三批（2011）	连云港市
19	制陶技艺（黑陶制作技艺）	传统技艺	省三批（2011）	连云港市
20	曹氏中药热敷接骨疗法	传统医药	省三批（2011）	灌南县
21	戴晓觉膏药制作技艺	传统医药	省三批（2011）	海州区
22	传统木船制作技艺（连云港木质渔船制作技艺）	传统技艺	省一、二批扩展（2011）	赣榆区
23	镜花缘传说	民间文学	省四批（2016）	连云港市
24	淮海戏	传统戏剧	省四批（2016）	灌云县
25	肘鼓子	曲艺	省四批（2016）	赣榆区
26	连云港贝雕	传统美术	省四批（2016）	赣榆区
27	万寿堂胃病疗法	传统医药	省四批（2016）	灌南县
28	刘氏自然拳	传统体育、游艺与杂技	省四批（2016）	连云区
29	形意拳	传统体育、游艺与杂技	省四批（2016）	灌云县
30	淮北盐民习俗	民俗	省四批（2016）	连云港市
31	酿造酒酿造技艺（樱桃酒酿造技艺）	传统技艺	省一、二、三批扩展（2016）	连云港市
32	元宵节（新安灯会）	民俗	省一、二、三批扩展（2016）	灌南县
33	海州湾渔俗	民俗	省一、二、三批扩展（2016）	连云港市
三	市级（183个）			

续表

序号	级别及项目名称	类别	批次（年份）	申报单位、保护单位
1	海州方言	民间文学	市一批（2007）	连云港市民俗博物馆
2	海州童谣	民间文学		海州区文化旅游局
3	汤沟御酒传说	民间文学		灌南县文化局
4	盐河的传说	民间文学		灌南县文化局
5	五柳河传说	民间文学		连云区文化局
6	锣鼓乐	传统音乐		赣榆区文化局
				灌南县文化局
7	龙舞	传统舞蹈		灌云县文化局
8	狮舞	传统舞蹈		东海县文化局
9	打莲湘	传统舞蹈		赣榆区文化局
				东海县文化局
				海州区文化旅游局
10	京剧	传统戏剧		赣榆区文化局
11	渔鼓	曲艺		东海县文化局
				赣榆区文化局
12	苏北琴书	曲艺		赣榆区文化局
				灌南县文化局
13	玩麒麟	曲艺		灌云县文化局
14	汪其魔杂技魔术	传统体育、游艺与杂技		灌南县文化局
15	连云港传统游艺（含抓弹子、乡棋等）	传统体育、游艺与杂技		连云港市民俗博物馆
				灌云县文化局
				灌南县文化局

续表

序号	级别及项目名称	类别	批次（年份）	申报单位、保护单位
16	抬阁	传统体育、游艺与杂技	市一批（2007）	海州区文化旅游局
17	拔河	传统体育、游艺与杂技		赣榆区体育局
18	剪纸（含宣纸贴画、布贴画）	传统美术		海州区文化局
				东海县文化局
				灌南县文化局
				赣榆区文化局
19	石雕（含寿山石雕）	传统美术		赣榆区文化局
				连云港市民俗博物馆
				灌云县文化局
20	面塑	传统美术		连云区文化局
21	木雕（含根雕）	传统美术		连云港市民俗博物馆
				灌南县文化局
				连云区文化局
22	砖雕	传统美术		连云港市民俗博物馆
23	贝贴画（含螺钿画）	传统美术		海州区文化局
				连云区文化局
24	飞白书法	传统美术		东海县文化局
25	葛粉制作技艺	传统技艺		连云港市民俗博物馆
26	紫菜制作技艺	传统技艺		连云区文化局
27	赣榆甜闷瓜	传统技艺		赣榆区文化局
28	指板琵琶制作技艺	传统技艺		灌云县文化局
29	海祭	民俗		赣榆区文化局
30	白虎山庙会	民俗		海州区文化旅游局

续表

序号	级别及项目名称	类别	批次（年份）	申报单位、保护单位
31	石祖崇拜	民俗	市一批（2007）	连云区文化局
32	刘二姐赶会	民间文学	市二批（2010）	东海县李埝乡文化服务中心
33	苏文顶的传说	民间文学		连云区云山街道文化服务中心
34	沙光鱼传说	民间文学		连云区连岛街道文化服务中心
35	夹谷山传说	民间文学		赣榆区文化馆
36	跑驴	传统舞蹈		赣榆区文化馆
37	苏北柳琴	曲艺		东海县文化馆
38	洪派陈式太极拳	传统体育、游艺与杂技		东海县来芳太极拳俱乐部
39	葫芦压花技艺	传统美术		海州区文化馆
40	烙画技艺	传统美术		海州区文化馆
41	朝阳纳花	传统美术		连云区
42	海州拓片技法	传统美术		海州区
43	水晶补画技艺	传统美术		连云港市艺术研究所
44	煎饼制作工艺	传统技艺		赣榆区文化馆
45	糯米花茶制作工艺	传统技艺		宿城乡文化服务中心
46	橡子粉的制作工艺	传统技艺		宿城乡文化服务中心
47	云山熟柿工艺	传统技艺		连云区云山街道文化服务中心
48	吹糖人	传统技艺		海州区文体中心
49	板浦香肠制作工艺	传统技艺		板浦东达食品厂
50	凉粉制作技艺	传统技艺		海州区文体中心
51	汤沟风筝工艺	传统技艺		灌南县文化馆

续表

序号	级别及项目名称	类别	批次（年份）	申报单位、保护单位
52	插酥小脆饼制作技艺	传统技艺	市二批（2010）	海州陆安顺副食品厂
53	李氏面瘫膏药制作技艺	传统医药		海州区
54	古安梨生产习俗	民俗		海州区文体中心
55	东海水晶消费习俗	民俗		东海县牛山镇文化中心
56	东海丧葬习俗	民俗		东海县牛山镇文化中心
	海州五大宫调（赣榆清曲）	传统音乐	市一批扩展（2010）	赣榆区文化馆
	龙舞（海州舞龙）	传统舞蹈		海州区文体中心
	旱船（双人花船）	传统舞蹈		海州区浦西街道文化站
	苏北琴书	曲艺		灌云县文化馆
	连云港传统游艺（赣榆民间游艺）	传统体育、游艺与杂技		赣榆区体育总会
	剪纸（赣榆剪纸、张氏刻纸）	传统美术		赣榆区文化馆
				海州区文化馆
	木雕（桃木雕刻工艺、根雕技艺）	传统美术		海州区文化馆
				灌云县文化馆
	海盐制作技艺（淮盐传统生产工艺）	传统技艺		连云区板桥街道文化服务中心
57	东海水晶仙子传说	民间文学	市三批（2011）	东海县文化馆
58	南城传说	民间文学		海州区文化馆
59	渔业生产谚语	民间文学		连岛街道文化中心
60	赣榆高跷	传统舞蹈		赣榆区文化馆
61	赣榆蚌舞	传统舞蹈		赣榆区文化馆
62	柳琴戏	传统戏剧		赣榆区文化馆
63	灯谜	传统体育、游艺与杂技		灌南县文化馆

续表

序号	级别及项目名称	类别	批次（年份）	申报单位、保护单位
64	东海版画	传统美术	市三批（2011）	东海县文化馆
65	涟北村挂廊	传统美术		灌云县文化馆
66	赣榆虾酱制作技艺	传统技艺		赣榆区海洋食品有限公司
67	桃林烧鸡制作技艺	传统技艺		东海县港城烧鸡店
68	李记明章卤货制作工艺	传统技艺		李记明章食品有限公司
69	动物标本制作工艺	传统技艺		连云港海洋博物馆
70	连云港盆景制作技艺	传统技艺		连云港花卉盆景协会
71	李氏中医骨伤疗法	传统医药		墟沟街道文化中心
72	虫屎茶叶	传统医药		宿城乡文化站
73	东海温泉洗浴习俗	民俗		温泉镇文体中心
74	海头年俗	民俗	市一、二批扩展（2011）	连云港市艺术研究所
	盐河的传说（神人王彦章的传说）	民间文学		灌南县文化馆
	盐河的传说（张店锣鼓的传说）	民间文学		灌南县文化馆
	淮海戏	传统戏剧		灌云县戏剧家协会
	工鼓锣	曲艺		灌南县文化馆
	石雕（房山石雕）	传统美术		东海房山石雕厂
	面塑	传统美术		朝阳镇文化站
	云雾茶制作技艺	传统技艺		连云港市国营南云台林场
	葛粉制作技艺	传统技艺		朝阳镇文化站
	东海丧葬习俗（连云港丧葬习俗）	民俗		连云街道文化中心

续表

序号	级别及项目名称	类别	批次（年份）	申报单位、保护单位
75	温泉古镇传说	民间文学	市四批（2012）	东海县文化馆
76	盐场民谣	民间文学		板桥街道文化站
77	快板	曲艺		赣榆区文化馆
78	竹鼓十更锣	曲艺		海州区文化馆
79	朱氏顶技	传统体育、游艺与杂技		灌南县文化馆
80	胡氏麦草画技艺	传统美术		灌南县文化馆
81	雕像套装	传统美术		连云港市艺术研究所
82	云绣	传统美术		季玉青刺绣制作社
83	书画修复与装裱技艺	传统技艺		连云港市博物馆
84	老虎鞋制作技艺	传统技艺		灌云县文化馆
85	印氏中医妇科疗法	传统医药		灌南县印良相中医诊所
86	农业生产习俗	民俗		赣榆区文化馆、沙河镇二小
87	传统民俗婚庆	民俗		连云港红玫瑰文化艺术发展有限公司
		民俗		东海县文化馆
	海州五大宫调	扩展到"海州五大宫调"	传统音乐	市一、二、三批扩展项目（2012）	灌云县文化馆
	东海鼓吹乐	扩展到"锣鼓乐"	传统音乐		东海县文化馆
	舞龙	扩展到"龙舞"	传统舞蹈		赣榆区文化馆
	舞狮	扩展到"狮舞"	传统舞蹈		东海县桃林镇美芳民间舞蹈队
	琴书	扩展到"苏北琴书"	曲艺		赣榆区文化馆

续表

序号	级别及项目名称		类别	批次（年份）	申报单位、保护单位
	淮海锣鼓	扩展到"工鼓锣"	曲艺	市一、二、三批扩展项目（2012）	东海县文化馆
	面塑	扩展项目，名称同	传统美术		赣榆区文化馆
	东海版画		传统美术		东海县文化馆
	剪纸		传统美术		灌云县文化馆
	烙画		传统美术		灌南县文化馆
	东海老五甑酿酒工艺	扩展到"汤沟酒酿造技艺"	传统技艺		东海县桃林酿酒有限公司
	塑刻葫艺	扩展到"葫芦压花技艺"	传统技艺		海州区文化馆
	朱冯兰中药接骨	扩展到"曹氏中药沙袋热敷接骨"	传统医药		朱冯兰中医骨伤科门诊部
88	锻铁技艺		传统技艺	市五批（2013）	东海县非遗保护中心
89	孔明灯制作技艺		传统技艺		灌南县非遗保护中心
90	传统木器制作技艺（含箍桶技艺）		传统技艺		赣榆区恒基装饰公司
			传统技艺		赣榆区赣马镇文化站
91	卤货制作技艺（史猪头熟食制作技艺）		传统技艺		连云港市史猪头食品有限公司
			传统技艺		赣榆区城西镇徐氏卤制工艺作坊
92	竹编技艺		传统技艺		赣榆区城西镇文化站
93	鱼丸制作技艺		传统技艺		连云区非遗保护中心

续表

序号	级别及项目名称	类别	批次（年份）	申报单位、保护单位
94	海州辣黄酒酿造技艺	传统技艺	市五批（2013）	连云港市云台米酒酿制有限公司
95	大刀面烹制技艺	传统技艺		海州区板浦镇大刀面美食城
96	少林拳功法	传统体育、游艺与杂技		连云港市龙腾武术运动学校
97	武当拳	传统体育、游艺与杂技		连云港市龙腾武术运动学校
98	峨眉十二庄	传统体育、游艺与杂技		新浦文化馆
99	太极拳（含陈式太极）	传统体育、游艺与杂技		连云港市龙腾武术运动学校
				灌云县太极拳协会
				东海县文化馆
100	鹰猎技艺	传统体育、游艺与杂技		东海县车庄村委会
101	一指禅	传统体育、游艺与杂技		赣榆区体育总会
102	形意大成拳	传统体育、游艺与杂技		连云港市健龙健身会所
103	秧歌	传统舞蹈		新浦文化馆
104	传统布饰品制作技艺	传统美术		连云区墟沟街道文化体育服务中心
105	德安堂祖传中医	传统医药		东海县德安堂中医诊所
106	推拿疗法	传统医药		灌云县刮痧按摩协会
				东海县工商联保健推拿业商会
107	徐氏痹症外敷疗法	传统医药		灌云县骨质增生研究院

续表

序号	级别及项目名称	类别	批次（年份）	申报单位、保护单位
108	痔科中医疗法	传统医药	市五批（2013）	灌南县柯继先痔科诊所
109	山东快书	曲艺		东海县文化馆
110	抬花轿	曲艺		赣榆区文化馆
111	山民习俗	民俗		连云港市民俗学会
	镜花缘传说（镜花缘的传说）	民间文学	第一、二、三、四批市级非物质文化遗产名录扩展项目名录（2013）	灌云县剧目工作室
	葫芦压花技艺（葫芦画技艺）	传统美术		灌南县非遗保护中心
	贝贴画（赣榆贝雕）	传统美术		赣榆区青口镇文化站
	剪纸（刘氏剪纸）	传统美术		连云区墟沟街道文化体育服务中心
	吹糖人（糖画）	传统美术		灌云县文化馆
	木雕（根雕）	传统技艺		市开发区中云街道文体中心
	绿茶制作技艺（徐福茶制作技艺）	传统技艺		赣榆区徐福茶厂
	插酥小脆饼制作技艺（板浦插酥小脆饼制作技艺）	传统技艺		海州区板浦镇东达肉制品厂
	锣鼓乐（腰鼓）	传统舞蹈		东海县文化馆
	龙舞（老古墩女子舞龙）	传统舞蹈		东海县文化馆
	淮北盐民风俗（盐民习俗）	民俗		连云港市民俗学会
	海州湾渔俗（渔民习俗）	民俗		连云港市民俗学会

续表

序号	级别及项目名称	类别	批次（年份）	申报单位、保护单位
112	大伊山传说	民间文学		灌云县剧目工作室
113	田横岗传说	民间文学		市开发区中云街道社会事业服务中心
114	羽山传说	民间文学		连云港市羽山大禹文化研究学会
115	古筝艺术	传统音乐		司徒古筝国乐艺术馆
116	花生油古法压榨技艺	传统技艺		江苏长生缘生物科技有限公司
117	捕鼠器制作技艺	传统技艺		赣榆区沙河镇兴旺捕鼠器经营部
118	金银细工制作工艺	传统技艺		赣榆区文化馆
119	杆秤制作技艺	传统技艺		赣榆区文化馆
120	灌云豆丹制作技艺	传统技艺	市六批（2016）	灌云县餐饮商会
121	仿古铜器制作技艺	传统技艺		灌南县文化馆
122	锔瓷	传统技艺		灌南县文化馆
123	山楂酒酿造技艺	传统技艺		连云港市凯威酒业有限公司
124	戗刀磨剪技艺	传统技艺		海州区文化馆
125	古建筑营造（木斗拱）技艺	传统技艺		海州区文化馆
126	草编技艺	传统美术		赣榆区城西镇文化站
127	灯彩制作工艺	传统美术		赣榆区文化馆
128	棕编技艺	传统美术		东海县张湾乡文体中心
129	软陶制作技艺	传统美术		海州区文化馆
130	孙氏接骨膏制作技艺	传统医药		连云港市科普研究会
131	张氏正骨术	传统医药		宜连保健按摩室

续表

序号	级别及项目名称	类别	批次（年份）	申报单位、保护单位
132	太极炁流注针灸术	传统医药	市六批（2016）	赣榆区迎春太极平衡养生俱乐部
133	摸结松筋针灸疗法	传统医药		东海张氏针灸堂
134	谢氏膏药外敷疗法	传统医药		灌云谢氏葆龄堂药房有限公司
135	克山中医喉疾疗法	传统医药		灌南县克山喉科诊所
136	李氏鼻炎中药疗法	传统医药		灌南县李玉成诊所
137	朱中学中医风湿针灸疗法	传统医药		朱中学中医风湿门诊部
138	王氏中药黑膏药制作技艺	传统医药		灌南县王亚方诊所
139	八卦掌	传统体育、游艺与杂技		连云港市八卦掌研究会
140	铁砂掌			连云港市传统武术研究会
141	东海老淮猪饲养习俗	民俗		江苏幸福淮猪产业发展有限公司
	高跷（盐坨高跷）	传统舞蹈	市一、二、三、四、五批扩展项目（2016）	市开发区猴嘴街道文化服务中心
	风筝制作技艺	传统技艺		赣榆区文化馆
	桃林烧鸡制作技艺	传统技艺		连云港桃林蒋记食品有限公司
	蒸馏酒酿造技艺（海州湾白酒酿造技艺）	传统技艺		灌南县汤沟曲酒厂
	蒸馏酒酿造技艺（洪门酒酿造技艺）	传统技艺		江苏新海洪门酿酒有限公司

续表

序号	级别及项目名称	类别	批次（年份）	申报单位、保护单位
	葫芦画	传统美术	市一、二、三、四、五批扩展项目（2016）	赣榆区青口镇徐进涛烙画艺术工作室
	吹糖人技艺	传统美术		赣榆区文化馆
	根雕	传统美术		东海县山左口乡文体中心
	泥塑	传统美术		东海县驼峰乡文化中心
	剪纸（穆氏剪影）	传统美术		东海县文化馆
	面塑（吕中国面塑）	传统美术		灌南县文化馆
	面塑（海州面塑）	传统美术		海州区文化馆
	木刻	传统美术		海州区文化馆
	盐民习俗	民俗		市开发区猴嘴街道文化服务中心
142	沈云沛故事	民间文学	市七批（2019）	海州区文化馆
143	海州吟诵	传统音乐		连云港市非遗保护中心
144	古琴艺术	传统音乐		连云港市文化馆
145	篆刻艺术	传统美术		连云港市苍梧印社
146	刻瓷	传统美术		市开发区中云街道办事处社会事业服务中心
147	扎染技艺	传统技艺		连云港东家智创文化传媒有限公司
148	大漆工艺	传统技艺		连云港市艺术学校
149	编织技艺（芦席编织）	传统技艺		连云港市非遗保护中心
150	皮具制作技艺（马鞍包制作）	传统技艺		连云港及物鸟贸易有限公司
151	传统农具制作与修复技艺	传统技艺		连云港市传承农耕文化研究所

续表

序号	级别及项目名称	类别	批次（年份）	申报单位、保护单位
152	粉丝制作技艺（葛六粉丝制作）	传统技艺	市七批（2019）	灌南县李集乡龙大副产品销售中心
153	紫砂制作技艺	传统技艺		连云港市东方工艺美术研究院
154	吴氏河烙火针	传统医药		连云港市中医院
155	五行三部针法	传统医药		连云港市中医院
156	海州中药炮制技艺	传统医药		江苏省连云港中医药高等职业技术学校
157	王氏泡灸疗法	传统医药		灌云县伊山镇康宜保健按摩服务部
158	温氏中药贴敷疗法	传统医药		温兵然诊所
159	陈氏排毒通管中医疗法	传统医药		赣榆区妇幼保健院
160	中医蜂针疗法	传统医药		连云港蜂针堂蜂疗养生研究所
161	易筋针针灸疗法	传统医药		连云港至善堂中医门诊有限公司
162	咏春拳	传统体育、游艺与杂技		连云港医武堂文化传播有限公司
163	查拳	传统体育、游艺与杂技		连云港市晨旭武术训练中心
164	杂技	传统体育、游艺与杂技		灌南县火雷艺术团
	大伊山传说（伊芦山传说、开山岛传说）	民间文学	市一至六批扩展项目（2019）	灌云县文化馆
	海州拓片技艺	传统美术		连云港市重点文物保护研究所
	传统建筑营造技艺（石头建筑营造）	传统技艺		连云港市非遗保护中心

续表

序号	级别及项目名称	类别	批次（年份）	申报单位、保护单位
	金银细工制作技艺	传统技艺	市一至六批扩展项目（2019）	东海县大运石文化发展有限公司
	传统木船制作技艺（木质渔船制作）	传统技艺		连云区连岛街道社会事业服务中心
165	赏石艺术	传统美术	市八批（2021）	东海县
166	旗袍制作工艺	传统美术		东海县
167	农民画	传统美术		灌云县
168	玉雕	传统美术		海州区
169	传统糕点制作技艺（水糕制作技艺、板糕制作技艺）	传统技艺		灌云县 海州区
170	山芋糖制作技艺	传统技艺		灌云县
171	成氏菌菇菜制作技艺	传统技艺		灌南县
172	豆腐制品制作技艺（卤水豆腐制作技艺）	传统技艺		海州区
173	古琴制作技艺（管派古琴制作技艺）	传统技艺		海州区
174	箫制作技艺	传统技艺		连云港经济技术开发区
175	橡子酒酿造技艺	传统技艺		云台山景区
176	海州剃头（修面、采耳）技艺	传统技艺		连云港市民俗学会
177	朐海菜制作技艺	传统技艺		连云港市旅游饭店业协会
178	朱氏烧烫伤中药外敷疗法	传统医药		灌南县
179	侯氏中医泄血疗法	传统医药		灌南县
180	解氏喉疾中药足浴疗法	传统医药		灌南县

/259

续表

序号	级别及项目名称	类别	批次（年份）	申报单位、保护单位
181	传统修脚术	传统医药	市八批（2021）	连云区
182	天池伤科	传统医药		江苏省连云港中医药高等职业技术学校
183	茶艺	民俗		连云港市茶艺协会
	唐僧家世传说	民间文学	市一至七批扩展项目（2021）	花果山景区
	旱船舞	传统舞蹈		东海县
	淮海戏	传统戏剧		东海县
	根雕（海州刻字、竹刻）	传统美术		东海县 海州区
	葫芦画	传统美术		灌云县
	宣纸烙画	传统美术		海州区
	全形拓技法	传统美术		连云区
	金属版画	传统美术		连云港经济技术开发区
	传统布饰品制作技艺	传统美术		海州区
	连云贝雕	传统美术		连云区
	连云凉粉制作技艺	传统技艺		连云区
	盆景制作技艺	传统技艺		东海县 连云区
	杨集猪蹄制作技艺	传统技艺		灌云县
	于家猪头肉制作技艺	传统技艺		灌南县
	廖家盐水老鹅制作技艺	传统技艺		灌南县
	香油古法（水代法）压榨技艺	传统技艺		赣榆区
	珐琅银器制作工艺	传统技艺		海州区
	板浦豆丹制作技艺	传统技艺		海州区

续表

序号	级别及项目名称	类别	批次（年份）	申报单位、保护单位
	民俗花钱制作技艺	传统技艺	市一至七批扩展项目（2021）	东海县
	中医正骨疗法	传统医药		灌云县 灌南县
	痔药膏制作技艺	传统医药		灌云县
	喻氏中医经络散结疗法	传统医药		灌南县
	陈氏砭术	传统医药		连云港经济技术开发区
	孙氏膏药制作技艺	传统医药		
	中医蜂蜡疗法	传统医药		海州区
	点刺疗法	传统医药		海州区 连云区
	石梁河渔俗	民俗		连云港市非遗保护中心

连云港文化赋

华实蔽野，山海腾龙，文脉宏远，唯我港城。海陆交汇，多元多彩；百家和合，共生共荣。九域之奥区，文化之峣峰。

少昊之立国，诞育上古神话；大贤庄石器，见证先民初猎；将军崖岩画，东夷观天留痕；藤花落遗址，史前第一古城；大伊山石棺，母系社会遗存。羽山巍然，殛鲧而禹兴；飞泉泻瀑，吟古今雄文。尹湾汉简牍，郡级文书之首。孔望山造像，九州崖佛第一尊。唐之佳构，海清寺塔兀重云。

雄州列锦，风物殊丽。若夫看山，悦性怡情。羽山、花果山、吴山、夹谷山、孔望山、石棚山、锦屏山、安峰山、大伊山、抗日山，山山蕴妙藏奇。花果山者，云台山之一脉，孙猴子老家也。《西游记》以花果山神奇为摹本，花果山因《西游记》惊世而驰名。伫立花果山巅，瞰黄海惊涛，碧波一路通四海；听九州时雨，雄阔一带贯亚欧。中华抗日第一山，蕴藏历史烽火，守望民族英魂。若夫观海，胸拓神驰。或去西墅，或去凰窝，或去秦山，或去连岛，而苏马湾为最。海蚀岩壁，千孔百穴，吻浪花而潇洒；天籁之音，如诉似吟，借汛风而激越。眺海听涛，浑然忘机，何其乐哉！地藏瑰宝，海孕奇珍。东海水晶，环球瞩目，树水晶集散之圭臬，展水晶大美之雍容。东海水晶甲天下，晶光粲粲靓寰中。东海温泉，华东第一，池涌琼液，润肤清心。千年银杏，传远古之天籁；玉兰花王，散醉人之芳馨。云雾茶香，香飘海内外；淮盐味美，美透千万家。国之对虾，半在赣榆；冬之鲜桃，尽在云台。滴醋香醇，入随园食单；紫菜品优，系长寿海珍。

至若海参、海贝、风鹅、葛藤粉、梭子蟹、沙光鱼、赣榆煎饼、灌云豆丹、连岛虾皮，林林总总，不可胜数也。

俊采星驰，盛绩煌煌。孔子登云台以观沧海，临夹谷而会齐侯。贤相伊尹，隐居三伊而助汤立国。始皇东巡，两到朐界而立阙东门。华夏航海第一人，徐福东渡播文明。孙膑出奇谋，马陵留胜踪。扶危刘豫州，糜竺倾囊铸伟业；默助同盟会，卞赓吞金成大仁。田横高岗，五百壮士冰雪肝胆；白虎山上，梁山好汉气薄云天。为官廉明，天祐愤写《鸎儿行》；为民请命，之范复海频上书。朐山书院，培育学子千万；选青书院，走出清末状元。探索宇宙奥秘，桂林苦著《宣西通》；绘制《淮系年表》，同举治水展奇能。逸仙慧眼识海州，东方大港梦正圆。鼎霖实业救国，云沛力建陇海，超时创建特支，一麟悬壶济世，恒源职教拓新。剖细胞，研核化，察水声，汪氏三杰功卓著；战海疆，歼日寇，卫家国，题刻铭志万寿山。现代乡贤方敬，涵育乡风，道德楷模。披风斩浪卅二载，继才赤胆守开山。献大爱于八方旅客，雷锋车美名天下扬。

艺文载志，星光璀璨。吴承恩遍访云台胜迹，挥写惊世《西游记》；李汝珍博搜坊间逸闻，描绘骇俗《镜花缘》。曹雪芹先祖居淮扬，《红楼梦》多处说盐事；《水浒传》脱胎盐民起义，施耐庵曲笔写英雄。一曲《梦还乡》，"俊逸鲍参军"。太白游云台，华章耀中天。"暑路亦飞霜"，东坡忆淮盐。敬梓雏凤声，《观海》四座惊。清韵戏苑流韵，智贤杏坛毓贤。仲琴海属泰戈尔，朱琳话剧誉"皇后"，玖兴哲思融西中。佩弦正气，挺民族脊梁；彦涵版画，树画坛一帜。《连云一瞥》《苍梧片影》《云台导游诗钞》《海州乡谭》，乡土文化绽奇葩。传承民族记忆，五大宫调跻身非遗。牌子曲融入《三笑》，赣榆清曲溢芬芳。角抵戏、淮海戏、工鼓锣、肘鼓子、跑马灯、童子戏，戏曲名城擅百艺。

文脉悠远，洋洋大观；荟萃山海，记录浪漫，诵咏神奇，"连云港史话"应时而出。思文馆长，特约学者，探幽究秘，去芜取精，荟萃精华，补往之阙，编著十卷，填补空白。或沿前说，或发新论；或文化风貌之灿然呈现，或历史演变之脉络梳理。以史带事，以事述史。娓娓道来，雅俗共赏，可谓对外交往之礼品、全民阅读之精品、史话研究之藏品也。盛世修文，存史立典，功在当代，泽被千秋。

  大道之行，天下为公。"一带一路"，普惠众生。港城有幸，助推海陆而路拓航远，撑起支点而比翼云腾。春潮拍岸，东方之大港放怀破浪；旗语互答，五洲之舳舻戴月披星。看寰宇之万物勃发，听港城之猎猎雄风！壮哉，山海港城展画卷；美哉，后发先至谱新篇！

  甲辰春日，为"连云港史话"丛书赋。

刘畅征

后 记

　　连云港自古以来就被誉为"东海名郡""东海第一胜境""淮海东来第一城"，是闻名遐迩、享誉国内外的"神奇浪漫之都"。历史悠久，底蕴深厚。齐鲁文化与江淮文化于斯相互激荡，楚汉文明与海洋文明在此融合脉动，南秀北雄、沧海桑田、山海相拥的地域特质，积淀了这座现代化的海港城市蔚为壮观的历史文化底蕴和南北融汇、东西融通的文化特征。深入挖掘连云港历史文化内涵，整合城市历史文化资源，提升城市精神文化品质品位，在"一带一路"强支点建设中留下鲜明的港城文化符号，在新时代"后发先至"宏伟征程中镌刻深切的城市文化印记，发挥历史文化作为城市发展的"导航灯"、经济跃升的"助推器"、文明和谐的"黏合剂"的独特功能，是连云港这座赶海逐日的滨海城市崛起于东部沿海、打造中国东部新增长极的现实需要，更是书写新时代的"西游记"、推进中国式现代化连云港新实践的题中应有之义。

　　2022 年夏，在深入调研、反复谋划的基础上，担负有存史、资政、育人重要职责的市档案馆，决定主编一套集历史文化、风物景观、名人方言、民俗建筑等为一体，具有鲜明地方特点、厚重史料内容的系列丛书——"连云港史话"。丛书由艺文、名人、建筑、风物、传说、地名、方言等十卷组成。丛书编纂融地域化、特色化、科普性、故事性于一体，力求从多侧面、多视角展示连云港底蕴深厚的历史文化内涵，传承港城历史文脉，梳理港城人文源流，是我市对城市历史文化系统性、深度性、集成性、史料性的首度挖掘，丛书的编纂填补了连云港市历史文化研究空白。可以说，丛书的编纂，既是对连云港这座山海城市独特历史文化的一次全面梳理、一次全面展现，更是着眼中国式现代化连云港新实践，在城市历史乃至精神文化方面的传承和弘扬。

市委常委、秘书长黄远征同志高度重视和关心丛书编纂工作，多次听取丛书大纲编制、内容编纂等工作汇报，要求精心谋划、悉心编写，高质量高水平完成十卷本丛书编纂。

丛书编纂先后邀请市内外多位学问精深、富有影响的地方历史文化专家，召开数十次座谈会、研讨会、审稿会，共同商讨选题、纲目和架构内容，深入挖掘、整理并反复修改提升，倾力倾情倾心打造"三品"丛书，即对外交往的礼品、全民阅读的精品、史话研究的藏品。特别是《连云港日报》原总编刘畅征、江苏省作家协会原副主席张文宝、连云港开放大学原副校长张廷亮、连云港市历史文化研究会副会长刘毅等港城文史专家，不计报酬、不计名利，全身心投入编审工作，常常日以继夜、夙兴夜寐，令人敬佩、让人感动。

《古今名人》以史话的手法、文学的笔法、细腻的笔触，翔实、全面、系统地梳理、编纂连云港历史上古士先贤的事迹，远去的鼓角争鸣、曾经的叱咤风云、不灭的勋绩伟业，是连云港山清水秀、人杰地灵、底蕴深厚的历史见证。《艺文掇英》收录、整理、纂辑历代文人对连云港这片流淌着自然胜景、灵毓佳气的土地寄情咏怀的诗词、歌赋、散文、小说及至散见于山水之间的楹联、碑刻，力求从多侧面、多视角展示连云港底蕴深厚、魅力独特的文化积淀。《山风海韵》主要介绍连云港市的物产特产、自然风景、风尚风俗等，是一部展示连云港物华天宝、浪漫景观的专门读物。《传说撷拾》包括远古神话、西游外传、徐福传说、名人逸闻、山水故事、物产典故六个部分，荟萃这方土地历史上产生的美丽传说，形象生动地体现了连云港独特的山海风情及人民群众的淳朴智慧。《地名溯源》从不同侧面挖掘整合连云港地名文化资源，是一次追寻先人足迹的神圣之旅，也是一次畅通自己血脉的寻根之旅，还是一次问道先贤的文化之旅，更是一次饱食古海州地名文化饕餮盛宴的享受之旅。《建筑留珍》以史话的形式系统梳理连云港地区历史建筑的基本数据、文化背景、历史沿革、材料选用、结构技术、美学特征、使用价值和保护渠道，在连云港历史上，尚属首次。《海岱民俗》主要由自然生态、生产习俗、生活习俗、民间文学等七个部分组成，山俗、渔俗、盐俗、村俗，直接反映着生活于斯的渔民、盐民、山民和农民等地方社会群体的独特文化传承、习俗偏好，是一本反映连云港民俗历史演进和活态传承的科普性历史读物。《非遗撷华》汇集全市重点非遗项目，彰显了连云港丰富的非遗资源和多彩的传统文化。《方言漫谈》研究和分析了连云港方言的语音现象，对于研究古音和其他地区的方言都具有重要参考作用。《山珍海味》带您于山海港城的绝佳美妙风景处行走，佳肴处停留，感受古东海名郡那舌尖上的美味所带来的惬意，开启那丝毫不逊于途中所遇风景的不一样的味蕾之旅。

丛书数易其稿，多轮修改，反复编校。在编纂过程中，参考了大量的历史文献，选用了大量的珍贵图片，努力融通文史，紧扣史实，鉴照古今，资襄当代。客观地说，这套丛书是连云港几代历史文化人辛勤研究的成果和集体智慧的结晶，是连云港人文历史研究之集大成，是人们了解连云港的历史之经、文化之窗，更是鼓舞激励广大连云港干群及在外乡贤热爱和建设这片热土的历史之根、文化之脉、精神之炬。

在本丛书的编纂过程中，市档案馆的金志云、马燕挥、臧秀柏、黄永艳、顾峰、李炳森、樊继彩、陈志洁、王北燕、张博闻、王龙、杨彬、陈洁、汪幼凡等同志参与了初稿的校对工作，在此一并表示感谢。

由于编者学力不逮，时间仓促，书中难免有遗珠之憾，敬请方家指教。

编委会
2024 年 6 月